중국 민주주의 노선

중국 민주주의 노선

팡닝(房寧) 지음
김선녀(金善女) 옮김

China's Democracy Path

《中国的民主道路》

ZHONG GUO DE MIN ZHU DAO LU by FANG NING

中国的民主道路 房宁著

아편전쟁으로 시작된 중국의 근대화 과정에서 낙후되어 침략과 무시를 당해왔던 대다수 중국인들은 다른 국가에 비해 제도·문화와 재주가 뒤쳐진다는 문화 심리를 형성하게 되었다. '서구는 강하고 우리는 약하다'는 생각을 바꾸고, 중화의 위풍을 다시 진작시키기 위해서는 문화를 비판하고 혁신하는 것부터 시작해야 했다. 그래서 중국인은 '세계에 눈을 뜨고', 일본과 유럽, 미국, 그리고 구소련까지 배웠다. 중국은 줄곧 낙후되고 궁핍하고, 힘이 약해 침략 을 당해왔고, 서구 열강을 따라잡으려는 긴장과 초조함 속에 있었다. 100여 년 동안 중국은 강국과 부흥의 꿈을 꾸면서 타인을 이해하고 배우는 것에 치중했지만, 타인에게 자신을 알리고 이해시키려는 노력은 거의 없었다. 이런 현상은 사실 1978년 중국 개혁개방 후 현대화 역사과정에서도 뚜렷한 변화가 없었다. 1980년대와 1990년대에 많은 서구의 저작을 번역하고 소개한 것이 좋은 예이다. 이것이 바로 근대 이후 중국인의 '중국과 세계'의 관계를 인식해온 역사이다.

근대 이후 중국인들은 강국의 꿈과 중화 부흥의 꿈을 추구하는 데 있어 '사물(기술)에 대한 비판', '제도에 대한 비판', '문화에 대한 비판'을 통해 나라와 민족을 멸망에서 구하고, 나라를 부강하게 하고 백성을 강대하게 하는 '길'을 힘겹게 모색해 왔다. 여기에서 '길'은 당연히 사상과 기치와 영혼이다. 중요한 것은 어떤 사상과 기치와 영혼이 나라를 구하고, 부국으로 이끌며 백성을 강하게 만들 수 있느냐는 것이다. 100여 년 동안 중국 인민들은 굴욕과 실패와 초조함 속에서 끊임 없이 탐구하고 시도하면서 '중국의 학문을 기초로 서구의 학문을 응용'했으며, 입헌군주제의 실패, 서구 자본주의 정치 노선의 실패 및 1990년대 초 세계 사회주의의 중대한 좌절을 겪으면서 마침내 중국 혁명의 승리와 민족 해방 독립의 길을 걷게 되었다. 특히 과학적인 사회주의 이론 논리를 중국 사회주의 발전 역사 논리와 결합해 중국의 사회주의 현대화의 길-중국 특색의 사회주의 노선을 걷게 되었다. 최근 30여 년의 개혁개방을 통해 중국의 사회주의 시장 경제가 빠르게 발전했다. 경제, 정치, 문화 사회 건설에서 위대한 성과를 거두어 종합 국력, 문화 소프트 파워와 국제 영향력이 크게 향상되면서 중국 특색 사회주의는 큰 성공을 거두었다. 아직 완전하지는 않지만 체제와 제도의 기본적인 틀을 마련했다고 할 수 있다. 100여 년간 꿈을 추구해온 중국은 더욱 확고한 길과 이론 및 제도에 대한 자신감을 가지고 세계 민족의 숲에 우뚝 서게 되었다.

아울러 오랜 시간 형성된 인지와 서구 문화를 배우는 문화적, 심리적인 습관으로 이미 부상한 중국은 세계 대국이 된 현실 상황에서도 세계 각국에 '역사 속의 중국'과 '현재의 중국'을 적극적이고 자발적으로 알리지 못하고 있다. 서구에서도 중국과 서구 문화 교류에서 '서구는 강하고 중국은 약하다'는 역사적 인식 때문에 중국의 역사와 현재 발전에 대한 일반적인 인식이 갖춰지지 않았다. 이런 상황에서 중국 발전의 길에 대한 이해, '중국의 이론과 제도'의 과학성과 유효성 및 인류 문명에 대한 특별한 가치와 공헌이라는 깊은 문제에 대해 인식하고 이해하는 것은 더 언급할 필요도 없다. '자아 인식 표출'의 부재로 인해 다른 속셈과 정견을 가진 인사들이 '중국 붕괴론', '중국 위협론', '중국국가 자본주의' 등을 운운하고 나서게 만들었다.

'돌다리도 두들기며 건너야 하는' 발전 과정에서 우리는 서구를 배워 세계를 인식하는 데 더 많은 노력을 했고 서구의 경험과 말로 스스로를 인식해 왔으며, '자아 인식'과 '타인에게 알리는 것'을 소홀히 했다고 할 수 있다. 우리가 관대하고 우호적인 마음으로 세상과 융화할 때, 자신은 진정으로 객관적인 이해를 받지 못했다. 때문에 중국특색 사회주의 성공의 '길'을 종합해 중국의 이야기를 들려주고, 중국의 경험을 서술하고, 국제적으로 표현해 세계에 진정한 중국을 알려야 한다. 그래서 세계 각 민족들이 서구 현대화 모델이 인류 역사 진화의 종착점이 아니라, 중국 특색 사회주의도 인류 사상의 고귀한 자산이라는 점을 인식하도록 하는 것이 정의와 책임감을 가진 학술 문화 연구자의 중요한 임무라고 하겠다.

이를 위해 중국 사회과학원은 본원 최고 학자들과 원외 전문가들을 모아 《중국 이해》 총서를 집필했다. 총서에서는 중국의 길, 중국의 이론과 제도를 전반적으로 정리하고 소개했을 뿐 아니라 정치제도, 인권, 법치, 경제체제, 재정경제, 금융, 사회관리, 사회보장, 인구정책, 가치관, 종교 신앙, 민족 정책, 농촌문제, 도시화, 공업화, 생태 및 고대 문명, 문학, 예술 등 분야에서 오늘날 중국의 발전상에 대해 객관적으로 서술하고 해석함으로써 중국의 구상을 보여주고 있다.

이 총서의 발간으로 국내 독자들이 100여 년의 중국 현대화 발전 과정을 더 정확하게 이해하고, 오늘날 당면한 문제들을 더 이성적으로 바라봄으로써 개혁의 시급성과 민족적 자긍심을 높이고, 개혁 발전의 공감대를 형성하고 힘을 모을 수 있다. 더불어 해외 독자들이 중국을 더욱더 잘 이해함으로써 중국의 발전을 위해 더 나은 국제 환경을 조성할 수 있기를 바란다.

2014년 1월 9일

제7장 │ 중국 민주주의 건설전망

중국 땅에 뿌리내린 민주주의

민주정치는 인류사회가 공업화시대에 들어선 후 정치발전에서의 보편적인 추세이다. 중국은 바야흐로 공업화와 현대화를 실현하는 역사적 과정 중에 있다. 민주정치는 중국의 공업화, 현대화 발전의 필연적인 산물로 당대 중국 사회 발전에서는 필요한 것이다. 따라서 시대적 수요에 맞고, 중국 정세에 부합되며, 발전 요구에 부응하는 민주정치를 탐색하고 구축하여야 한다. 이는 장차 중국의 공업화와 현대화 발전을 위한 정치적 보장이 되어 줄 것이다.

중국의 민주주의에는 다른 국가의 민주주의와 상통되는 부분도 있고, 다른 부분도 있다. 중국의 민주주의는 민족독립과 국가부강, 사회진보를 추구하는 장기적인 노력과 탐색 속에서 점차 형성된 것이다. 따라서 역사와 문화, 전통, 기본적인 국가 정세가 지금의 중국 민주주의에 깊은 영향을 미쳤다. 장기적이고 반복된 탐색을 거쳐 중국 민주주의는 중요한 경험을 쌓았고, 일종의 민주적인 기본 가치관과 보편적인 원칙을 구현하여 중국 특색의 민주제도를 만들었다. 우리는 이러한 보편성과 특수성을 가진 민주제도를 일컬어 '민주주의의 중국 노선'이라 한다.

1

중국 민주정치의 건설과 발전은 중국의 역사와 현실에 뿌리를 둔 것이다. 역사적 환경과 현실적인 국가 정세는 당대 중국의 민주정치 건설과 발전에 출발점과 기초를 제공했으며, 중국의 공업화와 현대화 발전의 요구를 충족시키는 것이 당대 중국 민주주의를 추진하고 부각시키는 결정적인 요소가 되었다.

겉으로 보면 민주주의는 일종의 '보편적 가치'인 것 같다. 마치 "모든 길은 로마로 통한다"는 듯이 현재 세계의 많은 국가들이 채택하고 있는 정치제도는 형식적으로 유사하며 모두 민주정치로 불린다. 하지만 실제로 민주정치를 시행하는 각국의 역사적 원인에는 차이가 있으며, 민주정치가 각국의 근현대사 발전에 미친 역할 역시 완전히 일치하지는 않다. 근대 민주정치의 발상지인 영국의 역사적 상황을 보면 영국의 최초 민주정치는 집단 내부의 정치적 투쟁에서 기원했다. 그래서 권리 보호가 영국 민주주의의 출발점이자 중심이 되었다. 그리고 사회 내부의 계급 계층 간의 갈등에서 시작된 프랑스의 민주정치는 하층계급이 상류계급에 반항하는 혁명 투쟁 속에서 그 모습이 나타났다. 그리하여 자유의 쟁취가 오랫동안 프랑스식 민주주의의 모티브와 뚜렷한 특색이 되었다. 미국의 민주주의는 외래의 억압에 항거하는 독립전쟁에서 탄생했다. 역사와 지리적인 조건 등 특수한 원인으로 인해 미국은 독립하여 건국할 당시 유럽 국가에 비해 비교적 많은 제도적 선택과 구축 공간을 가질 수 있었기 때문에 유럽에서 유래한 많은 민주관념과 정치원칙은 구대륙보다 신대륙에서의 활약이 더 나은 결과를 낳았다. 미국은 민주주의 제도 수립 초기에 바로 시민 권리와 국가 권력의 양립을 실행했고, 이것은 역사가 미국에 베푼 선물이었다. 후세 각국의 민주정치는 수립 초기에 바로 권리와 권력의 양립을 실행하는 경우가 매우 드물었으니 후세의 모든 나라가 미국 같은 역사와 지리적 조건을 갖추기는 사실상 어렵다는 것이 중요한 원인이었다.

'모든 길은 로마로 통한다', 그러나 모든 길은 길마다 다 다르다. 각

나라마다 민주정치 노선으로 나가게 되는 원인은 구체적이고 차이가 있다. 시작부터 가지고 있던 서로 다른 목적과 역사적 출발점, 역사적 임무가 각 국가들의 민주정치 노선에 깊은 영향을 미쳤다. 중국 민주정치의 출발은 외래 식민주의 침략으로 촉발된 민족 생존의 위기에서 시작되었다. 나라를 구하고 생존을 도모하는 것이 중국의 근현대 모든 정치 수립의 역사적 기점과 논리적 원점이었다. 민족을 생존의 위기에서 구하고 민족 독립을 쟁취하는 투쟁 속에서 민주정치에 대한 요구가 생겨나고, 최초의 민주적 실천이 나타났다. 그리고 신중국이 수립된 후에는 국가의 신속한 공업화 모색과 부강한 신국가 수립이 새로운 역사적 사명이 되었다.

그런 속에서 민주정치는 인민을 동원하여 국가를 건설하고 적극적이고 능동적으로 현대화를 실현시키는 정치 시스템이 된 것이다. 중국 민주정치 구현의 중점내용도 나라를 구하고 생존을 도모하는 것으로부터 사회주의 강국을 건설하는 것으로 바뀌었고, 역사적 출발점과 역사적 주제의 유입은 중국 민주정치 발전의 역사적 발자취와 현실 노선에 커다란 영향을 끼쳤다.

중국은 개혁개방 이래 천지가 뒤집힐 만한 커다란 변화가 있었지만 중국 국가 정세의 주요사항에는 변화가 없었다. 1935년에 지리학자인 후환용 씨는 중국의 인구와 자원분포의 불균형을 반영한 경제지리적 분계선인 '아이후이(瑷珲)-텅충(腾冲)선'을 제시했다. 그로부터 80년 가까이 지난 지금 30여 년의 개혁개방은 중국의 면모를 일신시켰으나, '아이후이(瑷珲)-텅충(腾冲)선'은 여전히 사라지지 않고 있다.

부존자원은 한 국가의 경제 및 사회 발전의 중요한 물질적 기초로서 중국은 인력자원, 시장자원, 수력에너지 자원, 석탄자원 등 네 가지가 세계에서 앞자리를 차지하고 있다. 인력과 시장자원은 물론이고 중국의 수력에너지자원도 세계 제1위를 차지하고 있으며, 석탄자원은 생산량 제1위, 매장량 제3위를 차지하고 있다. 하지만 중국이 세계에서 선두를 차지하고 있는 4대 자원 중 대부분의 인구와 시장자원은 '아이후이(璦琿)-텅충(騰沖)선'의 동쪽에 분포되어 있는 반면 대부분의 수력에너지 자원과 석탄자원은 '아이후이(璦琿)-텅충(騰沖)선'의 서쪽에 자리하고 있어 자원이 대칭으로 전도된 분포 양상을 띠고 있다. 그런 이유로 대규모의 자원 배분이 중국 경제와 사회활동의 중요한 특징이 되었고, 중국의 현대 정치체제는 구체적인 사정이 어떻든 언제나 이러한 기본적인 국가 정세에 적응해야만 한다. 중국의 현대 정치체제는 반드시 대규모 자원 배분으로 넓은 국토와 많은 인구, 극심한 자원분포 불균형을 효과적으로 통치하는 거대국가의 능력을 갖춰야 한다.

민주정치는 사람의 선택이지만 그 선택은 임의로 하는 것이 아니라 역사적 사명과 국정 환경 등의 객관적인 요인이 정해진 실현 가능성 있는 범위에서만 선택을 할 수 있을 뿐이다. 중국의 역사와 기본적인 국가 정세는 당대 중국의 정치제도 결정에 깊은 영향을 미쳤다. 당대 중국이 직면한 근본적인 사명은 국가의 공업화와 현대화를 실현하는 것으로 중국의 기본적인 국가 정세는 공업화와 현대화 단계에서의 정치제도와 체제를 필요로 한다. 반드시 많은 인민 대중을 동원하여 국가를 건설하고 행복한 생활을 추구하는 적극성, 능동성, 창조성을 발휘할 수 있어야 하며, 이와 동시에 인민의 힘과 지혜를 결집시켜 전국적으로 합리적이고 효율적으로 자원을 배분하고 국가 안보와 사회의 안정적인 통합을 보장할 수 있어야 한다.

당대 중국의 정치제도에 대해 말하자면 국가와 사회의 발전이 필요로 하는 이 양방면의 기본적인 요구를 만족시켜야만 선택가능하고 생명력 있는 제도인 것이며, 이것이야말로 진정으로 중국 인민들이 원하는 제도이므로 진정한 민주제도인 것이다.

2

오랜 기간의 탐색을 거쳐 중국은 빠른 공업화와 현대화 과정에서 마침내 중국 정세에 알맞고 민주주의의 보편적 가치를 구현하며, 중국 사회발전의 요구에 부합하는 민주정치의 노선을 찾았다. 다른 국가의 민주제도와 비교해 볼 때 당대 중국의 민주 노선에는 다음과 같은 네 가지 뚜렷한 특징을 가지고 있다.

첫째, 경제와 사회발전의 과정에서 인민의 권리보장과 국가권력 집중을 일치시켰다.

전세계적으로 보면 근대 이래 가장 이른 민주정치는 1215년 영국의 〈대헌장〉으로 거슬러 올라간다. 〈대헌장〉은 서방 현대 민주주의의 출발점으로 〈대헌장〉의 핵심내용은 권리보장으로 그해에 법률과 기구를 설치하여 귀족의 권리를 보장했다. 〈대헌장〉의 개혁적 정치 실천은 수백 년의 진화를 거쳐 현대 서방의 헌정체제와 의회민주주의로 발전했다. 권리보장의 가치는 제도로써 보편적인 사회행동규범을 수립했다는 데에 있다. 그리고 한층 더 나아가 경제활동에 대한 기대를 형성함으로써 대중의 적극적이고 능동적인 생산과 창의적 활동을 격려한다. 18세기 유럽과 미국의 공업화 시대부터 19세기 일본의 명치유신, 또 20세기 중국의 개혁개방까지 인류가 공업화시대에 경험한 민주정치의 실천은 인민 권리보장이 경제와 사회 발전에 커다란 성장동력이 된다는 것을 공동으로 검증했다.

개혁개방은 중국 인민들에게 유례없는 경제와 사회적 자유를 가져다 주었고, 권리의 허용과 보장은 억만 중국 인민들의 생산 적극성과 능동성, 창의성을 불러일으켰다. 부존자원에 근본적인 변화가 발생하지 않는다는 전제하에 인민들의 생산 적극성의 변화는 중국 경제에 역사적 비약을 가져왔다. 이는 중국 민주정치가 낳은 거대한 사회 추진력의 결과이다. 개혁개방 이래 중국의 커다란 경제 성공으로 인해 중국 땅에 등장한 무에서 유를 창조한 이야기, 어느 분야에서 두각을 나타낸 이야기, 뭇사람과 다르게 비범한 사람의 이야기 등 셀 수 없이 많은 성공신화는 바로 정치개혁의 방향을 권리허용에 두고 있다는 가장 설득력 있는 설명이다.

하지만 권리보장은 중국 개혁개방과 민주주의 수립의 한 방면일 뿐이다. 권리보장이 중국에만 있는 독특한 것이 아니라 세계 각국의 민주정치에 모두 포함되어 있는 요소라고 한다면 중국 민주정치 수립의 다른 한 방면인 국가권력의 집중이 당대 중국 민주정치의 가장 큰 특색이라고 할 수 있다. 중국은 후발국가이면서 대국이며, 중화민족은 찬란한 역사와 문화에 대한 기억을 가진 민족이다. 그러므로 중국은 공업화와 현대화로 자신의 낙후된 면모를 변화시키는 것뿐 아니라 세계의 선진적인 수준을 따라잡아야 한다. '중국몽'은 전원의 한가한 노랫소리가 아니라 위대한 민족이 세계의 정상에 서는 원대한 포부이다. "하, 상, 주 3대의 예법이 다 달라도 왕업을 이루었고, 춘추 5패의 법도가 다 달라도 패업을 이루었다."는 말처럼 이후 중국이 세계에서 우위를 차지하려면 서방 선진국의 뒤를 맹목적으로 따라서는 안 되며, 반드시 자신만의 길로 나아가야 한다. 민주정치의 각도에서 볼 때 중국 노선의 또 다른 특징은 국가권력의 집중이다. 중국 공산당의 장기적인 집권, 즉 '공산당 지도자'는 국가권력 집중의 제도적 구현이다.

서방 여론은 이을 두고 '권위주의'라고 하며, 여기서 말하는 '권위주의'는 자유경제와 전제정치의 결합이라고 정의한다. 서방에서만이 아니라 중국 내에서도 적지 않은 사람들이 중국을 이렇게 이해하지만 이는 사실과는 거리가 멀다. 중국의 제도와 체제는 이른바 '권위주의'와는 근본적으로 다르다. 양자의 근본적인 차이는 다음과 같다. 중국의 현행 정치체제는 전제정치 상황처럼 한 사람, 하나의 당, 하나의 집단의 사욕을 목적으로 하는 체제가 아니라 집중된 자원을 계획적으로 배분하여 공업화와 현대화를 실현시키는 전략적이고 발전적인 체제이다. 중국에서 권력 집중은 현상이며 권력의 목적이 본질이다. 중국은 강하게 집중되어 있는 정치권력과 정치체제를 국가의 전략적인 발전에 이용함으로써 이것이 좀 더 효율적으로 집약적인 발전을 실현시키는 정치체제임을 보증한다. 이는 중국 민주주의 양식에서 인민의 권리보장과 똑같이 중요한 또 다른 요소이다.

둘째, 공업화 단계에서 협상 민주주의를 선택한 것은 민주정치 구현을 위한 중요한 방향과 포인트이다.

민주정치를 형식상으로 '선거민주주의'와 '협상 민주주의'로 나눌 수 있는데, 이는 전적으로 중국식 분류방법이다. 서방 여러 국가의 학술계에서 혹자는 서방에서 보편적으로 시행하는 경쟁 선거에 존재하는 결함과 거기서 발생할 수 있는 문제를 두고 심의민주주의나 민주적 협상으로 서방의 정치체제를 보완하고 조정해야 한다고 얘기한다. 하지만 이런 토론은 아직은 사상과 이론에 더 많이 머물러 있거나 비주류 학자들의 모임에서만 논의되고 있다. 그러나 중국에서는 이와 달리 협상 민주주의가 이미 장기적이고 광범위하게 실현되면서 중국 민주주의의 중요한 형식이 되었다.

공업화 단계는 사회 생산력의 약진 단계일 뿐 아니라 사회구조에 커다란 변혁과 전환을 일으키는 시기이다. 공업화의 진전은 대량의 사회 유동과 사회 구성원의 신분 변화, 재산증식을 가져왔으나 동시에 많은 사회적 갈등도 불러 왔다. 그리하여 공업화 단계는 역사적으로 사회 갈등이 빈번하게 일어나는 시기로 사회적 충돌과 정치적 불안이 동반되는 것이 통상적이다. 정치체제의 선택은 공업화의 진전 및 공업화 과정 중에 있는 사회에 커다란 영향을 미친다. 공업화 단계에서 경쟁 선거의 시행은 사회에 참여하는 권력의 통로를 허용함으로써 '분배적 참여', 즉 사회권익단체가 정치활동을 통해 정치권력을 쟁취하고, 이 정치권력을 이용해 이익 분배의 규칙과 방식에 변화나 영향을 초래할 수 있다는 것을 서방 선진국과 개발도상국의 모든 경험이 증명하고 있다. 그렇게 분배적 참여는 사회의 계급과 단체의 투쟁을 심화시키고 통상적으로 사회적 충돌과 불안을 야기하는 결과를 낳는다.

공업화 단계에서 협상 민주주의를 중점 발전시킨 것은 중국이 얻은 중요한 경험이다. 협상 민주주의를 중점 발전시킴으로써 선거민주주의가 공업화 과정 중의 사회에 갈등과 충돌의 가능성을 증가시키는 것을 어느 정도 피할 수 있고, '분배적 참여'를 감소시킬 수 있다. 현 단계의 중국은 협상 민주주의를 민주정치 발전의 중점으로 삼고 있는데 그 중요한 가치는 다음과 같다.

하나, 사회의 갈등을 감소시키고 사회적 공감대를 확대시키는 데 유리하다. 경쟁적 민주주의는 의견 불일치와 '승자독식' 현상을 심화시켜 쉽게 이익의 배제를 초래한다. 협상의 본질은 이익의 교집합과 '최대공약수'를 찾고 각계의 이익을 고려하여 타협과 공동이익을 추진하는 것이다. 이는 바로 공업화 전환 시기나 사회적 갈등이 빈번하게 발생하는 시기에 유일하게 사회적 갈등을 해소하고 사회적 화합을 이루는 방법이다.

둘, 민주주의의 질적 향상에 유리하다. 협상 민주주의와 선거민주주의, 다수결정의 민주주의 시스템이 완전히 대립되고 모순되는 것은 아니다. 협상 민주주의는 각종 의견을 충분히 표출하도록 한 후, 교류와 토론을 통해 나온 각종 의견에서 장점을 취해 단점을 보완함으로써 편견을 자제하고 되도록 일치된 의견을 이끌어낸다. 또 '다수에 복종'과 '소수 존중'을 통일시키는 데도 유용하다.

셋, 정책 결정의 효율을 높이고 정치적 비용을 줄이는 데 유리하다. 경쟁적 민주주의 및 표결민주주의, 선거민주주의의 전제는 공개적인 경쟁과 변론이다. 이런 민주주의 형식은 장점이 있는 반면에 뚜렷한 약점도 있으니 바로 의견 불일치와 갈등이 공개되는 것이다. 의견 불일치와 갈등의 공개는 구체적 문제를 추상화하고 원칙화하여 가치의 대립과 도덕적 평가를 조성함으로써 결과적으로 타협과 공감대에 이르는 거래비용을 높인다. 한편 협상 민주주의는 공통된 점은 취하고 차이점은 보류하여 일반적인 경우 첨예한 대립은 피하고 의견 불일치를 공개하지 않음으로써 타협과 공감대 도달에 유리하고 타협의 거래비용도 줄일 수 있다.

셋째, 경제와 사회의 발전에 따라 한 걸음씩 앞으로 나아가며 인민의 권리를 끊임없이 확대시키고 발전시킨다.

중국 민주주의 실현의 가장 중요한 내용은 바로 인민의 권리를 보장하고, 사회적 자유를 확대시키는 것이다. 하지만 인민의 권리와 자유의 실현 및 확대는 단번에 이루어지는 것이 아니라 역사적 과정이다. 민주정치를 발전시키는 것은 세계 각국 국민들이 보편적으로 추구하는 것이지만 많은 개발도상국에서 민주정치의 길은 그리 순탄치 않았으며 많은 국가들이 우여곡절을 겪으며 '민주주의 실패'에 맞닥뜨렸다. 민주주의의 본뜻은 다수 사람의 통치를 실현하는 것인데 왜 민주주의를 시행하고 확대해 온 여러 국가에 혼란을 초래한 것일까? 그 중요한 원인 중 하나는 인민 권리가 정치제도와 체제의 수용범위를 넘어 확대됨으로써 '권리 속도위반' 현상을 만들었다는 것이다.

권리는 일종의 역사적 현상으로 권리의 실현은 점진적으로 이루어지는 하나의 과정이다. 권리에 대한 서방의 관점을 보면 선험적인 것으로 태어날 때부터 가지고 있는 권리, 즉 '천부인권'으로 보는 견해가 있고, 혹은 권리는 법률이 부여한 것으로 법이 정한 권리는 신성불가침으로 보는 견해도 있다. 그러나 정작 서방 자신의 정치 발전 경험은 천부인권을 전혀 증명하지 못하고 있다. 서방 민주주의의 경전으로 간주되는 미국의 헌법은 1787년 헌법을 통과시킬 때 국민주권과 개인권리 보호라는 원칙을 수립했으나, 미국 건국 80여 년이 지난 1865년 남북전쟁 시대에 이르러서야 제13-15조의 수정 조항에 노예제 철폐와 흑인 권리보장을 규정했다. 하지만 그로부터 다시 100년이 지난 20세기 중엽까지도 미국의 흑인들은 여전히 심각한 인종차별을 당하면서 헌법에 주어진 권리는 실현되지 못했다. 1957년 '리틀록 사건'을 보면 미국 정부가 어쩔 수 없이 101 공수사단을 출동시켜 흑인 초등학생들의 등교를 호위했으며, 60년대까지도 미국에서는 국민경위대가 출동하여 흑인들의 버스 승차를 호위하는 일이 발생하고 있었다. 그렇게 20세기 70년대에 이르러 경제발전으로 사회가 풍요로워지면서 이와 동시에 일어난 민권운동, 학생운동, 부녀자 운동 등 다양한 사회운동까지 고조되자 미국의 인권도 크게 개선되었고, 200년 전 미국 헌법이 정한 그 원칙들도 비로소 형식상 실현되게 되었다. 미국의 정치와 사회 민주주의 발전의 역사적 경험이 보여주듯 권리의 실현은 하나의 장기적인 사회진전이며, 헌법과 법률의 수립은 그저 권리의 출발점일 뿐 절대 종착점이 아니다. 헌법과 법률 자체는 바로 권리를 실현시켜 나가는 역사의 한 부분인 것이다.

중국은 이데올로기와 사회실천 속에서 권리를 신성화, 절대화한 적은 지금까지 없었으며, 선험적이고 교조주의적인 태도로 인민의 권리문제를 대한 적도 없었다. 우리에게 권리는 관념의 산물이 아니라 경제와 사회 발전의 산물이며, 권리는 경제, 사회, 문화의 발전에 따라 끊임없이 확대되고 증가하는 것으로 태어날 때부터 가지고 있는 것도 아니고, 단순히 정치적 투쟁으로 쟁취하는 것도 아니다. 권리의 본질은 역사적이고 상대적인 것이다. 사람은 어떤 조건을 갖춘 상황에서만 비로소 그에 상응하는 권리를 누릴 수 있다. 중국에서는 경제와 사회, 문화의 발전에 따라 인민의 권리를 차츰차츰 발전, 확대시키고 경제와 정치, 사회, 문화를 누릴 권리의 질적 수준 역시 한 걸음씩 향상시켜 나가야 한다고 주장한다.

인민의 권리는 헌법과 법률의 확인과 보호가 필요하다. 헌법과 법률이 가장 중요하게 확인하는 것은 일종의 사회가치 규범이며, 사회의 이상적 상태에 대한 인정이지만 결국 법률이 현실을 규정하거나 만들 수는 없다. 법이 정한 권리는 헌법과 법률의 시행을 통해 문서에서 현실로 적용해 가는 하나의 실천과정이다. 인민의 권리는 본질적으로 경제발전과 사회진보의 산물이지 법의 산물은 아니다. 그러므로 중국이 인민의 권리를 발전시키는 근본적인 길은 경제건설을 중심으로 사회 생산력을 크게 향상시키고, 지속적인 경제와 사회 발전을 추진함으로써 인민 권리의 발전을 위한 조건을 만들어 인민 권리의 확대와 발전을 이끌어 나가는 것이다. 이는 경제와 사회가 빠르게 발전하고 인민 권리 의식이 끊임없이 높아지는 복잡한 사회 환경 속에서 중국이 전과 다름없이 사회 안정을 유지시키는 중요한 경험 중 하나일 것이다.

넷째, 민주정치를 수립하고 정치체제를 개혁해 나가는 데 있어 현실적인 문제를 해결하는 것에서 출발하여 그 과정 속에서 돌파구를 찾아나가고, 정책과 이론의 실천을 시범적으로 추진해 봄으로써 시행착오를 통해 전면적인 위험을 피하는 전략을 채택한다.

민주정치 구현과 정치체제 개혁에 있어 정확한 전략을 채택하는 것은 매우 중요하다. 다년간의 반복적인 탐색을 통해 중국은 위와 같은 중요한 경험을 얻어 민주정치 구현을 추진해 나가는 기본 전략으로 삼았다. 이는 중국 민주정치 수립의 또 다른 특징이다.

민주정치 구현과 정치체제 개혁은 방대한 사회적 프로젝트이다. 그러므로 민주정치와 체제개혁은 당연히 사전 준비와 계획을 한 후에 실행에 옮기는 것이 비교적 이상적인 상황일 것이다. 이런 것을 '최상위설계'라고도 한다. 하지만 현실적인 상황에서 보면 정치 분야에서 상층설계를 할 때는 필요한 조건을 만족시키기가 쉽지 않다. 최상위설계에는 축적된 경험과 이론의 뒷받침이 필요하고, 그 기초는 같은 분야에서의 충분한 경험과 반드시 경험의 기초 위에 형성된 과학적 이론을 갖춰야 한다. 그러나 사회적 영역, 특히 정치 분야에서는 같은 대상에게 중복해서 실행을 하기가 어렵고, 자연과학과 공학처럼 인위적으로 만들어진 유사환경에서 실험을 진행할 수가 없다. 그렇다고 정치 분야에서 최상위설계의 진행과 실시가 완전히 불가능한 것은 아니다. 이는 프랑스 대혁명 후의 〈인권선언〉이나 독립과 건국 후 제정된 미국의 헌정체제, 중화인민공화국 수립 후의 인민대표대회를 비롯한 신중국 일련의 정치제도 등과 같은 역사적 선례를 보면 알 수 있다. 이것들은 모두 인류의 정치 발전 역사상 정치제도에 관한 중요한 '최상위설계'와 시행이었지만, 모두 필수불가결의 중요한 역사적 기회를 가지고 있었으니 이것이 바로 사회혁명이 개척한 역사의 새로운 출발점과 발전의 새로운 공간이었다. 이렇게 정치제도의 최상위설계는 종종 신구제도가 교체되는 혁명시기에 나오곤 한다.

한편 개혁과 혁명은 같은 것이 아니다. 개혁은 이전부터 있던 기초 위에서 이루어지는 변화와 개선을 말하는 것으로 뒤집어졌다 다시 일어나는 것이 아니다. 개혁은 원래부터 있던 제도 중에서 이미 정해져 있는 많은 요소를 계승하는 것으로 현재 있는 기초 위에서의 변혁이다. 따라서 개혁은 반드시 기존의 제도와 이미 정해진 구조 등의 요소를 직시하여 객관적인 법칙성에 기반을 둬야 하는 것으로 완전히 주관에 따라 일을 할 수는 없다. 말하자면 혁명은 "새로운 지역을 개발"하는 것에, 개혁은 "도시 재개발"에 비유할 수 있다. 그러므로 혁명시대와 달리 개혁시대의 '상층설계'는 보기 드물고 어려운 것이다.

개혁개방 이래 중국 정치체제의 개혁 전략을 구체적으로 묘사하면 "돌을 더듬어 가며 강을 건넌다."라고 할 수 있는데, 이는 곧 관념에서 출발하는 것이 아니라 실천의 문제에서 출발하고, 손쉽게 일괄적인 방안을 채택하는 것이 아니라 분산하여 실험을 진행한다는 것이다. 문제에서 출발한다는 것은 개혁의 출발점을 현실적인 문제에 두고 현상으로부터 착수한다는 것이다. 현상은 본질보다 겉으로 드러나는 범위가 크므로 개혁을 할 때 현상으로부터 시작하면 사물의 본질에서 벗어날 리 없다. 또한 아직 사물의 본질을 파악하지 못한 상황이라면 본질의 범위를 정하여 표면에서 내면으로, 얕은 곳에서 깊이 있는 곳으로 개혁을 시도해 나가야 한다. 이렇게 부분적으로 문제를 해결하면서 양적인 축적을 통해 질적인 변화를 이룰 수 있다.

개혁은 반드시 실험과 시범을 통해 한 걸음씩 확대해 나가야 한다. 이것 역시 중국 개혁과 민주주의 수립의 중요하고 성공적인 하나의 전략이다. 정치체제의 개혁과 민주정치 추진에는 고도의 위험과 중대한 책임이 주어진다. 정치체제 개혁이 잘못되면 그 결과는 심각하며 구제하기도 어렵다. 물론 개혁에 위험이 없을 수 없으므로 어떤 개혁이든지 위험에 직면하게 되는 것은 어쩔 수 없는 일이지만, 정치체제의 개혁이 퇴로가 없는 위험이나 만회할 수 없는 결과에 이르는 위험까지 무릅쓸 수는 없다. 정치체제의 개혁에서 일단 중대한 좌절이나 전면적인 실패에 맞닥뜨리면 국가와 인민들은 돌이킬 수 없는 손실을 입게 되어 몇 세대에 걸쳐 후세의 생활까지 무너뜨릴 수 있다. 이것은 어떤 정당이나 정부, 정치지도자도 책임지고 받아들이기 힘든 위험이다. 따라서 정치체제의 개혁은 반드시 정권과 국가 전복의 위험을 피할 수 있어야 하기 때문에 정치체제 개혁의 모든 구상과 방안, 실험은 모두 '퇴로원칙'을 세워야만 한다. 즉 사전에 위험을 평가하고 미리 되돌릴 예방책을 준비하여 위험에 대비해야 한다는 것이다. 민주주의 수립과 정치체제 개혁에서 시범 시행을 거친 후 본격적인 실시와 추진을 하는 목적 중의 하나도 바로 위험을 분산시키는 데 있다. 시범 시행은 총체적이고 파괴적인 위험을 피할 수 있어 그 자체가 바로 개혁 철회 시스템의 일부분이 되는 것이다. 개혁에서 실수를 피하기는 어렵다 해도 그 범위가 제한적이라면 감당할 수 있다. 실패와 실수는 탐색과 인식의 한 부분으로 전체적인 국면에 영향을 미치지만 않는다면 사물의 법칙성에 대한 인식을 더 깊게 해주어 오히려 더욱 과학적이고 정확한 방법을 찾는 데 유리하게 작용한다.

3

민주주의는 가치와 실천으로 구분된다. 가치 측면에서의 민주주의 개념은 국민주권으로 이것은 현재 전 세계에서 광범위한 공통 인식과 보편적인 법률상의 인정을 받고 있다. 국민주권을 법률로 인정한다면 민주주의는 바로 실천문제가 된다. 민주주의를 실천문제로 여긴다는 것은 국민주권을 실현하는 민주적인 형식과 정치제도를 추구하고 수립한다는 뜻이다. 그러나 역사적으로나 현실 속에서나, 또는 서방국가나 제3세계를 막론하고 그들이 필요로 하는 민주주의 형식을 찾고 수립하는 것이 모두 순조롭게 진행되지는 않았다. 국민주권이라는 공통 인식과 정치적 정당성을 실현하여 구체적인 민주주의의 형식을 탐색하고 선택, 수립하는 것은 역사와 현실 조건의 수많은 제약을 받기 마련이다. 세계 민주정치의 발전사를 총체적으로 살펴보면 각국이 걸어 온 민주주의의 길은 깊은 산중의 좁고 구불구불한 오솔길처럼 앞길이 평탄한 경우가 없었다.

중국이 민주정치를 구현하는 길 역시 이와 같아서 앞으로 중국 민주정치의 구현은 결코 생각처럼 쉽고 평탄하지는 않을 것이다. 중국은 민주주의를 수립하고 발전시켜 나가는 과정에서 자체적인 여건과 함께 국제환경 등 수많은 객관적 요인들의 한계와 제재에 부딪힐 것이다. 공업화 발전의 단계 등 많은 역사와 현실적인 제약으로 인해 예측 가능한 가까운 미래에 중국이 민주주의를 수립하는 데 있어 경쟁을 심화시키는 선거방식을 채택할 수는 없다. 이는 중국의 민주정치 수립과 정치체제 개혁 모두 앞으로 긴 시간 동안 직면해야 하는 중요한 제한적 요인이다. 이러한 역사적 한계 속에서 중국은 민주주의를 수립하는 데 있어 다음과 같이 적극적이고 안정적으로 질서정연한 정치참여를 확대해 나가고 민주적 협상을 중점 발전시키는 한편, 권력견제와 관리감독 체계를 정비하는 총체적인 전략을 수립할 수밖에 없다.

첫째, 계층별로 질서정연하게 정치참여를 확대시킨다.

정치참여는 민주정치의 중요한 내용으로 중국이 민주정치를 실현하는 데 있어서도 중요한 위치를 차지하고 있다. 중국에서 정치참여의 주요 경로는 정책 참여로서, 바로 여론을 수렴하는 시스템을 통해 인민 대중의 의견을 구하고 뜻을 반영하여 그 기초 위에 국가의 법률과 정책을 수립하는 것이다. 인민 대중의 뜻을 널리 구하여 집권당의 집권 전략과 각급 정권의 법률과 법규, 정책에 정확하게 반영하고 각 민족 인민들의 근본적인 이익을 대변할 수 있게 하는 것이다. 계층별 정치참여의 실행은 정치참여의 질서 보장이 관건이다. 현대 민주주의 형식, 즉 간접 민주정치를 실현하는 데 있어 해결해야 하는 기본관계가 '엘리트'와 '대중'의 관계 문제이다. 민주주의에서 인민 대중의 정치참여는 반드시 있어야 하는 정의이긴 하지만 정보와 경험의 불균형 및 이익의 국한성은 정치에 참여하려는 인민 대중의 능력과 범위를 객관적으로 제한한다. 그러므로 계층별 정치참여 방식은 제한적인 대중 참여를 극복할 수 있는 근본적인 방법이다. 소위 말하는 계층별 참여란 이익의 연관성과 정보의 충분성, 책임의 연대성을 그 기준으로 하여 정치참여의 주체와 대상, 방식을 계획하고 확정하는 것이다. 이것은 서로 다른 정치적 업무를 구분하여 이익에 연관되는 정도와 정보 파악 정도, 책임 연대 정도를 척도로 하여 연관성이 많은 집단 및 대표를 계층별로 나눠 정치참여를 선도한다는 것으로 계층을 구분하지 않거나 대상의 이른바 종합적인 정치참여 양상을 고려하지 않는다는 것은 아니다. 이렇게 함으로써 전반적으로 인민 대중이 국가 정치생활에 참여할 권리를 보장해 주는 한편 무질서한 참여가 가져올 비효율과 혼란을 방지할 수 있다.

둘째, 협상 민주주의를 추진하고 협상 민주주의의 질적 수준을 향상시킨다.

중국공산당 제18차 전국대표대회에서는 정식으로 중국식 협상 민주주의의 개념을 언급하고, 협상 민주주의 제도와 업무 시스템을 보완하여 협상 민주주의를 광범위하고 다방면으로 제도화시키고 발전시켜 앞으로 중국 민주정치 구현의 핵심으로 삼겠다고 밝혔다. 협상 민주주의를 발전시키려면 그 범위를 한층 더 확대하고 체계적이고 제도화된 민주적 협상을 추진함으로써 수준을 향상시키는 것이 앞으로 중국 협상 민주주의를 발전시킬 수 있는 관건이다. 앞으로 중국식 협상 민주주의를 발전시켜 나가는 데 있어 사회상황과 여론의 객관적이고 정확하며 포괄적인 발현과 반응기제는 협상 민주주의를 발전시키고 질적 수준을 향상시키는 중요한 관련 제도로서 중국 민주정치 구현의 의사일정에 마땅히 포함시켜야 한다. 그런데 협상 민주주의는 선거민주주의보다 그 의사표현 구조가 취약하기 때문에 협상 민주주의를 중점 발전시키려는 정치적 배경에서 보면 중국의 사회상황과 여론을 조사하는 시스템의 조속한 수립이 더욱 절실하다. 현재 중국의 사회상황과 여론을 조사하는 업무에는 부족한 부분이 있고 아무래도 아직 전문적이고 체계적으로 완벽한 시스템을 갖추지 못했기 때문에 협상 민주주의의 기초 역시 탄탄하지 못한 것이 사실이다. 이런 면에서 중국은 외국의 관련 경험을 참고로 두루 배워서 중국의 상황과 현실에 접목시켜 사회상황과 여론을 조사하는 전문적인 기구와 시스템을 하루빨리 만들고 정비해야 한다. 특히 전문화된 여론조사기구를 독립적으로 설립하여 협상 민주주의의 질적 향상을 추진해야 한다.

셋째, 권력견제를 강화하고 민주적인 관리감독 체계를 수립한다.

현 단계에서 경쟁적인 선거 확대를 민주주의 수립의 전략에 넣지 않는다면 권력견제와 민주적 관리감독 체계는 더욱 중요한 지위와 역할을 가진다. 인류의 오랜 정치활동에서 알 수 있듯이 권력의 부패를 방지하고 권력의 성격을 보장하는 기본방침은 권력의 견제와 균형에 두는 것이 효율적이고 믿을 만하다. 권력의 견제와 균형은 인류 정치문명의 뛰어난 성과로 민주정치 체제에서 보편적으로 적용되는 일종의 원칙이다. 권력의 견제와 균형의 기본원리는 서로 같거나 비슷한 권력의 주체 간에 서로 관리감독하고 견제하는 것이다. 그리고 민주적인 관리감독의 기본원리는 권력을 준 쪽이나 대표로 뽑힌 주체가 위탁인이나 대리인에 대해 관리감독하고 견제하는 것이다. 권력의 견제와 균형 및 민주적인 관리감독은 성격은 다르지만 그 기능은 비슷한 두 개의 관리 시스템으로 앞으로 중국의 민주주의 수립 과정에서 더욱 더 강화되어야 한다.

중국의 미래 정치체제의 개혁은 분류(分類), 분층(分層), 분급(分級)에 따라 권력견제 시스템을 확립하는 방식으로 나아가야 한다. 여기서 말하는 '분류'는 당위원회와 정부, 전국인민대표대회, 사법부 등의 주요 권력기관 중에서 우선적으로 내부권력 견제 시스템을 수립하고 정비해야 하는 기관을 구별한다는 것이다. 그리고 '분층'은 중앙과 지방 및 부문별로 여건과 수요에 따라 각각의 특색을 가진 권력견제와 균형 시스템을 수립하는 것을 말한다. 또 중국의 현재 발전단계 및 정치제도는 역사적인 한계 때문에 정치권력이 앞으로 오랜 기간 상대적으로 집중되는 모습을 띨 것이다. 따라서 국가 정치체계 중의 권력견제와 균형 시스템이 모든 계층에 똑같이 적용될 수 없으므로 서로 계층이 다를 경우 권력 견제와 균형 시스템에도 어느 정도 차이를 둬야 한다는 것이 '분급'에 따른 방식이다.

경쟁적 선거라는 민주주의 형식이 결여된 유형에서는 민주적 관리감독의 지위와 역할이 더욱 두드러진다. 특히 중국에서 실행되는 사회주의 시장경제 환경에서 민주적 관리감독은 중요한 민주정치 형식의 하나로서 필수불가결한 것이다. 민주적 관리감독은 인민이 집권당과 국가권력기관 및 정부기관에 부여한 각종 권력이 변질되지 않도록 보장하며, 권력이 인민을 위해 쓰이고 이익이 인민을 위해 도모되는 것을 보장하는 근본적인 방법이다. 어떤 의미에서 말하면 민주적 관리감독은 현 단계에서 중국의 민주정치가 발전해 나가는 올바른 방향을 보장하는 핵심요인 중 하나라고 할 수 있다. 효율적으로 민주적 관리감독을 실행해야만 다른 민주주의 형식도 비로소 진정한 효과를 발휘할 수 있는 것이다. 또 한 걸음 더 나아가 보면 효율적인 민주적 관리감독의 실행과 확대가 있어야만 중국 사회주의적 민주정치의 성격도 제대로 구현될 수 있다고 할 수 있다. 따라서 민주적 관리감독은 현 단계의 중국 특색 사회주의적 민주정치를 구현하는 데 있어서 대대적으로 강화해야 할 필요가 있는 중요한 영역이다.

중국의 민주주의 수립과 발전은 근본적으로 중국의 현실에서 출발하여 자체 실천경험에 따라 이뤄 나가야 한다. 오랜 기간 반복된 실천과 탐색을 거쳐 중국은 이미 발전단계에 적응하였으며, 발전 요구에 부합하는 꽤 체계적인 민주정치 시스템을 만들었다. 인민권리보장과 국가권력 집중의 일치, 협상 민주주의의 중점적인 발전, 경제사회 발전에 상응하는 인민권리의 확대와 발전, 현실적 문제에서 출발하고 시범적 시행을 통해 정치개혁과 민주주의 수립을 추진한다는 기본전략, 이것들은 중국 민주정치 구현의 4대 기본 특징이다. 우리는 이러한 노선을 따라 계속 전진하여 중국의 민주정치제도가 중국 경제와 사회 발전에 확실한 정치적 보장이 될 것과 중국이 마침내 공업화와 현대화의 역사적 사명을 완성하여 위대한 민족부흥을 실현하리라는 것을 믿는다.

China's Democracy Path

제1장
중국 민주주의의 유래

중국 민주주의 건설전망

중국의 민주주의는 중국 인민의 역사적 선택이었다. 사람들의 사회적 선택에는 주관과 객관이 함께 작용하므로 이미 실현된 사회적 선택은 주관적인 자발성의 결과이면서 한편으론 객관적인 조건의 제한과 구속을 받는다. 사람은 역사 환경이 제공하는 가능성의 세계에서 선택을 하고 그 선택을 실행에 옮기는 것이다.

모든 국가의 민주주의 제도는 한결같이 다 그 국가들의 역사와 문화 속에 뿌리를 내리고, 그 국가들에게 주어진 상황의 기초 위에 수립되었다. 역사와 국가의 상황은 민주주의 제도의 형성 과정에서 중요한 역할을 하며 깊은 흔적을 남긴다. 그러므로 중국 민주주의 제도에 대한 인식도 우선 중국의 역사와 국가 상황을 고려해야 한다.

1. 역사의 출발점과 경로

역사 발전의 궤적은 한 국가의 정치제도에 영향을 미치는데, 이를 정치학에서는 제도 변천의 '경로의존성'이라 말한다. 중국의 민주주의를 이해하는 데 있어 외면할 수 없는 것이 중국의 근현대사로, 중국인의 민주주의에 대한 인식과 추구는 근대 이래 시련의 경험에서 얻은 것이다.

(1) 중국 근대사의 첫 시작부터 존재한 민족 위기

중국 근대사를 펼쳐 보면, 가장 깊은 인상을 남기는 두 가지 말이 있으니 그것은 바로 "위기에서 나라를 구하고 살 길을 도모하자"와 "중국을 부흥시키자"는 것이다. 이는 몇 대에 걸쳐 중국인의 마음속에 맴도는 꿈으로 근대 중국사회가 쟁취해야 하는 민족독립과 사회발전이라는 두 가지 기본 사명을 상징한다.

1840년의 아편전쟁은 중국 근현대사의 출발점으로 서방 자본주의의 공업문명과 동방 봉건주의의 농업문명 사이의 가장 전형적인 의미의 충돌이었다. 전쟁의 한쪽이었던 영국은 당시 서방의 가장 선진화된 공업화 국가였고, 다른 한쪽이었던 중국은 발전이 가장 무르익었던 동방의 봉건제 국가였다. 공업문명의 기초 위에서 만들어진 작지만 강한 영국 군함은 농업문명을 기초로 한 대청제국의 크지만 약한 군대를 무찔렀고, 이로써 중국의 역사 궤적이 변화를 맞게 되고 중국 근현대사의 서막도 그로부터 시작되었다.

1840년 6월 샤먼에서 시작된 아편전쟁은 1842년 8월 29일에 영국군 기함에서 중영 〈난징조약〉에 조인하면서 끝이 났다. 〈난징조약〉은 중국 근현대사상 최초의 불평등조약으로 두 개 방면에서 중국 역사에 중요한 영향을 미쳤다. 하나는 홍콩 할양과 영국 영사에 재판권을 넘겨줌으로써 중국 주권 보전에 침해를 입었다는 것이고, 둘째는 '오구통상'으로 중국 쪽에 원래 있던 행상제도(청나라 때의 상업정책으로 국내 상업에 대한 간섭과 함께 독점적으로 대외무역까지 통제하던 제도: 역주)를 폐기하고 영국 쪽이 규정한 '자유무역'을 시행했다는 것이다. 주권침해와 자유무역은 강자가 정치와 경제의 양 방면에서 약자의 '집 대문'을 여는 것을 의미한다. 주권의 침해는 중앙 정부의 본국 사회에 대한 정치보장에 영향을 미쳤고, '자유무역'은 중국의 농업문명이 영국 공업문명에 심각하게 잠식되는 결과를 가져왔다.

1842년이 지나고 이듬해 영국 정부는 청나라 정부를 핍박하여 〈오구통상장정〉과 〈후면조약〉을 체결했고, 중국을 탐내던 서방열강들도 중국 패전의 기회를 틈타 잇달아 중국과 더 많은 불평등조약을 체결했다. 아편전쟁 실패와 〈난징조약〉 등 일련의 불평등조약 체결은 과거의 찬란함에 빠져 있던 청나라 통치자에게 심각한 충격을 주었고, 중국의 앞날에 깊은 영향을 미쳤다.

1840년의 제1차 아편전쟁이 그저 중국의 대문을 열고 위기의 시대로 이끌었을 뿐이라면 20년 후에 일어난 제2차 아편전쟁은 정권생존의 정치적 위기까지 몰고 간 실질적 위험을 가져왔다고 할 수 있다. 1856년 10월, 영국은 '애로호 사건'을 핑계로 광저우를 침략했고, 이듬해에는 프랑스와 연합하여 '마신부 사건'을 구실 삼아 연합군을 결성하여 전면적으로 제2차 아편전쟁을 일으켰다. 1860년 9월, 영프 연합군이 베이징으로 쳐들어오자 함풍제는 열하피서산장으로 도망쳤다. 베이징을 점령한 영프 연합군은 약탈을 하고 원명원을 불태웠다. 제2차 아편전쟁은 수도가 점령당하고 황실의 정원이 불살라지는 것도 모자라 주권을 상실하는 모욕적인 〈베이징조약〉 체결로 끝이 나고, 청나라의 최고 통치자였던 함풍제는 피난을 간 곳에서 병으로 생을 마감했다.

제2차 아편전쟁은 대청제국에 전례 없는 생존위기를 초래했고, 이와 동시에 중국 상류 지배세력 및 사대부계층의 위기의식을 제대로 불러일으키면서 중국 근대 역사상 최초로 개혁도강운동의 문을 열었다. 중국의 근현대사는 외부압력이 만든 정치위기에서 시작되었고, 이후 중국 정치발전은 항상 외부압력 방어와 자아역량 강화라는 논리를 중심으로 전개되었다.

시작은 목적을 내포하고 있다. 서방열강의 침략은 중국 사회에 '구국'과 '생존 도모'라는 양대 주제를 주입시켰다. 중국 근현대사를 돌이켜보면 제2차 아편전쟁 이래 중국 정치발전에 있어서의 모든 중대사건이나 중요한 모든 역사적 선택과 제도 수립에는 이 양대 주제와 무관한 것이 없었다. 만약 '구국'과 '생존 도모'의 필요에 부합되고 만족시킬 수 있으면 역사적으로 선별되어 보존되었고, 만약 '구국'과 '생존 도모'의 필요에 부합되지 못하고 만족시킬 수 없거나 그 주제와 거리가 있으면 모두 역사적으로 도태되었다. 역사의 총체적 발전과정에서 제도와 전략의 선택은 역사적 사명을 받아 이루어지고, 그 선택이 역사적 사명을 실현시키는 수단이라는 것을 분명히 알 수 있다. 그러므로 역사의 출발점은 후대의 발전에 오랫동안 영향력을 가진다.

(2) 연속 3차에 걸친 구국의 길 탐색

수도가 함락되고 원명원이 불에 타고 황제가 타향에서 객사한 일련의 중대한 재난은 청나라를 세운 만주족 귀족과 만주족·한족 관료, 사대부계층을 포함한 대청제국의 정치 엘리트들을 크게 뒤흔들어 놓았다. 그리고 1860년부터 중국 정치 엘리트 계층 사이에서 전대미문의 사조와 여론이 빠른 속도로 대두되었으니 이런 사조와 여론의 키워드는 바로 '자강'이었다. 이어 1861년부터는 상소문과 황제의 교지, 사대부의 문장에 '자강'이란 단어가 빈번하게 등장하면서 전체 상류층 엘리트들의 위기의식과 부흥의 길을 추구하는 강렬한 염원이 표출되기 시작했다.[1] 그리고 이러한 위기의식과 부흥에 대한 염원은 상류층 정치 엘리트 집단에서 시작된 자강운동으로 빠르게 전환되었다.

① 양무운동: 정치 엘리트들의 자강운동
주권을 상실하고 국위를 실추시킨 〈베이징조약〉을 체결한 지 두 달이 지난 1861년 1월 13일, 이 조약을 담당했던 청나라 말기 명신인 공친왕 혁흔은 대학사인 계량, 호부좌시랑 문상과 회동하여 아직 열하에 있던 함풍제에게 청나라 말기 최초의 개혁자강운동 문서인 〈총리아문 설치를 청하는 장정 6조〉를 상소로 올렸다. 함풍제가 이 상소를 비준하고 한 달 후 병으로 세상을 떠났으니 이는 그가 살아 생전에 마지막으로 한 중요한 비준이었다. 이 역사적 문서를 오늘날의 관점으로 보면 기껏해야 행정체제 개혁에 관련한 건의였을 뿐이지만, 이 문서는 그 당시 봉건왕조의 상류층 엘리트들의 의견이 사실대로 반영되고, 중국 근대사상 최초로 변혁을 향한 인식수준과 기본적인 사고의 방향이 반영된 것이었다.
제2차 아편전쟁 이후 외부로부터의 거대한 생존위협 아래서 청나라 지배계급 전체는 외국과의 교류를 통해 자강을 도모하는 개혁의 길로 전향했다. 이른바 '양무(洋務)'는 일찍이 임칙서 시대에 '이무(夷務)'로 불렸으

---

1   존 킹페어뱅크 엮음, 『케임브리지 중국 청 말기 역사』 상권, 중국사회과학출판사, 1993, 544면.

며, 모든 대외관계를 취급하는 업무를 가리키는 말이었다. 양무운동의 전체적인 출발점은 바로 임칙서의 벗이었던 위원의 "오랑캐의 기술을 받아들여 오랑캐를 제압하자"는 말이었다. 그리고 양무파의 중신이었던 장지동의 "중국의 학문을 근간으로 하고 서양의 학문을 이용하자"는 말은 한 걸음 더 나아가 양무운동을 총체적으로 이끄는 사상이 되었다.

[사진 1-1] 강남기기제조국

그렇게 19세기 60년대부터 관 주도의 군수산업 건설과 발전, 정부 감독하의 민간 제조업 및 관 주도의 기초시설 건설을 주요내용으로 하는 양무운동이 중국 각지에서 일어나기 시작했다.

강군으로 서방열강을 방어하는 것이 양무운동의 직접적인 목적이었기 때문에 근대 군수산업의 육성이 양무운동의 가장 중요한 임무가 되었다. 강남제조국과 금릉제조국, 톈진기기국, 마미조선국 및 이후의 광저우기기국, 후베이창포창 등은 양무운동 중 설립된 군수산업체 가운데 가장 중요한 핵심기업이었다. 그리고 가장 유명한 이들 군수업체 외에도 연해와 내륙의 10여 개 성에도 잇달아 지방의 제조국과 기기국 같은 기업을 설립했다. 하지만 출발이 늦었고 발전이 더딘 데다 품질도 낮은 군수산업은 서양 군사장비로 무장하기 시작한 대청제국의 신식군대 수요를 근본적으로 만족시킬 수가 없었다. 특히 나날이 부상하고 있는 일본의 자극으로 청 정부는 구매와 기술을 도입하는 방법으로 서양군함을 주축으로 하는 해군을 창설했으니, 이것이 바로 양무운동에서 가장 상징성을 가지는 북양수사이다. 북양수사는 양무운동이 군수산업을 발전시켜 창설한 신식군대의 가장 큰 수확이라고 말할 수 있다.

한편 양무운동이 시작된 후, 군수산업의 기초가 될 근대산업의 필요성을 더욱 깨닫게 된 양무파 관료들은 '부유해짐으로써 부강해진다'는 구호를 내세우면서 기간산업을 건설하고 민간산업을 발전시켜 전체 산업의 수준을 향상시켜야 한다고 주장했다. 그리고 19세기의 70년대부터는 이홍장, 장지동, 좌종당 및 나중에 가담한 성선회 등의 인사들이 주축이 되어 근대 기간산업과 민간산업을 일으키는 것으로 방향을 바꾸기 시작했다. 그리하여 이홍장이 설립한 중국 최초의 기기생산 방식의 대형 탄광인 개평 광무국, 상하이 기기직포국 및 윤선초상국, 장지동이 설립한 다예철광, 한양제철, 좌종당이 설립한 란주 기기직니국 등은 모두 당시 유명한 중국의 근대 민간기업이었다.

30여 년의 노력을 거친 양무운동은 초기에 중국의 근대 군수산업과 최초의 기간산업, 민간산업을 구축하는 등 어느 정도 성과를 거두었다. 그리고 관 주도 산업 외에 중국 민간자본도 다소 확대되어 19세기의 70-80년대까지 민간자본이 일으킨 근대적 산업체의 출현이 고조에 달해 갑오전쟁 전까지 중국 민간에서 창설한 산업체가 160개에 이르렀다. 하지만 나라를 구하고 생존을 도모하기 위한 중국 근대사 최초의 노력은 30년 후, 같은 시기에 변혁이 일어났던 경쟁자 일본에 의해 꺾이고 말았다.

1894년 7월 중일 갑오전쟁이 발발했다. 전쟁은 일본군이 완전히 승리하고 북양수사의 전군이 전멸하는 것으로 끝이 났다. 갑오전쟁은 30여 년에 걸친 양무운동의 실패를 의미하기도 했으니 이것으로 중국 정치 엘리트들의 사기는 중대한 타격을 입었고 그들의 위신도 땅에 떨어지게 되었다. 당시 상하이 신문에서는 양무운동이 개척했던 각종 사업을 두고 "모든 일을 형식적으로 대충 해치우면서 자금만 축내고 말았다"며 공개적으로 질책을 했다. 갑오전쟁의 패배는 당시 중국 사회의 상류층 지배계급 중 가장 진보적이고 유능했던 한 시대 정치 엘리트들의 구국 노력을 수포로 돌아가게 했다.

② 무술변법: 문화 엘리트들의 변법개혁

양무운동의 실패는 단순한 상명하달식 행정개혁 실행과 관 주도 산업 창설로 구국을 실현하는 것이 부족하다는 것을 보여줬다. 그렇다면 중국은 어디로 나아가야 할 것인가? 한층 더 심화된 위기는 중국사회에 깊은 충격을 주었으니, 위로는 황제부터 아래로는 지방의 권세가까지 갑오전쟁의 패배로 가슴 아프지 않은 이가 없었다. 청일간의 〈시모노세키 조약〉이 체결된 지 사흘째인 1895년 4월 20일, 광서제는 교지를 내려 보내 말했다. "이후 우리 군신은 상하를 막론하고 오직 한마음으로 굳건하게 적폐를 없애고, 군사훈련과 군비조달을 힘껏 연구하여 상세한 계획을 세워 개혁을 실시한다."[2] "오랑캐의 기술을 받아들여 오랑캐를 제압하자"는 생각에서 출발했던 자강의 길이 속절없이 사라지자, 중국 전통사회의 또 다른 핵심역량인 사대부계층 중 진보적인 부류가 역사 무대에 등장했다.

---

2   『청덕종실록』, 중화서국, 1987, 366권.

강유위, 양계초, 담사동, 엄복 등이 그들 중 대표적인 인물이었다.

기백 넘치던 대국이 갑오전쟁에서 국력이 자신보다 한참 뒤떨어진 일본에 패하자 당시 중국의 사대부계층은 중국체제에 바로 의심을 갖게 되었고, 그로 인해 자강을 모색하려는 방향을 사회와 정치제도 쪽으로 돌렸다.

강유위가 바로 중국 근대역사에서 제도에 대한 재고찰을 일깨운 인물이었다. 그는 일찍이 청불전쟁이 끝난 지 3년째 되던 해에 베이징으로 와 향시에 응했으나 합격하지 못했다. 그해 그는 광서제에게 상소를 올려 국가의 기본방침에 대해 의견을 냈고, 이것이 그가 청나라 말기 사대부계층의 뛰어난 인물로서 정치활동에 참여한 첫걸음이었다. 그는 상소문에서 황제에게 천백 년 동안 변함없던 '조종지법(祖宗之法, 선조의 관례를 따르는 일종의 관습법: 역주)'을 바꿀 것을 요구하는 한편, 강국을 이루기 위해서는 정치제도를 개선해야 한다고 강력히 주장했다.

1895년 봄, 베이징에서는 을미과진사들의 회시가 거행되었다. 그때 대만과 요동반도를 할양하고 은 2억 냥을 배상금으로 내야 한다는 내용의 〈시모노세키 조약〉소식이 베이징에 전해졌다. 그러자 회시를 막 끝내고 결과를 기다리던 거인(擧人, 명청시대 향시에 합격한 사람: 역주)들은 감정이 격분되었고, 대만 출신의 거인들은 더욱 울분을 참지 못하고 눈물을 흘렸다. 4월 22일, 제자 양계초를 데리고 함께 회시에 참가했던 강유위가 18,000 자의 〈오늘 황제께 올립니다〉라는 상소문을 쓰자, 이에 18개 성 거인들이 호응을 하고 1200여 명이 연서했다. 5월 2일 강유위와 양계초는 18개 성 거인들과 수천 시민들을 이끌고 '도찰원(都察院, 명청시대 행정기관을 감찰하던 관청: 역주)' 문 앞으로 가 대표로 상소를 올렸다. 이것이 바로 중국 근대사에서 유명한 '공거상서(公車上書)'이다. 공거상서는 갑오전쟁 실패가 중국 사대부계층에게 준 심리적 부담을 풀어주는 동시에 중국 문화 엘리트들에게 그들 자신의 방식으로 민족을 위기에서 구할 중요한 기회도 준 것이었다. 강유위와 양계초도 이로 인해 이 시대 중국 사대부계층의 중심이 되었고, 이 두 사람은 문화 엘리트의 시각을 가지고 청나라 말기 귀족과 관료를 제외한 또 다른 사회계층의 구국과 생존 도모 의식을 대표했다.

〈오늘 황제께 올립니다〉는 〈시모노세키 조약〉에 대해 네 가지 해결방안을 내놓았으니, 교칙을 내려 천하의 기를 북돋울 것, 수도를 옮겨 천하의 근본을 정할 것, 군사를 훈련시켜 천하의 힘을 키울 것, 법을 바꿔 천하를 안정시킬 것이 바로 그것이다. 당시 그들의 요구와 건의는 받아들여지지 않았지만 '공거상서'로 인해 강유위와 양계초는 그 이름을 세상에 알리게 되었고, 그들의 유신변법 추진에 한층 더 나은 환경이 조성되었다.

'공거상서' 사건 후, 강유위는 저술에 몰두하며 이론적으로 충분한 준비를 하여 세계 많은 국가들의 변법개혁에 대해 자료를 모아 기술하고 고증했다. 그 결과 1898년 〈일본변정기〉, 〈러시아 피터대제 변정고〉, 〈돌궐삭약기〉, 〈프랑스혁명기〉, 〈폴란드분멸기〉 등의 책을 연달아 광서제에게 바쳤다. 그는 이 책들을 통해 타국의 변법 및 보수의 긍정적인 경험과 부정적인 경험 양 방면에서 교훈을 얻고 중국의 변법과 혁신을 촉구했던 것이다. 강유위와 양계초를 중심으로 한 문화 엘리트의 구국 주장은 양무파의 주장과는 차이가 있었다. 문화 엘리트들은 양무파가 단지 기물(器物) 방면에만 국한했던 변혁에서 교훈을 받아들이는 한편, 시야와 사유의 촉각을 정치제도로 뻗치고 그 당시 일본 명치시대의 문화 엘리트들처럼 서방의 굴기와 서방 경제, 정치제도, 더 나아가 사상문화의 변혁과 관련 있는 것까지 염두에 두고 있었다.

[사진 1-2] 유신변법사상 홍보 간행물

1898년 4월, 양계초는 베이징에서 보국회를 발기하고 설립했다. 그리고 유신인사를 모으고 광서제 주위의 진보적인 관료들과 접촉하여 변혁 의지와 포부를 가지고 있던 광서제에게 의지해 변법에 시동을 걸고, 영국과 독일, 일본 등 국가들을 모방해 군주입헌제를 시행하는 개혁을 시도했다. 그리하여 유신파 문화 엘리트들이 고수한 노력은 마침내 결과를 낳았다. 6월 11일 명목상 최고 통치자였던 광서제는 적폐를 뿌리 뽑고 위기에 처한 국가를 구하기 위해 '명정국시조'를 반포하고 변법 시행을 선포했다. 그리고 6월 16일 광서제는 강유위를 불러 변법의 구체적 절차와 시책에 대해 의견을 나누고 그를 장경행주로 임명하여 변법의 브레인으로 삼는 한편, 담사동과 양예, 임욱, 유광제 등을 기용하여 유신을 돕도록 했다.

광서제는 강유위 등 인사들의 건의에 따라 짧은 시간 안에 연이어 몇십 개의 신정치 칙령을 반포했다. 그 내용은 재정, 경제, 군사, 정치, 문화, 교육 등 사회생활 여러 방면에 걸쳐 있었다. 그중 가장 핵심적인 조치는 개인의 사업체 설립 제창, 발명과 창조 장려, 재정 개혁을 통한 국가은행 설립, 군제 개혁으로 근대적 육해군 편성과 육성, 언로 개방, 민간 신문사와 학회 창립 허용, 과거시험 중단, 근대식 학교 설립 등이었다. 다급하게

[사진 1-3] 왼쪽: 강유위, 오른쪽: 양계초

이뤄진 이런 일련의 변법을 역사에서는 '무술변법'이라 일컫는다.

청나라 조정의 실질적인 통치자인 서태후를 비롯한 보수세력은 처음에는 관망을 하다가 문화 엘리트들이 책동한 개혁이 국가의 근본을 흔든다고 단정하고 방향을 바꿔 변법을 반대했다. 곤경에 빠진 변법을 만회하기 위해 강유위, 양계초 등 변법 중심인사들은 광서제와 소수 군사장교들에 기대어 쿠데타를 일으켜 개혁 추진을 강행하려고 시도했으나 청나라 말 정치체계 안에서 그들의 세력은 미미했고, 유일하게 기댈 수 있는 사람이라곤 허울뿐인 황제였다. 유신파는 궁지에 몰려 위험을 무릅썼으나 이것은 바로 보수파에게 반격의 구실을 주었으니, 그해 9월 21일 그들을 앞질러 쿠데타를 일으킨 보수파는 광서제를 감옥에 가두고 유신 인사들을 잡아 죽였다. 그리고 경사대학당과 각지의 근대식 학교만 남겨 두고 나머지 무술 신정치 조치들은 모두 폐기해 버렸다.

광서제가 '명정국시조'를 반포한 1898년 6월 11일부터 서태후가 일으킨 쿠데타가 끝난 9월 21일까지 이 문화 엘리트가 책동한 체제개혁은 103일 만에 철저히 실패하고 말았으니 역사에서는 이를 '백일유신'이라 일컫는다. 자강혁신을 시도했던 정치 엘리트들과 강유위, 양계초 등의 문화 엘리트들을 비교해 보면 그들에게 더 강렬했던 부분도 있고, 취약했던 부분도 있었다. 문화 엘리트들은 개혁과 부국강병은 반드시 제도의 변혁에서 착수해야 한다고 생각했지만 사회기반과 정치동맹자가 지극히 부족했던 그들은 관료계층 중 진보인사들의 이해도 얻지 못했고, 확실한 정치동맹도 만들지 못했다. 유신파는 순진하게도 "변화는 위로부터 내려와야 쉽고, 아래로부터 올라오는 것은 어렵다"고 생각해서 변법에 대한 희망을 맹목적으로 광서제 한 사람에게만 의지해 값싼 승리를 쟁취하려고 했다. 유신파의 순진함은 그저 그들의 부족한 정치경력과 경험에만 있는 것이 아니라, 객관적으로 볼 때 그들은 전통적인 사대부계층의 한 부분으로, 이 사회집단이 생존하는 사회환경 때문이든 자신들이 가진 지식 가치가 시대에 뒤떨어져서든 모두 그들이 타개하지 못한 구제도를 따라 함께 사라져 갔다.

③ 의화단운동: '민초들'의 구국운동

덧없이 사라진 문화 엘리트들의 구국운동은 한순간에 지나갔으나 중국의 민족위기는 여전히 빠르게 진행되고 있었다. 1894년 갑오전쟁의 패배부터 무술변법까지 4년, 그리고 다시 2년이란 시간이 흘렀을 뿐인데 세찬 기세의 구국운동이 또다시 등장했다.

중국이 갑오전쟁에서 패하고 체결한 〈시모노세키 조약〉의 영토할양과 배상금 지불 조항은 일본에게 거대한 이익을 가져다 준 동시에 유럽 열강의 중국 분할에 대한 강렬한 욕구를 불러왔다. 프란츠 니츠(Franz Niez)와 리차드 호일레(Richard Heule)라는 두 명의 독일 선교사가 원인불명으로 사망하는 사건으로 인해 1897년 산둥에서 '조주교안(曹州教案, 조주에서 일어난 교안으로 교안은 청말 외국 교회와 중국인 사이에 일어난 소송사건을 말한다: 역주)'이 발생했다. 사건이 터지자 독일은 즉각적으로 대응을 해 왔으니, 기회를 틈타 군대를 출동시켜 교주만과 교오(지금의 칭다오)를 점거한 것이었다. 한편, 일본과 독일의 중국 북방 점령으로 중국의 반식민지 반봉건사회로의 전락은 가속화되었고, 서양물품의 대량 수입과 일부 농산품의 상품화는 전통 농업과 수공업에 심각한 충격을 주었으며, 농촌의 자연경제를 망가뜨렸다. 또 독일이 건설한 칭다오-지난 간 철도로 인해 전통 운수업도 타격을 받게 되었다. 한편 산둥과 허베이 일대의 빈곤농민들과 수공업 실업자, 조선공, 하역인부 등은 외래로부터 경제, 문화적 배척의 아픔을 깊이 받으면서 외국을 적대시하는 강렬한 정서가 쌓이기 시작했다.

산둥 일대는 민심이 용맹하고 무예로 신체 단련하는 것을 즐겼다. 그 당시 무예를 익힌 사람들이 모여 단련을 하면서 민간 결사단체를 만들었는데 통칭하여 '권민(拳民)'이라고 했다. 제2차 아편전쟁 후 허가를 받은 서양 선교사들이 중국에서 선교를 하고 교회를 만들었는데, 문화와 풍습의 차이로 인해 기독교회는 늘 지역 주민들과 마찰을 빚었다. 불량한 교민(教民, 청말 천주교나 기독교를 믿는 중국인을 가리키던 말: 역주)은 종종 세력을 믿고 남을 무시하곤 했으나 지방정부는 교회의 치외법권이 두려워 양인들과 맞서길 원하지 않았으며 공정하게 처리를 할 수도 없어 늘 교안이 발생했다. 그렇게 갑오전쟁 후 산둥 일대는 교민과 권민 사이의 갈등과 충돌이 갈수록 심각해졌다.

그러던 중, 1898년에서 1899년에 걸쳐 산둥, 장쑤, 허난, 허베이 지역 일대에 크게 흉년이 들면서 민간사회의 갈등이 더욱 심화되고 사회질서가 붕괴되더니 산둥, 허난, 장쑤의 접경지역에서 봉기와 폭동이 끊이지 않았다. 이러한 상황에서 산둥과 허베이 일대의 권민과 기타 민간조직들이 점점 모이기 시작하더니 조금씩 커져서 외래의 침략과 압박에 항거하는 의화단운동이 되었다. 의화단운동은 대부분 여기저기 분산되어 있는 자발적 단체들로 구성되었으나 총체적으로는 공통된 경향을 띠고 있었으니 청을 도와 서양을 물리치자는 뜻의 '부청멸양(扶淸滅洋)'이란 구호가 그들의 정치적 경향을 대변했다.

1899년 겨울, 의화단은 허베이 및 톈진 일대까지 번져나갔고, 1900년 1월에는 '민심을 이용할 만하다'고 생각한 서태후가 서방국가 외교사절단의 항의에도 불구하고 의화단을 보호하라는 칙령을 내렸다. 이에 따라 직예 총독 유록은 기존의 의화단 진압정책을 의화단을 돕는 쪽으로 바꾸고 의화단운동에 가담한 사람들에게 군비를 지급하는가 하면 본인이 의화단의 우두머리를 톈진으로 청해 그들의 종교집회를 갖도록 했다. 그리고 청 정부는 6월 10일 의화단을 동정하고 그들을 이용하자고 주장하는 단군왕 재의를 총리아문 대신으로 기용하였다. 이와 동시에 각지의 권민들이 베이징으로 몰려들었으니 그 수가 가장 많을 때는 10만을 넘어서기도 했다. 베이징으로 들어온 의화단은 교회를 불사르고 교민들을 무차별하게 죽였다. 이에 6월 20일 독일의 주중공사 클레멘스 프라이어 폰 케텔러(Klemens Freiherr von Ketteler)가 각국 사절단의 대표로 총리아문을 만나 사건 해결을 부탁하려 했으나 도중에 매복해 있던 청나라 병사에게 살해를 당하게 된다. 케텔러의 피살이 도화선이 되어 서방열강이 연합군을 조직해 중국에 쳐들어오자 6월 21일 청 정부는 영국, 미국, 프랑스, 독일, 이탈리아, 일본, 러시아, 스페인, 벨기에, 네덜란드, 오스트리아의 11개국에 정식으로 선전포고를 하고 외국인 살해에 상금을 걸었다. 의화단 및 청 정부군은 동교민항에 있는 각국 주베이징 대사관 지역을 집중 공격했다.

의화단의 봉기를 진압하고 포위당한 대사관을 구하기 위해 일본, 미국, 오스트리아 · 헝가리 제국, 영국, 프랑스, 독일, 이탈리아, 러시아 등 8

개국은 약 4.5만 명의 연합군을 결성해 1900년 7월부터 8월까지 텐진과 베이징으로 진군했다. 7월 14일, 연합군이 텐진을 점령하자 직예 총독 유록은 패전한 후 자살했다. 그리고 8월 14일, 베이징 성 밖까지 접근한 연합군과 이틀간의 격렬한 전투를 벌였으나 8월 16일 밤 베이징의 성 전체가 점령당하고 말았다. 이렇게 베이징의 황실까지 함락되자 서태후는 급히 성을 떠나 시안으로 도망치면서 전쟁의 책임을 의화단에게 떠넘기고 각지의 청군에게 사살하라는 명령이 담긴 조서를 내렸다. 의화단의 맹렬한 발전은 부분적으로 청 정부의 지지를 얻었으나 8개국 연합군의 잔혹한 진압과 청 정부의 태도 변화에 직면하자 뿔뿔이 흩어지면서 빠르게 사라졌다. 1901년 9월 7일, 청 정부는 강요에 의해 〈신축조약〉을 체결하고 11개국에 총 4.5억 냥의 은을 전쟁 배상금으로 내놓았다. 역사에서는 이를 '경자배상'이라 말하는데, 이는 중국 역사상 최고 액수의 대외배상금이었다.

의화단운동은 왕성한 활동기간이 석 달을 넘기지 못한 데다 열강의 진압과 청 정부의 배신으로 결국 실패로 돌아갔다. 하지만 의화단의 제국주의에 대한 반항은 민족을 위기에서 구하려는 투쟁이었기에 여전히 지울 수 없는 역사적 업적을 가진다. 의화단의 필사적인 투쟁과 반항정신은 제국주의 열강에게 중국을 정복하는 것이 어렵다는 것을 일깨워주었다. 8개국 연합군이 군사적으로는 청 정부와 청군을 확실히 이겼다고 할 수 있지만 중국 대중들의 반항에 두려움을 느끼고 결국에는 철저한 식민지화의 통치방식을 버림으로써 중국은 인도처럼 완전한 식민지로 전락하는 앞날은 피할 수 있었다.

양무운동과 무술변법의 주동자들과 비교할 때 의화단운동을 조직하고 거기에 가담한 사람들의 신분은 더 복잡하지만 전체적으로 보면 당시 중국 사회의 하층계급에 속하는 이들이었다. 당시 산둥성 의화단 지도자

89명의 계급을 분석한 것에 따르면 의화단 가담자는 주로 농민과 수공업자, 소상인들이었다. 구체적인 비율은 자작농이 38.2%, 소작농과 고용농민이 24.7%, 상인이 5.6%, 공인이 4.5%, 유랑자가 3.4%, 수의사와 광대가 각각 1.1%였고, 이 밖에 지주가 22.5%를 차지했다.[3]

여기서 알 수 있듯이 의화단운동 가담자 80% 정도가 모두 하층계급의 노동자들이었다.

양무운동과 무술변법, 의화단운동은 중국이 봉건사회 말기에 제국주의와 식민주의의 침략을 받아 심각한 민족위기에 놓인 역사적 환경에서 서로 다른 사회집단이 일으킨 세 차례의 구국과 생존 도모의 사회운동이었다. 양무운동은 정치 엘리트의 자강운동이었고, 무술변법은 문화 엘리트의 구국 노력이었으며, 이와 비교할 때 의화단운동은 '민초들'이 주도한 반항과 자구운동이라 할 수 있다. 정치 엘리트와 문화 엘리트들은 중국사회의 경제, 정치, 문화자원을 쥐고 전통사회의 사회적 책임을 맡은 사람들이었다. 하지만 어느 사회가 몰락해 가는 시대는 그 시대의 엘리트 역시 몰락하는 시대이다. 그들이 실행한 운동을 보면 중국의 청나라 말기 봉건사회의 엘리트들은 사회를 위기에서 구할 능력이 없었으며 스스로를 구제하고 변화시킬 능력도 없었음을 증명하고 있다. 오히려 나라가 막다른 골목에 다다르고 궁지에 몰리자 본래 무능하고 어떤 책임을 질 수도 없는 하층 노동자 무리가 위험을 무릅쓰고 선뜻 나서서 살길을 찾으려는 본능과 단호한 저항으로 민족과 사회의 탈출구를 찾은 것이다. 물론 산만한 조직과 자발성으로 인해 의화단운동은 뚜렷한 사상 강령과 행동목표에서

---

3   콩링런, 「19세기말 산둥의 사회경제와 의화단운동」, 『산둥대학 문과논문집』 1980년 제1기 수록, 20-22면.

통일을 이룰 수 없었지만 그들의 기본 정치경향은 전통적인 사회구조와 생산적인 생활방식, 문화전통을 지키는 것이었다. 하지만 그것을 실천해 나가는 과정에서 사상이 나로드니키주의(1860-90년대 러시아에서 지식인들이 제창한 농본주의적 급진사상: 역주)의 사회주장 경향을 띠는 것으로 나타났다. 그러나 분명한 것은 나로드니키주의는 역사상 어떤 시기에도 사회의 정상적인 모습이 될 수 없다는 것이다. 19세기 말의 민족위기 속에서도 나드로니키주의가 저항자의 역할로 나타나긴 했지만 그것은 설계자가 될 수는 없었다.

의화단운동 및 그 전의 무술변법과 양무운동의 주동자와 가담자는 중국 전통사회에서 가장 중요한 3대 사회집단이었다. 그들이 마주한 문제는 본질적으로 서로 통하는 것으로 민족을 위기에서 구하려면 새로운 길을 찾고 새로운 정치제도와 사회 시스템을 수립해야 한다는 것이었다. 그러나 청말 중국사회는 일본 명치유신의 사회환경을 갖추지 못한 탓에 사회개선을 통해 위기에 처한 나라를 구하려는 역사적 시기를 놓치고 말았다. 3대 집단이 자신의 염원과 방식대로 중국을 구하고 개선하려 했던 노력이 모두 물거품이 되고 난 후 구국과 생존 도모의 역사적 사명은 중국을 사회혁명으로 나아가게 했다.

(3) 신해혁명의 민주공화의 길

19세기 후반, 국경을 개방한 중국은 식민지화 과정이 심화되고 경제사회구조도 그에 따라 차츰 변화가 생기면서 상공업과 무역의 발전으로 상공업자와 상인 등 새로운 사회계층이 조금씩 늘어났다. 특히 동남쪽의 연해와 인접한 홍콩과 마카오의 광둥지역은 상공업과 해외무역이 크게 발전했으며 상공업자와 상인의 사회적 지위도 차츰 올라갔다.

1894년 6월, 한반도에 전운이 감돌고 중일전쟁도 일촉즉발 상태에 놓여 있을 당시 구국의 의지를 가슴 가득 품은 젊은 의사 한 명이 홀로 텐진으로 와 당시 막강한 권력을 누리고 있던 직예 총독 북양대신 이홍장을 만나려고 했다. 그는 그해 연초부터 심혈을 기울여 쓴 수천 자의 구국 개선방안을 청 정부가 받아들여 그의 보국에 대한 이상을 실현해 주길 원했다. 이 젊은 의사가 바로 나중에 세상에 이름을 떨친 중국 민주혁명의 위대한 선구자 쑨중산 선생이었다. 하지만 한창 군정 업무로 바빴던 중신 이홍장이 무슨 정신이 있어 이름도 모르는 젊은이를 만나고, "사람이 가진 재능을 마음껏 발휘하게 하고, 땅의 이점을 충분히 활용하고, 물건이 쓰임새를 다하도록 하며, 재물의 소통이 원활하게 하라"는 그의 황당한 말에 귀를 기울였겠는가?

　　쑨중산이 침울하게 그곳을 떠난 후 중일 갑오전쟁이 일어났고, 그해 11월 21일, 일군정은 전략적 요충지로 뤼순을 공격하면서 전쟁 시작 이래 한 차례 결정적인 승리를 얻게 되었다. 일군정이 뤼순을 점령한 지 사흘째 되던 날, 쑨중산은 미국 호놀룰루에서 흥중회를 설립하고 중국을 구할 혁명 준비에 들어갔다.[4] 쑨중산 개인의 전향, 즉 통치자에게 상소를 올리고 알현하는 것에 희망을 걸었다가 정당을 만들어 혁명을 시작하는 것으로 마음을 바꾼 것은 중국의 시대적 변화로 인해 내부로부터의 구제의 길은 이미 단절되었고, 구국과 생존 도모를 하려면 반드시 혁명을 해야 한다는 것을 어느 정도 간파했기 때문이었다.

　　20세기의 첫 해인 1900년에 8개국 연합군이 베이징을 점령했고, 중

4　흥중회 수립 날짜는 기록이 없어서 여기에서는 쑨중산이 작성한 〈흥중회장정〉과 제1차 회원들이 납부한 회비를 기준으로 삼았다.

화민족은 심각한 민족위기 속에서 새로운 세기를 맞이했다. 중국은 어디로 가야 할 것인가? 이제 이것은 중화민족 전체가 마주하고 있는 대단히 힘든 상황에서 반드시 답을 해야 하는 문제가 되었다. 중국은 전통사회에서 3대 집단이 시도했던 세 차례의 구국 노력 실패를 겪고, 중국역사를 위해 더욱 급진적이고 철저한 변혁 시행의 필요성을 받아들였다. 그리고 지속적인 구국운동의 사회세력은 조금씩 성장하고 있는 신생 사회역량인 남방의 상공업자와 지방세력이었다.

중국 국경이 서양열강에 강제로 개방된 후 많은 무리의 화인(華人, 외국에 거주하지만 중국 국적을 가진 사람: 역주)과 화교(華僑, 중국 혈통을 가졌으나 외국 국적을 가지고 외국에 거주하는 사람: 역주)들이 바다를 건너 먼 외국으로 나가 세계 각지를 떠돌며 살 길을 찾았다. 사람들의 상상과 다른 것은 해외화인과 화교들이 비록 오랜 세월 타국을 떠돌아다녔지만 마음은 조국에 두었다는 것이다. 특히 중화민족의 긴 세월 누적된 가난과 쇠약함으로 낙후되어 괴롭힘을 당하던 그 시절에는 해외화인과 화교들이 조국의 운명이 달라지길 기대했고, 나중에 혁명투쟁 중에는 조국에 굳은 지지를 보냈다. 20세기 초, 특히 남방 지역을 비롯한 중국 각지에서는 제국주의와 봉건주의에 반대하고, 서방식 민주공화 노선으로 가자고 주장하는 사회계층과 사회세력이 차츰 무리지어 모이기 시작했다. 이런 사회세력에는 주로 상공업자와 지방세력, 해외화인·화교 등 세 부류 사회계층과 집단이 포함되었다. 해외화인과 화교는 비록 해외에 거주하지만 초기 혁명의 가장 중요한 지지자들로 그들 중 많은 이들이 조국으로 돌아와 봉기에 참여하거나 직접 혁명투쟁에 가담하기도 했다. 그래서 일찍이 쑨중산 선생이 "화교는 바로 혁명의 어머니다"라고 말한바 있다.

1905년 8월, 쑨중산과 황흥 등은 흥중회, 화흥회 등의 혁명단체를 기반으로 일본 도쿄에서 전국적인 혁명정당인 동맹회를 설립했고, 쑨중산이 총리로 추대되었다.

그는 '만주족 축출, 중화회복, 공화국 창립, 균등한 토지 소유'를 정치강령으로 내세우고, 혁명을 통해 만주족이 세운 청을 무너뜨리고, 봉건전제제도를 뒤엎고, 서방식 민주공화제도를 수립하며, 중국의 사회개혁을 실현하자고 주장했다. 그리고 얼마 후 동맹회의 기관지인 〈민보〉의 발간사에서 처음으로 민족, 민권, 민생의 '삼민주의'를 제창하고, 그가 주장하는 민주공화제도의 이론적 기초를 다졌다.

동맹회의 결성은 혁명운동의 전면적인 전개를 의미했다. 동맹회는 한편으로는 지속적으로 동맹회 회원을 중심으로 무장폭동을 조직하고, 다른 한편으로는 주로 남방지역에서 혁명선전과 연락을 하며 더욱 광범위한 혁명운동을 시도해 나갔다. 그렇게 장기간의 노력과 여러 차례의 봉기를 시도하는 중에 1911년 10월 10일, 공진회와 문학사 두 개의 혁명단체가 발기하고 조직한 우창봉기가 성공을 거두었고, 동맹회의 도움으로 호북군정부를 조직했다. 우창봉기에서 의병의 깃발이 오르자 비바람 속에서 흔들리던 대청제국은 바로 와해되었다. 그리고 한 달 후 장시, 윈난, 구이저우, 광둥, 저장, 장쑤, 안후이, 푸지엔 등 다수의 남방지역 성에서 잇달아 독립을 선포했다.

우창봉기의 성공으로 남방지역의 주요 성들이 독립을 하자 청 정부는 북양군대의 수장으로 은퇴한 위안스카이를 다시 기용하여 북양군대를 주축으로 조정에 충성하는 남방의 잔여 군대와 남방 혁명당원을 연합하여 대항에 나섰다. 위안스카이는 형세를 이용하여 한편으로는 우한으로 군대를 출동시키면서 동시에 북방 세력을 공고히 하고, 다른 한편으로는 남방 독립을 빙자하여 권력을 넘기라고 청 정부를 몰아세웠다. 짧은 남북

충돌을 거쳐 그해 12월 18일에 남방 중심의 '각성도독부대표연합회' 한편과 위안스카이의 북양군대를 대표로 하는 한편이 상하이에서 '남북의화'를 열었고, 12월 25일에 미국에 있던 쑨중산이 귀국을 하자 12월 29일에 난징에서 17개 성 대표회의를 열고 임시총통 선거를 통해 쑨중산이 중화민국의 임시대총통으로 당선되었다.

[사진 1-4] 중국민주주의혁명의 선구자 쑨중산

1912년 1월 1일, 난징에서 선서를 하고 임시총통에 취임한 쑨중산이 중화민국 수립을 선포했다. 중화민국 수립으로 260여 년의 청 왕조 통치는 막을 내리고, 2천년 넘게 내려온 중국의 봉건전제제도도 끝이 났다. 그러나 신해혁명의 승리와 중화민국 수립이 중국의 정치체제를 바꾸긴 했지만 중국사회의 정치구조에는 변화가 없었다. 대군을 손에 쥐고 북방을 제압한 위안스카이는 쑨중산이 임시총통에 취임하자마자 자신이 청 정부를 강제로 퇴위시킬 테니 쑨중산에게 자리를 내놓으라고 협상안을 내놓았다. 그렇게 2월 12일 청 왕조는 선통제의 퇴위를 선포했고, 이틀 후 쑨중산은 강요에 못 이겨 사직을 하게 되고, 2월 15일 참의원 선거에서 위안스카이가 임시대총통으로 당선되자 바로 뒤이어 3개월간의 중화민국

난징임시정부도 해산을 선포함으로써 신해혁명도 여기서 끝이 났다.

신해혁명이 끝난 후 중국의 혁명당원들은 극도의 실망과 어둠 속으로 빠져들었고, 평생을 쉬지 않고 완강하게 투쟁해 온 쑨중산 선생도 어쩔 수 없이 인정해야만 했다. 그는 당시 상황을 이렇게 말했다. "기력이 모두 흩어지고 계속되는 패배로 부상삼도(현재 일본의 세 섬: 역주)는 망명객이 모이는 곳이 되었다. 앞날에 대해서는 의견이 갈라지고, 혹자는 혁명 이야기에 입을 다문 채 말이 없고, 혹자는 십 년 안에 혁명을 이루자고 기대를 한다. 갖가지 낙담으로 서로를 질책하니 20년의 혁명정신과 혁명단체는 다시 일어날 수 없을 것 같다."[5]

양무운동, 무술변법, 의화단운동은 그들이 기반으로 삼은 세력들의 자체 약점 때문에 중국 전통사회제도를 개선할 수 없었고, 따라서 잇달아 좌절하고 실패했다. 그렇다면 이것들과 비교해 볼 때 구제도를 뒤엎고 사회혁명을 이루자는 취지의 신해혁명과 혁명단원들은 왜 그 역사적 사명을 완성하지 못했을까? 그 원인을 따져보면 다음과 같이 요약할 수 있다.

첫째, 신해혁명은 제한적인 헌정체제 혁명이었다.

신해혁명은 형식상 민주공화 정치체제를 수립했으나 혁명을 통해 민주정치를 구현하는 실질적인 결과에 다다르지는 못했다. 민국 초기에 사람들은 "혁명군이 일어나면 혁명당이 사라지는" 현상을 바로 알아차렸다.[6] 신해혁명은 왜 혁명이 추구한 새로운 제도 수립에 이르지 못하고, 구국과 생존 도모, 국가 부흥의 역사적 사명을 완성하지 못한 것일까? 직접적인 이유는 신해혁명이 그저 중국 정치제도의 형식만을 개선했을 뿐 당

5 　쑨중산, 「중화혁명당 수립 공포」, 『쑨중산전집』 제3권, 중화서국, 1981, 112면.
6 　쑨중산, 「상하이 중국국민당 본부에서의 연설」, 『쑨중산선집』(하), 인민출판사, 2011, 1면.

시 중국 정치제도하의 정치권력 구조를 개선하지 못했기 때문이다. 즉 실질적 권력을 잡고 있는 주요 사회계층과 집단을 동요시키지 못하고, 중국 사회에서 정치권력을 잡는 실제방식과 법칙을 개선하지는 못했다는 것이다. 신해혁명 후 중국의 실질적 권력을 잡은 것은 북양군벌과 각지의 지방군벌 및 그들이 주로 의지한 지주권세 계층이었다. 바로 이런 정치권력 구조로 인해 중국사회는 신해혁명 후 미래 몇십 년 동안 분열과 군벌 간의 혼전시대로 들어간 것이다. 신해혁명이 개선한 것은 그저 정치 시스템의 가장 표면적인 구조인 헌정체제, 즉 한 나라의 헌법과 법률, 정권구조였을 뿐이다. 신해혁명 후 민국을 수립하고 헌법을 제정하고, 서양 각국을 모방하여 이른바 민주공화주의의 정권체제를 수립하였으며, 선거와 분권균형을 실시했다. 하지만 당시 중국은 표면적인 헌정체제 아래의 정치권력에는 실질적인 변화가 없어 루쉰이 한 말처럼 그저 "성 위로 여전히 군벌들의 깃발만 바뀌고" 있을 뿐이었다.

둘째, 신해혁명 후에도 중국 전통 사회구조에 변화가 없었다.

신해혁명이 끝난 지 10년이 가까워 올 무렵, 쑨중산 선생이 이렇게 말했다. "현재 중화민국은 가짜 얼굴만 있다. 앞으로 한 차례 대혁명이 일어나야 비로소 진짜 중화민국이 될 수 있다."[7] 신해혁명이 중국을 진정한 민주정치의 시대로 데려가지 못한 원인을 한 걸음 더 나가서 보면 청말과 민국 초의 중국 사회구조를 바꾸지 못했다는 것이다.

청말의 중국사회는 천여 년 동안의 농경사회를 여전히 답습하고 있었고, 지주계급과 그 상층에 도사리고 있는 귀족계층이 중국 농경사회의 주류계급이었다. 그리고 농민과 노동자계급은 농경사회의 주체지만 봉

---

7   쑨중산, 「상하이 중국국민당 본부에서의 연설」, 『쑨중산선집』(하), 인민출판사, 2011, 1면.

건계급사회에서는 하층에 있었다. 중국의 근대 상공업 발전 상황을 보면, 1895-1900년 갑오전쟁이 끝나고 8개국 연합군이 베이징을 점령할 때까지 중국 각지에 1만 위안 이상의 자본금으로 설립된 광공업기업이 모두 104개였고, 이들의 자본금 총액은 2,300여 만 위안이었다. 그리고 이 기간에 투자된 중국 민간자본은 한 해 380만 위안에 불과했다. 그리고 1901-1910년 8개국 연합군이 베이징을 점령한 때부터 신해혁명까지 10년 동안 중국 각지에 설립된 광공업기업은 모두 370개로 자본금 총액은 8,620만 위안, 한 해 평균 862만 위안이었다.[8] 여기서 알 수 있듯이 중화민국 수립 때까지 중국의 근대 상공업은 전과 다름없이 매우 빈약해서 중국사회는 여전히 전통적인 농경사회였다. 결국 양무운동과 무술변법, 신해혁명이 중국의 전통적인 사회구조를 변화시키지는 못했다는 뜻이다.

많은 국가의 역사는 민주정치가 하나의 헌정체제 수립만을 의미하거나 한 국가 정치제도의 형식적인 변화만을 의미하는 것이 절대 아님을 보여 준다. 민주정치는 전통적인 사회구조 개선이라는 전제를 필요로 하며, 새로운 사회구조는 일종의 신정치제도인 민주정치를 그 기반으로 삼는다. 낡은 사회구조가 철저히 개선되지 않는다면 모든 정치제도의 변화는 단지 겉만 번지르르할 뿐이다. 그러므로 전통적 사회구조의 개선은 근현대 중국 민주정치 구현의 중요한 전제이고 최우선 과제이다.

---

8   후성, 『아편전쟁부터 5·4운동까지』(하), 인민출판사, 1981, 677면.

2. 중국정치의 국정기초

국정은 정치제도를 결정하는 데 있어 또 다른 하나의 중요한 제약요소이다. 국정은 한 국가의 특정시기 자연사적 상황과 특징으로 자연국정, 역사국정, 현실국정 등을 포함하여 그 국가의 국정을 형성한다. 또 국정 중 국토 면적, 인구, 천연자원과 그 분포를 가장 기본 내용으로 하기 때문에 이를 '기본국정'이라 칭한다.

(1) 물질적 기반 위에 수립되는 정치제도

일반적으로 정치제도는 반드시 경제기반 위에 수립해야 한다는 것은 누구도 부인하지 않지만 경제기반이 사람과 자연의 물질 교환활동에 뿌리를 내리고 있다는 것도 잊어서는 안 된다. 자연사적 조건은 정치제도 형성에 제한적으로 규제 작용을 한다. "물질생활의 생산방식은 모든 사회생활과 정치생활, 정신생활의 과정을 규제한다. 사람의 의식이 존재를 결정하는 게 아니라 이와 반대로 사람의 사회적 존재가 의식을 결정하는 것이다."[9]라고 마르크스가 지적한 것처럼 말이다.

동서고금의 역사를 통해 우리는 어떤 국가의 정치제도든 모두 근거 없이 생겨나는 것이 아니며, 단지 사람의 주관적 의지에 의해서 만들어지는 것은 더더욱 아니라는 것을 알 수 있다. 정치제도는 사회와 역사 발전의 산물이며, 한 국가의 경제, 사회, 문화 환경 및 발전과정에서 마주치는 중요한 문제, 사명 등과 관련이 있는 것이다. 또한 경제, 사회, 문화 환경은 특정한 물질적 기반 위에 수립되는 것이다.

---

9   「≪정치경제학 비판≫ 서문」, 『마르크스·엥겔스 선집』 제2권, 인민출판사, 1995, 32면.

이른바 기본국정이란 일반상황에서 주관적인 요소를 통해서는 개선이 어려운 국정을 가리킨다. 예를 들면 영토, 지리환경, 인구, 천연자원과 그 분포 등 이러한 것들이 모두 기본국정의 범주에 속한다. 민주제도를 알려면 이런 기본국정에 대한 인식이 꼭 필요하다.

지리환경은 지역적 분업의 기초로 인류의 분업은 자연적 분업에서 사회적 분업으로 넘어왔으며, 다시 사회적 분업에서 지역적 분업으로 발전했다. 사회적 분업은 생산효율을 높이고 인류가 문명을 발전시킬 수 있게 했다. 지역적 분업의 형성은 자연환경과 부존자원의 영향을 받으며, 환경과 부존자원의 우세를 충분히 발휘할 수 있도록 하는 분업구조로서 비교우위를 가진 지역의 생산력 발전을 촉진시킬 수 있다.

사회경제의 발전수준은 사회의 정치구조에 영향을 미친다. 생산력의 발전은 경제잉여를 낳았고 이로 인해 계급이 나타나게 되었다. 경제에서 통치지위를 차지한 계급들은 국가의 힘을 빌어 정치에서도 통치계급이 되면서 사회 공공권력을 가진 정치주체가 되었다.

고대 철학자들은 기본국정이 정치제도에 영향을 미친다는 것을 일찍 알아차렸다. 아리스토텔레스는 〈정치학〉에서 지리환경, 토지, 인구 모두 도시국가의 형성 및 입헌정치체제, 입법에 직접적인 영향을 준다는 것을 지적한 바 있다.[10]

그리고 프랑스 계몽사상가인 몽테스키외는 지리환경과 사회제도의 상관성 이론을 연구한 대표 인물이다. 그는 한 국가의 기후, 토양, 토지면적의 크기 등 지리적 요소가 그 국가 국민의 성격, 감정, 풍습, 법률 및 정치제도에 모두 직접적인 영향, 더 나아가 결정적인 영향을 준다고 생각했

---

10   아리스토텔레스, 우서우핑 역, 『정치학』, 상무인서관, 1983, 352-362면.

다. 그리고 그는 로마와 프랑스 법률의 기원과 변혁을 연구하고 소국은 공화체제가 알맞고, 중간 크기의 국가는 군주통치, 대국은 전제군주정치가 적합하다며 국가영토의 크기도 국가의 정치제도를 결정한다고 생각했다.

　마르크스 역시 자연지리환경이 인류사회에 미치는 영향을 중요시했고, 마르크스와 엥겔스는 〈독일의 이데올로기〉에서 지리환경과 인구번영, 사회발전을 마땅히 하나의 통일체로 다뤄야 한다고 밝혔다. "최초의 역사시대, 즉 첫 번째 인간이 출현한 때부터 이 세 개 영역은 더불어 존재하고 있었으며, 현재도 여전히 역사에서 그 역할을 하고 있다."[11] 또한 마르크스는 〈자본론〉에서 이렇게 밝히기도 했다. "공동체별로 각자의 자연환경에서 서로 다른 생산수단과 생활물자를 찾기 때문에 그들의 생산방식과 생활방식, 생산품도 각기 다른 것이다."[12]

　기본국정은 사회의 존재와 발전에 있어서 일상적이고 필요한 외부조건으로 경제와 사회발전에 영향을 미치는 한편 규제하는 역할도 한다. 하지만 사회발전과 국가제도의 결정적 요소는 인류의 사회활동이다. 자연환경이 인류사회에 미치는 영향을 인정하면 사회정치발전의 선천적 조건을 더욱 깊이 알고 정치발전의 법칙성을 아는 데 도움이 될 것이다. 물론 사회생활과 사회발전에서 자연환경의 역할을 맹목적으로 과장해서 자연법칙을 그대로 사회법칙에 대입하는 단순화의 오류에 빠져서는 안 된다.

11　마르크스와 엥겔스, 「독일 이데올로기」, 『마르크스·엥겔스 선집』 제1집, 인민출판사, 1995, 80면.

12　마르크스 「자본론」, 『마르크스·엥겔스 선집』 제23집, 인민출판사, 1972, 390면

(2) 아이후이-텅충선: 중국의 기본국정선

중국 현대지리학 연구에서 가장 커다란 발견은 중국 인구지리학의 창시자인 후환용 선생이 1935년에 발견한 '아이후이-텅충선'이다. 이것은 당대 중국의 기본국정을 알 수 있는 가장 중요한 개념이다.

1935년 후환용 선생은 〈지리학보〉에 '중국인구의 분포'라는 논문을 발표했는데, 그 논문에는 그가 수집한 1933년 중국 현(縣)별 인구통계를 이용하여 점 하나당 1만 명을 표시하는 방법으로 수공 제작한 첫 번째 '중국인구 등치선 밀도도'가 실려 있다.

후환용선생은 중국 동서부 지역 간의 인구분포에 큰 차이가 있다는 것을 발견했다. 대체로 중국 북단의 헤이룽장성 아이후이현에서 남단의 윈난성 텅충현 사이의 45도 사선을 경계로 하는 이 선이 바로 중국 인구의 지리적 분계선이다. 그는 논문에서 다음과 같이 밝혔다.

> "지금 헤이룽장의 아이후이(지금은 헤이허시에 속해 있다)에서 윈난 텅충까지 서남쪽으로 일직선을 그어 전국을 동남과 서북의 두 부분으로 나눠 보았다. 그랬더니 동남부의 면적이 전국 총면적의 약 36%를 차지하고, 서북부의 면적이 전국 총면적의 약 64%를 차지하고 있었다. 그런데 인구의 분포는 동남부가 4.4억으로 총인구의 약 96%를 차지하고 서북부의 인구는 고작 1800만으로 전국 총인구의 약 4%를 차지하고 있었다. 이와 같이 많고 적음이 현저한 차이를 보이고 있다."[13]

이후 후환용 선생의 발견이 가지는 커다란 의미와 중국 인구지리학

---

13 탕보,「후환용과 신기한 '후환용선'」,『지도』, 2011년, 제4기.

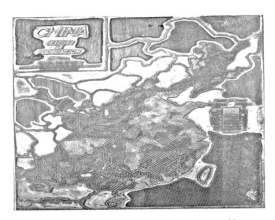

[사진 1-5] 1935년 중국인구분포도 영문 인쇄판[14]

에 대한 그의 공헌을 고려하여 이 선을 '후환용선'이라고도 부르게 되었다.

후환용 선생의 중대 발견은 '아이후이-텅충선'을 경계로 한 중국 동서부 사이의 인구분포의 법칙이다. 이후 중국사회는 항일전쟁, 해방전쟁, 신중국 수립 및 개혁개방을 거치면서 경제, 정치, 사회, 문화에 걸쳐 천지가 뒤집힐 만한 커다란 변화를 겪었다. 바로 낙후된 농업국가에서 이미 빠르게 부상하고 있는 공업화 국가로 발전한 것이다. 하지만 이 선이 나타내는 중국 인구 분포의 법칙은 수십 년이 지나도록 큰 변화가 없다. 1987년에 후환용 선생은 1982년 중국 내륙의 제4차 인구조사 데이터를 분석하고 "중국 동반부의 면적은 현재 전국의 42.9%이고, 서반부의 면적은 전국의 57.1%…… 이 분계선의 동쪽 지역에 전국 인구의 94.4%가 거주하고 있고, 서반부의 인구는 전국 인구의 고작 5.6%에 불과하다."[15]고 밝혔

14 탕보, 「후환용과 신기한 '후환용선'」, 『지도』, 2011년, 제4기.

15 20세기 초에 독립을 선포한 몽골은 1924년 11월 26일 몽골인민공화국 수립을 선포했다. 그리고 1946년 1월 5일, 중화민국은 몽골인민공화국의 독립을 승인했다. 그래서 1982년 인구분포선을 보면, 아이후이-텅충선 양측의 국토 면적이 전체에서 차지하는 비율이 1935년과

다. 그리고 2000년도의 제5차 인구조사 때에도 후환용선의 동남부 절반
은 토지 면적이 전국의 43.8%인데 인구는 94.1%나 차지하고 있어 예전
과 마찬가지로 인구밀집을 보였다. 한편 서북부 절반은 토지면적은 전국
의 56.2%인데 인구는 고작 5.9%에 불과해 예전 그대로 인구가 희박했다.
이를 1935년과 비교해 보면 인구분포 비율이든 인구밀도 비율이든 모두
그다지 큰 변화는 보이지 않았다.[16]

　　통계 결과를 보면 21세기에 들어선 이후 중국경제의 고속 성장으
로 노동력이 연안도시로 대량 유입되면서 '아이후이-텅충선'의 동쪽에 인
구가 집중되는 상황이 해소되기는커녕 더욱 심화된 걸 알 수 있다. 국가
통계국이 2011년에 발표한 제6차 전국인구조사 데이터에 따르면 2000
년 인구조사와 비교할 때 동부지역의 인구 비중이 2.41% 포인트 증가하
고, 중서부와 동북지역의 비중은 모두 감소한 걸로 나타났다. 그중 서부지
역이 1.11% 포인트로 가장 큰 폭의 감소를 보이고, 그 다음은 중부지역이
1.08% 포인트, 동북지역이 0.22% 포인트 각각 감소했다.[17] 또 이 조사에
따르면 '아이후이-텅충선' 동쪽 성의 총인구가 12억을 넘어섰다는 것을 알
수 있다. 어떤 의미에서는 몇십 년 전에 '아이후이-텅충선'이 발견한 '기본
국정선'에 포함된 내용이 지금은 더 심각하게 변했다고 할 수 있다.

　　20세기의 80년대에 중국 학자가 동북에서 서남쪽으로 뻗어 있는 중

비교해 서부는 64%에서 57.1%로, 동부는 36%에서 42.9%로 변화가 생겼다.

16　탕보, 「후환용과 신기한 '후환용선'」, 『지도』, 2011, 제4기.

17　마지엔탕, 「제6차 전국인구조사 주요통계 발표」, 중앙정부 포털사이트(http://www.gov.cn/
　　gzdt/2011-04/content_ 1854048.html).

18　탕보, 「후환용과 신기한 '후환용선'」, 『지도』, 2011년, 제4기.

국의 생태환경과도지대(혹은 취약지대라고도 함)를 발견했는데, 이 과도지대에 독특한 생태취약성이 나타나 있다. 1995년, 학자들은 연달아 논문을 통해 생태환경취약지대가 기본적으로 '후환용선'을 따라 분포한다는 것을 증명했다.[19] '아이후이-텅충선'이 나타내는 인구분포 법칙이 몇십 년간 변하지 않는 것은 바로 이 선이 실제 중국의 자연지리 분계선이자 기후분계선이기 때문이다.

중국 지형은 서고동저의 계단식으로 분포되어 있고, 이를 3층 계단으로 나눌 수 있다. 첫 번째 계단은 평균 해발 4000미터 이상의 고원으로 주로 칭짱고원, 바옌카라산, 탕구라산, 히말라야산, 헝두안 산맥 및 차이다무 분지를 포함하며, 두 번째 계단은 평균 해발 1000-2000미터에 해당하는 고원과 분지 지역으로 네이멍구 고원, 황투고원, 윈구이 고원, 타리무 분지, 준가얼 분지, 쓰촨 분지 등이 여기에 속한다. 그리고 세 번째 계단은 평원과 구릉 지대로 3대 평원(둥베이평원, 화베이평원, 창장강 중하류 평원)과 3대 구릉(랴오둥구릉, 산둥구릉, 둥난구릉)을 포함하며 평균 해발 500미터 이하에 위치한다. 첫 번째와 두 번째 계단인 해발 1000미터 이상의 국토 대부분은 주로 '아이후이-텅충선'의 서쪽에 위치하고 있으며, 인류 생활과 생산 발달에 적합한 평원과 구릉 지역은 대부분 '아이후이-텅충선'의 동쪽 지역에 위치하고 있다.

중국은 국토의 면적이 광활하고 남북간 위도 차가 꽤 크며, 각 지역별로 바다까지의 거리 차이가 많이 나는데다 지세의 높낮이도 달라서 지형의 유형과 산맥의 방향도 다양하다. 따라서 기온과 강수의 조화도 가지각색이라 다양한 기후를 형성하는데 동부는 계절풍 기후, 서북부는 대륙

---

19   장린, 「'후환용선'이 보여주는 인구분포법칙은 아직 깨지지 않았다」, 『과학시보』, 2010.1.20.

성온대 기후, 칭짱고원은 고원기후에 속한다.

중국의 400mm 등강수량선과 '아이후이-텅충선'은 대체로 겹친다. 400mm 등강수량선은 반습윤 지역과 반건조 지역의 분계선으로 선의 양쪽 지리와 기후가 전혀 다르다. 400mm 등강수량선의 동남쪽은 태평양과 인도양의 계절풍 기후의 영향을 받은 지역으로 주로 평원과 강·호수·지류들이 맞물린 곳, 구릉, 카르스트, 단하지형 등의 지리적 구조를 가지며 농업이 발달하기에 적합하다. 그리고 이 선의 서북쪽은 동남 계절풍의 영향을 적게 받거나 아예 받지 않는 건조지역으로 초원과 사막, 설상고원 지형이 대부분이다.

지리적 환경과 기후의 영향으로 '아이후이-텅충선'의 동쪽은 예로부터 농업이 발달하기에 적합해서 근대에 들어서며 대규모의 도시군이 형성되고 대량의 인구가 모여들었다. 한편 이 선의 서쪽은 자연환경이 열악하고 생태환경이 취약해서 예부터 목축업을 주로 했으며 인구가 희박했다. 이렇게 아이후이-텅충 인구분포선은 자연지리환경이 인류의 활동에 미치는 영향과 그로 인한 결과를 보여주고 있다.

그리고 동서부 지역 간에는 인구분포의 커다란 격차 외에도 중국의 각종 자원분포 방면에서도 심각한 불균형이 존재하고 있다.

중국의 토지자원에는 네가지 주요 특징이 있다. 첫째는 절대면적은 크지만 1인당 평균 점유면적은 작다는 것, 둘째는 유형은 복잡하고 다양하지만 경지의 비중은 작다는 것, 셋째는 토지의 이용 상황이 복잡하고 생산력의 지역차이가 뚜렷하다는 것, 넷째는 지역별 분포가 고르지 못해 보호와 개발 문제의 충돌이 있다는 것이다. 중국은 산지가 국토 면적의 2/3를 차지하고 있고, 모래 지질의 초원과 사막이 합쳐서 국토 면적의 12% 이상을 차지하고 있으며, 경지가 국토면적에서 차지하는 비율은 10%보다 약간 높다.

한편, 강과 호수가 주요 담수자원인 중국은 수자원 분포도 불균형한 상황이다. 중국의 1인당 평균 유출량은 2200㎥로 세계의 1인당 평균 유출량의 24.7%이다. 여러 큰 강의 유역 중 주장강 유역의 1인당 평균 유출량이 약 4000㎥로 1인당 평균 수자원이 가장 많다. 그리고 창장강 유역은 약 2300-2500㎥로 전국 평균치보다 약간 높고, 하이롼허 유역은 전국에서 수자원이 가장 부족한 지역으로 1인당 평균 유출량이 250㎥에도 못 미친다.

중국 수자원 분포가 남쪽은 많고 북쪽은 적은 상황이라면 경지의 분포는 이와는 정반대의 모습이다. 중국의 밀과 면화의 집중산지인 화베이 평원은 경지 면적이 전국의 40%를 차지하고 있지만 수자원 점유율은 전국의 6% 내외에 불과하다. 이렇게 수자원과 토지자원의 불균형은 중국 북방 지역의 물 부족을 더욱 심화시키고 있다.

중국 수력에너지 자원의 잠재량은 6.8억 와트에 달하는 수준으로 세계 1위를 차지하고 있으며, 70%가 서남쪽의 4개 성과 시, 시짱자치구에 분포되어 있다. 그중 창장강의 수계가 가장 많고 그 다음은 브라마푸트라강 수계이다. 또 황허수계와 주장강 수계도 꽤 많은 잠재량을 가지고 있고, 현재 창장강과 황허, 주장강의 상류 지역은 이미 개발하여 쓰고 있다.

다음은 중국의 광물자원이다. 이것 역시 지역별 분포가 불균형한 특징을 갖고 있다. 예를 들면 철광석의 경우 주로 랴오닝과 허베이 동부, 쓰촨 서부에 주로 분포되어 있고, 탄광은 화베이, 서북, 동북, 서남 지역에 주로 분포되어 있으며 그중 산시(山西)와 네이멍구, 신장 등의 성에 가장 집중되어 있다. 이렇게 분포가 불균형한 상황은 대규모의 채굴에는 좋지만 운반하는 데 큰 부담이 되기 때문에 이 자원들을 전국에서 효율적으로 조

달하여 사용하기 위해서는 교통운수 건설을 보강하여 대규모 물류시스템을 발전시켜 나가야 한다.[20]

광활한 지역과 자원의 불균형한 분포 때문에 중국은 고대부터 지역을 넘나들며 자원을 조달해왔다. 또 지리와 기후로 인해 중국의 고대 곡물 생산지는 장쑤성과 저장성, 후난성과 후베이성, 광둥성과 광시성 일대에 집중되어 있었다. 고대에 가장 중요한 자원 조달이었던 '남량북조(南粮北調, 남쪽의 풍부한 곡물을 북쪽으로 옮기는 일: 역주)는 수로운송을 통해 실현했다. 기원전 486년 창건(운하의 일부가 만들어진 시기: 역주) 이래, 남쪽의 항저우부터 북쪽의 주오췬(지금의 베이징)까지 총 길이 2,700km의 대운하가 2,000여 년간 이어진 중국의 남북 물자 조달을 증명해 주고 있다. 명조에는 징항대운하를 통해 남에서 북으로 곡물을 실어 나르던 배가 9,000여 척에 달했고, 청조 때는 매년 남쪽에서 징수하여 북으로 운반하던 곡물이 400만 석이나 되었다. 이 '남량북조' 방식은 20세기의 70년대까지 쭉 이어졌고, 그 이후에는 북방 농업종합개발로 농업기술이 발전하고 상품식량기지 건설과 수리시설이 개선되면서 중국 중부와 북방이 점차 곡물 주산지가 되어 곡물 조달 방식이 차츰 '북량남조'로 바뀌었다.

중국 석탄자원은 산시(山西)성과 산시(陝西)성 및 네이멍구 서부에 집중되어 있다. 신중국 탄생 이후 대규모의 공업화와 도시화로 인해 화난지역이 석탄 사용의 큰 소비처가 되면서 '북매남운(北煤南運)', '서매동운(西煤東運)'이 자원 조달의 핵심이 되었고 석탄자원의 조달은 북부, 중부, 남부의 3대 운수통로에 집중되었다. 북부 통로로는 다친철도(다퉁에서 친황다오까

20　〈천연자원〉, 〈중국개황〉, 〈중화인민공화국 연감〉 참조, 중국정부 포털사이트(http://www.gov.cn/test/2005-07/27/content_17405.htm).

지를 잇는 철도: 역주), 펑사다철도(펑타이에서 사청역까지, 사청역에서 징바오선으로 연결되어 다퉁까지 잇는 철도: 역주), 징위안철도(베이징에서 위안핑까지 잇는 철도: 역주)의 세 철도가 서쪽의 석탄을 동쪽으로 운반하면서 총 수송량의 약 55%를 담당하고 있다. 베이징과 톈진, 허베이 지역에 공급하는 것 외에는 주로 친황다오항에서 뱃길로 일정량을 동북지역으로 운반한다. 한편 새로 건설된 선무-황화철도 역시 '서매동운'의 주요 노선으로 황화항에서 환적하여 뱃길로 운반한다. 중부 통로는 스타이철도(스지아좡에서 타이위안을 잇는 철도: 역주)가 '서매동운' 총 수송량의 약 25%를 담당하는데, 대부분 스더철도(스지아좡에서 더저우까지 잇는 철도: 역주)를 거쳐 칭다오항에서 환적하여 뱃길로 운반한다. 남부 통로에는 타이쟈오철도(타이위안에서 쟈오저우까지 잇는 철도: 역주), 한창철도(한단에서 창즈까지 잇는 철도: 역주), 허우웨철도(허우마에서 웨산까지 잇는 철도: 역주), 난퉁푸철도(퉁푸철도의 남쪽구간으로 다퉁에서 푸저우를 잇는 철도: 역주)가 있고, '서매동운' 총 수송량의 약 20%를 담당하고 있는데 신허옌르철도(신옌철도와 허르철도로 구성된 철도: 역주)를 거쳐 르자오항에서 환적하여 배로 운반한다.

21세기에 들어선 이후 서부대개발을 중심으로 한 서기동수(西氣東輸), 서전동송(西電東送), 남수북조(南水北調)의 3대 공정이 연이어 시작되면서 자원 불균형을 해결하기 위해 진행한 중국의 전략적 자원 조달이 새로운 단계로 접어들었다.

서기동수공정은 2000년에 시작된 서부대개발의 대표 건설공정으로 우리나라의 창장강 쌴샤공정에 버금가는 또 하나의 대규모 투자 프로젝트이다. 우리나라 서부지역의 타리무, 차이다무, 산시(山西)·간쑤·닝샤, 쓰촨분지에는 전국 육상 총 천연가스 자원의 약 87%에 달하는 26조㎡의 천연가스가 매장되어 있다. '서기동수'의 핵심은 신장 타리무분지의 천연가스를 가스관을 통해 창장강 삼각주 지역으로 수송하는 것이다. 총 길이

4,000km의 이 가스관은 11개 성을 지나며 연간 120㎥를 수송할 수 있도록 설계되었으나 최종 수송량은 200억㎥였다. 이렇게 1차 서기동수공정은 2004년 10월 1일 전 구간이 개통되어 생산에 들어갔다. 그리고 2008년 초, 본격적으로 착공한 2차 서기동수공정은 국경을 뛰어넘는 세계 최장 길이로 신장지역에서 생산하는 천연가스 및 투르크메니스탄에서 수입한 천연가스까지 중서부지역과 창장강·주장강 삼각주 지역으로 수송함으로써 3억 시민들이 그 혜택을 받게 된 것은 물론이고 30년 이상 안정된 공급을 할 수 있게 되었다.

서전동송공정은 구이저우, 윈난, 광시, 쓰촨, 네이멍구, 산시(陝西) 등 서부 지역성의 전력자원을 개발하여 전력이 부족한 광둥, 상하이, 장쑤, 저장과 베이징, 톈진, 탕산 지역으로 수송하는 것이다. 〈국가 '1.5'계획 요강〉에서 '서전동송'의 북, 중, 남 3개의 통로 건설을 제의했다. 북부통로는 황허 상류의 수력전기와 산시(山西), 네이멍구의 탄광 부근 화력발전소에서 생산한 화력전기를 베이징과 톈진, 탕산 지역으로 보내는 통로이다. 그리고 중부통로는 싼샤와 진사강의 간류·지류 수력전기를 화둥지역으로 보내는 통로이다. 또 남부통로는 구이저우, 광시, 윈난, 3개 성의 수력전기 및 윈난, 구이저우 2개 성의 화력전기를 개발하여 광둥과 하이난 등지로 보내는 통로이다.

1952년 마오쩌둥 주석은 "남방은 물이 많고 북방은 적으니, 가능하다면 물을 끌어오면 좋겠다."는 구상을 밝혔다. 이렇게 하여 남수북조공정은 50년간의 민주적 논증과 과학적 비교선택 역정을 시작했다.[21] 반세기 가까운 기간의 준비를 거쳐 중국은 인류 역사 이래 최대 규모의 유역간

---

21 왕하오,「남수북조공정: 중국 수자원 상황의 필연적 선택」, 광명일보, 2013. 10. 2. 참고.

물 이동 프로젝트를 시작한 것이다. 남수북조의 핵심 목표는 북방지역, 특히 황화이하이 유역의 수자원 부족문제를 해결하는 것으로 이 계획 구역의 인구는 4.38억 명에 달했다. 한편 물을 조달하는 노선은 서선과 중선, 동선의 세 부분으로 나누었는데 서선공정은 중국 서북부의 **창장강** 발원지 수역의 물을 북방의 **황허** 수원으로 돌려 물을 보충하는 공정이고, 중선공정은 창장강 지류인 한장강 상류의 단장코우댐에서 물을 끌어다 푸니우산과 타이항산을 따라 산 앞의 평원으로 물길을 틀어 베이징까지 쭉 물을 보내는 공정이다. 마지막으로 동선은 장쑤의 장두에서 출발하여 안후이를 뚫고 허난을 지나서 산둥으로 내려가 허베이를 거쳐 마지막에 톈진에 이르는 노선이다. 이 남수북조공정은 2002년 말에 전면적으로 착공이 되었다.

3. 정치제도에 대한 중국국정의 제약과 요구

중화문명은 높은 산과 큰 사막, 한하이(瀚海, 고비사막의 옛 이름: 역주)가 주위를 둘러싸고 호위하는 화하(华夏, 중국의 옛 명칭: 역주)공간에서 탄생하여 **황허와 창장강**의 양대 '모친강'에서 성장했다. 독특한 자연지리적 환경과 자원, 인구분포는 예로부터 중국의 사회구조와 정치제도에 중요한 영향을 미쳤다. 중국의 기본국정은 정치제도가 다음과 같은 기능을 갖춰야 한다고 요구한다. 첫째, 국가 통일과 영토보전을 수호하는 데 유리해야 한다. 둘째, 민족 단결과 화합에 도움이 되어야 한다. 셋째, 자원조달과 재해의 방지 및 감소에 도움이 되어야 한다. 중화문명과 중화민족이 오랫동안 쇠퇴하지 않고 흥하며, 화하문명이 세계에서 유일하게 5천년 동안 끊임없이 이어져 온 이유는 바로 중국 역대 정치제도가 대체로 중국의 기본국정에 적합했으며, 사회적 요소와 정치적 요소, 자연적 요소가 어느 정도 서로 부합됐기 때문이다.

(1) '대일통(大一統)': 양하(황허와 창장: 역주)문명에 의해 나타난 고대 정치제도

'대일통'은 중국 고대국가와 정치제도의 특징으로 여겨진다. 이른바 '대'라는 것은 동아시아 대륙에서 일찌감치 북으로는 멍구고원, 남으로는 남해, 동으로는 동해, 서로는 파미르 고원 지역까지 아우르는 광활한 국가를 형성했다는 것을 의미하고, '일통'은 바로 이런 광활한 영토와 많은 인구를 가진 국가가 통일된 중앙집권제도를 실행했다는 뜻이다. 중국 고대 역사상 국가가 강한 적의 침입을 받거나 내전으로 분열이 생긴 때를 제외하고는 이 땅의 사람들은 오랫동안 이렇게 통일대제국에서 번영된 생활을 해왔다. 중국 고대문명은 인류역사상 유일하게 단절되지 않은 문명으로 중국문화는 수천 년 동안 일관되게 지금까지 전해 내려오고 있다. 인류 문명사상 이런 특별한 경우는 중국 고대 '대일통' 국가 및 정치제도가 있었기에 가능했던 것이다. 또 중국이 고도로 안정되고 단절된 적 없는 고대문명과 '대일통'의 국가제도를 형성할 수 있었던 이유는 중국이 자리하고 있는 동아시아 대륙 및 동아시아 대륙의 지리, 기후, 자원 등 자연환경과도 서로 밀접한 관련이 있다.

우리는 북으로는 멍구고원, 남으로는 남해, 동으로는 동해, 서로는 파미르 고원에 이르는 이 광활한 면적의 동아시아 대륙을 예로부터 이곳에서 생활하던 화하민족 이름을 따서 '화하공간'이라 부르기도 한다. 즉 중국 고대 화하민족이 생존하고 번영했던 터전이란 뜻이다. 화하공간의 주요 부분은 주로 온대 계절풍 기후대인 황허 유역과 주로 아열대 계절풍 기후대인 창장강 유역이었다. 고대 중국은 농업문명 사회로 당시의 생산기술 조건으로는 완전히 기후에 의존하고 하늘에 기대어 먹고 살 수밖에 없었다. 계절풍 기후에서는 농업생산량이 늘 불안정했고, 중국은 예부터 가뭄과 장마가 빈번해서 그로 인한 피해가 상당했다. 다른 한편으로 두 강과 두 개의 기후대 사이의 물자교류를 통한 상호 보완과 협조는 화하민족 전체 생존상태의 중요한 조건과 기제가 되었다. 남북의 기후는 늘 상반되면서도 통일성 있게 작용했으니 바로 "동쪽이 밝지 않으면 서쪽이 밝고, 남쪽이 어두워지면 북쪽이 환해진다."는 것이다.

화하 땅에는 전국시대부터 유역을 뛰어넘는 수리공정이 있었고, 수나라 때 건설이 시작된 징항대운하는 양대 기후대와 몇 개의 큰 유역을 뛰어넘고, 남북을 관통하는 운하로 중화문명사상 남북을 연결하고 천하를 구제하는 중요한 경제조절체계였다. 그리고 이 경제조절체계는 통일된 중화문명에 탄탄한 경제적 기반이 되어 주었다.

맹자는 "천하는 하나로 모인다."는 정치원리를 말했었다. 한편 당대 유종원의 〈봉건론〉은 중국의 고대 중앙집권제가 형성된 원인을 날카롭게 분석하고 있다. 그는 이 책에서 이렇게 밝혔다. "인류사회의 초기에 생산 조건의 제한으로 인해 집단 간에 어쩔 수 없이 쟁탈과 전쟁이 생기게 되었고, 집단 쟁탈의 결과 집단분열 및 각 집단의 우두머리와 법률제도가 나타났다. 그렇게 끊임없는 쟁탈과 전쟁은 강자가 약자를 집어 삼키는 결과를 가져왔고, 차츰 강자가 통치하는 통일된 국가가 만들어지게 된 것이다."

화하공간은 상대적으로 폐쇄된 자연경계를 가지고 있었기에 또 상대적으로 독립된 공간을 형성할 수 있었다. 동일한 공간 안의 서로 다른 무리들은 제한된 자원과 재화를 집단으로 쟁취하고 쟁탈한다. 이런 경쟁 속에서 승자와 패자가 생기게 되고 패자는 신하의 예로 승자를 섬기고 승자는 패자를 지켜주면서 안정된 정치와 사회질서가 만들어진다. 각 지역과 각 계층 간에 지속적으로 발생하고 반복되는 이런 경쟁 속에서 한 단계 한 단계 올라가다 보면 마침내 맨 위를 차지하는 승자가 생기고 그 승자가 전체적인 질서, 즉 통일 국가를 만든다. 이것이 바로 "천하는 하나로 모인다"는 뜻이다. 바꿔 말하면 화하공간과 양하문명 안에 있는 무리들의 사회관계, 조직형식은 반드시 일통으로 나아가는 동시에 통일로 나아간다는 뜻이다. 이는 주어진 자연조건에서의 사회경쟁이 가져온 필연적인 결과이며, 중화문명 안의 중요한 정치발전 법칙이다. 또한 이는 중국의 천년 문명고국이 통일된 민족국가를 만들고 오랫동안 지켜온 주요 원인이기도 하다.

(2) 통일과 발전: 당대 중국 정치제도에 대한 국정의 요구

당대 중국의 국정은 어떠한가? 마오쩌둥은 당시 중국의 특징을 "첫째는 빈곤하고, 둘째는 백지상태다."라고 설명했다. 또 덩샤오핑은 "중국은 인구가 많고 기초가 약하다."라고 했으며, 천윈도 "10억 인구 중에 8억은 농촌에 있다."고 덧붙였다. 전 세대 혁명가들의 국가에 대한 예리한 묘사는 신중국 수립 초기부터 개혁개방 초기까지 중국 국정의 주요 특징을 대략적으로 요약한 것이다.

개혁개방 이래 30여 년의 급성장을 거치면서 중국의 국정에 뚜렷한 변화가 일어났다. 1949년 중화인민공화국 수립 당시 중국은 세계에서 가장 빈곤한 국가 중 하나로 인구는 많고 경제는 낙후되어 있었다. 1949년 중국 1인당 국민소득은 고작 66위안이었고, 평균 기대수명은 35세였으며, 그해 중국의 철강생산량은 15.8만 톤에 불과해 인도의 1/8밖에 되지 않았다. 1953-1978년의 중국 경제는 평균 6.1% 속도로 성장해 1978년 중국의 국내 총생산량은 3,645억 위안으로 세계 주요 국가 중 10위를 차지했으나 1인당 국민소득은 190달러로 전 세계 후진국의 저소득 국가 대열에 자리했다. 그러나 개혁개방으로 중국경제는 지속가능한 급성장 단계로 들어서면서 1978-2012년 사이 평균 9% 이상의 높은 성장률을 보였다. 중국의 GDP 총량의 세계 순위는 1978년의 10위에서 현재 2위로 껑충 뛰어올랐고, 세계경제에서 차지하는 비중은 1980년의 1.9%에서 차츰차츰 성장해 2011년에는 10.5%에 이르렀다. 경제의 고속 성장과 더불어 인민의 생활도 크게 개선되어 1979-2012년의 우리나라 도시 가구의 1인당 평균 가처분소득과 농촌 가구의 1인당 순소득 평균의 실제 증가율이 각각 8%와 7.5%에 달했다. 2012년에는 우리나라 1인당 GDP가 6,000달러를 넘어서면서 이미 20세기 80년대 중기 전의 저소득국가에서 중등 소득국가의 대열에 진입했다.

개혁개방이 중국의 공업화와 도시화 진전을 크게 가속화시킴으로써 중국 사회발전 과정도 총체적으로 공업화 중기단계에 들어섰다. 그러나 현재 중국의 성진화(城鎮化,도시화와 개념은 같지만 대도시보다 작은 규모의 도시까지 포함하고 있는 중국 특유의 용어: 역주)율은 50%를 넘어섰지만 공업화와 성진화의 빠른 발전과 동시에 중국의 기본국정에도 변하지 않는 부분이 존재하고 있고, 개혁개방 이전과 비교해보면 불균형이 더욱 심화된 면도 있다.

경제 발전의 지역별 불균형과 자원 분포의 불균형은 중국 국정의 두드러진 특징 중 하나로 '아이후이-텅충선'이 바로 이런 불균형을 보여주는 뚜렷한 지표이다. 개혁개방 이래 중국경제와 사회에 역사적 발전 변화가 일어난 동시에 지역발전의 불균형과 자원분포 불균형 문제도 한층 더 확대되어 '아이후이-텅충선'의 변화도 더욱 심화되었다고 할 수 있다. 이에 중국의 현실적인 국정환경은 중국 당대 정치제도와 민주정치의 발전에 대해 두 가지 방면에서 중요한 요구를 하고 있다.

첫째, 당대 중국 정치제도는 반드시 국가 통일의 기능을 갖춰야 한다.

중국은 광활한 영토와 많은 인구, 경제의 급속한 성장으로 인해 자원 분포와 발전의 불균형이 지역별로 두드러진 차이를 보이고 있다. 개혁개 방 이래 중국의 공업화와 도시화의 급성장은 중국 경제 전반에 발전속도 와 수준이 서로 다른 몇몇 거대 경제기능구를 출현시켰다. '창삼각', '주삼 각', '환보하이 경제권'과 동북지구, 중부 5성구, 서남지구, 서북지구의 7대 기능구가 그것이다.

'창삼각'과 '주삼각'의 양대 기능구를 예로 들어 보자. '창삼각'은 **창장 강**이 바다로 들어가기 전의 충적평원으로 그 범위가 북쪽의 퉁양운하에 서 시작하여 남으로는 치엔당강, 항저우만, 서로는 난징의 서쪽, 동으로는 해변까지 이르고, 상하이시 전체와 장쑤성 남부, 저장성의 항지아호평원 과 안후이성 동부까지를 포함하는 면적 약 5만㎢의 탁 트인 대평원이다. '창삼각'은 중국에서 경제발전 속도가 가장 빠르고 경제총량 규모가 가장 크며, 발전 잠재력이 가장 많은 경제구역이다. 창삼각지역은 전 국토 면 적의 약 1%를 차지하고 인구는 전국 총인구수의 6%에 불과하지만 20% 가까운 국내 총생산량과 전국의 1/4에 해당하는 재정수입을 만들어낸다. 또 창삼각지역은 세계 수준의 주요 공업·제조업 기지로 전 세계 500대 기 업 중 400여 개 기업이 이미 자리잡고 있고, 그중 상하이에 지역본부와 중 국본부를 설립한 기업만 200개가 넘는다.

다음으로 '주삼각'은 다시 '소주삼각'과 '대주삼각'으로 나뉜다. '소주 삼각'은 시장강과 베이장강, 둥장강이 바다로 들어가면서 충돌하고 침전

되어 만들어진 삼각주로 그 면적은 5.6만㎢이며, 광둥성 중부와 주장강 하류, 홍콩과 마카오 인근에 위치하고 있다. 동남아시아 지역과 바다를 사이에 두고 마주하고 있어서 해류교통이 편리하여 중국의 '남대문'이라 불린다. 2012년 주삼각지역의 생산총액은 47,897.25억 위안에 달했으며, 1인당 GDP는 13,454달러나 되었다. '대주삼각'은 광둥, 홍콩, 마카오의 세 곳으로 구성된 지역으로 면적은 18.1만㎢이며 이 지역에 호적을 가진 총인구는 8,679만으로 세계 3위의 대도시군이 자리하고 있다. 경제규모로 보면 '대주삼각'은 이미 장삼각지역을 뛰어넘었다고 할 수 있다.

'장삼각'과 '주삼각' 지역은 면적, 인구, 산업구조, 경제발전 수준를 막론하고 중국뿐 아니라 현재 세계에서도 모두 선두자리를 차지하고 있다. 완벽한 산업구조와 거대한 경제규모, 많은 인구를 가진 이러한 경제구역은 독립적 생존과 발전 잠재력을 갖추고 있다. 특정구역의 경제규모가 빠르게 성장하고 산업구조가 상대적으로 완전하면 정치에서 분열이 생길 수 있다는 것을 세계 역사의 많은 경험이 보여준다. 20세기의 8, 90년대가 교차하는 시점에 동유럽의 사회주의 국가에 격변이 일어나고 일부 국가가 해체된 것은 국가 내부의 지역별로 서로 다른 경제구조에서 비롯된 차이가 그중 중요한 원인 중 하나일 것이다. 이런 방면의 가장 전형적인 예가 바로 유고슬라비아 해체의 경제적 원인이다. 20세기의 50년대에 시작된 개혁은 유고슬라비아 경제에 원동력을 불어넣어 유고슬라비아가 동유럽 지역에서 선진적 위치로 발전할 수 있게 했다. 동유럽 국가와의 비교적 긴밀한 경제관계로 인해 유고슬라비아 경제구조에 차츰 변화가 생겼고, 크로아티아와 슬로베니아 등에 경공업 무역 위주의 경제구역이 나타났으며, 세르비아 등에는 중공업과 자원 수출 위주의 경제구역이 출현했다. 경제구조의 차이 및 이로부터 불거진 경제이익의 분열이 유고슬라비아의 정치 급변과 뒤이어 발생한 분열전쟁의 근원이 된 것이었다.

중국은 세계 인구의 1/5에 가까운 인구로 세계 1위를 차지하고 있고, 국토면적으로는 세계 3위, 경제규모로는 세계 2위를 차지하고 있다. 이처럼 거대한 규모를 가졌으나 그에 동반되어 나타나는 내부적 차이를 해결하기 위해 중국은 반드시 서로 다른 지역을 균형 있게 발전시킬 능력을 갖춰야 하는 동시에 지역 차이를 억제하는 데 한층 더 힘을 쏟고 점차 지역 차이를 축소해 나갈 환경을 창조해 내야 한다. 균형과 억제능력은 중앙정부가 분배정책을 수립하는 능력에 달려 있고, 중앙정부가 정책을 수립하는 능력은 국가의 정치권력 구조에 기대야 한다. 따라서 중국처럼 세계에서 가장 큰 국가에서의 정치제도와 정치시스템은 반드시 어느 정도의 집중성을 지녀야 하며, 이런 점에서 세계 다른 국가들과는 다를 수밖에 없다. 2001년 4월, 당시 국가 주석이자 중국공산당 중앙위원회 총서기였던 장쩌민은 중국 정치체제 개혁의 3개 기준을 이렇게 밝혔다."인민민주주의를 발전시키고, 국가 통일과 안전을 보장하며, 경제사회 발전을 촉진시킨다."[22] 민주정치를 발전시키고 정치체제를 개혁하는 데 있어서 이런 독특한 기준은 중국의 특수한 국정의 산물이다.

둘째, 당대 중국 정치제도는 반드시 국민경제의 지속적이고 협조적인 발전을 보장하는 기능을 갖춰야 한다.

어떤 국가의 정치제도라도 모두 국민경제의 지속적이고 협조적인 발전을 보장하는 기능을 지녀야 하지만 중국의 정치제도의 경제보장 기능에는 자신만의 특별한 점이 있으니, 이것은 바로 중국의 기본국정, 특히

---

22   장쩌민, 「정치체제 개혁의 목적은 사회주의 정치제도의 보완이다」, 『장쩌민 문선』 제3권, 인민출판사, 2006, 235면.

중국의 천연자원과 경제자원의 특수한 분포에서 온 것이다. 중국의 경제발전은 중국의 제도와 중국 인민의 근면성실한 노동에 의해 만들어진 동시에 중국의 부존자원과 경제자원 덕분이기도 하다. 천연자원과 경제자원의 불균형한 분포는 중국의 특수한 국정이다.

자원은 한 나라의 경제발전의 가장 기초가 되는 조건이다. 중국은 천연자원 중에 세계 최고인 것을 두 가지 가지고 있는데, 첫째는 수력에너지 자원으로 세계에서 가장 풍부하다. 둘째는 풍부한 석탄자원으로 현재 석탄 생산량으로는 세계 1위, 확인된 석탄 매장량으로는 세계 3위를 차지하고 있다. 2005년도 조사에 따르면 중국 대륙에서 수력에너지의 이론적 잠재량이 1만kW 이상 되는 하천이 모두 3,886개로 수력에너지의 이론적 잠재량의 연간 전력량은 60,829억kWh, 경제적으로 개발 가능한 설비용량은 40,180만kW, 연간 발전량은 17,534억kWh로 나타났다. 이 계산으로 보면 현재 우리나라에서 개발이 끝난 수력에너지는 약 20% 정도이다. 그리고 우리나라는 석탄자원도 매우 풍부하다. 2000년도 통계에 따르면 전 세계적으로 채굴이 가능한 것으로 확인된 석탄 매장량은 9,842.11억 톤인데 그중 미국이 2,466.43억 톤, 러시아가 1,570.10억 톤, 중국이 1,145억 톤으로 3위를 차지한다.

중국의 풍부한 수력에너지와 석탄자원은 경제발전을 지탱해주는 유리한 조건이지만 이 자원들의 분포가 심한 불균형 상태로 인구가 희박하고 경제 저개발지역인 중서부에 집중되어 있는 것은 불리한 점이다. 즉 대부분이 '아이후이-텅충선'의 서쪽이나 그 선을 끼고 있는 지역으로, 경제가 발달하여 자원이 집중 사용되는 소비지역인 동남쪽의 연해지역에서는 멀리 떨어져 있다는 것이다. 수력에너지를 계산해 보면 창장강 유역의 수력에너지가 전국 전체의 53.4%를 차지하고, 브라마푸트라강과 시짱의 기타 하천이 15.4%, 서남쪽의 모든 국제하천이 10.9%, 황허가 6.1%, 주장강이 5.8%를 차지하고 있으며, 기타 나머지가 8.4%를 차지한다.

한편 석탄자원의 분포 역시 매우 불균형한 상황으로 전체적으로 북쪽과 서쪽이 많고 남쪽과 동쪽이 적은 양상을 띤다. 그리고 구역별 상황을 보면 전국 보유 매장량의 49.25%를 차지하고 있는 화베이지구가 가장 많고, 다음으로 서남지구 8.64%, 화둥지구 5.7%, 중남지구 3.06%, 동북지구 2.97% 순이다.

이와 대조적으로 중국의 인구와 생산능력, 소비시장은 주로 동부 연해지역에 집중되어 나타난다. 중국의 인구는 세계 인구의 약 1/5을 차지하는데, 경제와 사회의 급성장에 따라 인민들의 생활수준도 빠르게 향상되고 있으며, 인력자원과 소비시장자원이 중국이 가지고 있는 수력에너지와 석탄자원 등의 천연자원을 제외한 양대 경제자원이 되었다. 2012년 우리나라 사회소비재 총매출액은 이미 런민비 210,307억 위안에 이르러 세계가 중국의 소비시장과 주민 소비능력을 주목하고 있다. 하지만 우리나라 90% 이상의 인구 및 그에 상응하는 시장자원이 동남부 지역인 '아이후이-텅충선'의 동쪽에 집중되어 있다. 대부분 동남 연해지역인 상하이, 베이징, 광저우, 톈진 등 상위 20위 이내의 도시들로 그 소비력이 전국 도시 소비력의 35.6%를 차지하고 있다.

중국의 자원과 인구의 전도된 분포는 중국 경제구조에 심각한 불균형 문제를 야기했다. 이 문제는 중국 경제활동에서 대규모 자원 유동의 결과를 낳았고, 그중 가장 중요하고 사람의 눈길을 끄는 것이 서매동송, 서전동수, 서기동수, 남수북조 등이다.

2012년 중국의 석탄 총생산량은 36.6억 톤으로 그중 약 40%가 생산지에서 성으로 순수하게 반출된 것이다. 2015년까지 우리나라 석탄 생산량은 39억 톤, 그중 성으로 반출되는 순반출량은 16.6억 톤에 이를 것으로 전망되어, 그때가 되면 철도로 운반해야 하는 전국 석탄량이 26억 톤에 다다를 것으로 보인다. 한편 서매동송과 동시에 원거리 송전 형식으로 경제가 발달하고 소비시장이 집중된 동부지역으로 에너지를 수송한다. 2012년 남방전력망이 서전동송을 통해 판매한 연간 전력량만 해도 1,005.2억kWh에 이른다. 2014년 중국 남수북조공정의 동선과 중선이 운행단계에 들어가면 남방의 물이 북방 대지를 촉촉하게 적실 것이다. 남수북조공정 계획의 최종 물 분배 규모는 448억㎥로, 그중 동선이 148억㎥, 중선이 130억㎥, 서선이 170억㎥을 담당할 것이다.

중국이 발전을 이루고 공업화와 도시화, 현대화를 실현하기 위해서는 자원분포의 심각한 불균형 문제를 반드시 해결해야 한다. 자원분포 불균형이란 기본 국정 속에서 사회발전을 이루려면 중국은 전국적으로 대규모 자원조달과 분배를 할 수 있는 정치제도를 반드시 갖춰야 한다.

이렇게 국정은 정치제도를 선택하는 가능성의 공간을 설정한다. 중국의 기본 국정은 당대 중국사회가 마주하고 있는 근본 사명이 국가의 발전과 현대화를 실현하는 것이라고 결정했다. 이 시대의 이러한 주제 아래서 중국의 정치제도는 반드시 많은 인민대중을 동원하여 국가를 건설하고 행복한 생활을 추구해 나가도록 적극성과 주도성, 창의성을 충분히 발휘하는 동시에 전국 모든 곳에 합리적이고 효율적으로 자원을 조달하고, 국가의 안전을 지키며 사회의 안정된 단결을 보장하기 위해 반드시 인민의 힘과 지혜를 모아야 한다. 당대 중국의 정치제도에 대해 말하자면 국가와 인민이 발전해 나가는 데 있어 필요한 이런 조건들을 만족시켜야만 비로소 선택가능하고 생명력 있는 제도이고, 정말 중국 인민이 필요로 하는 제도이므로 진정한 민주주의 제도라고 할 수 있을 것이다.

당대 중국이 공산당 지도하에 인민이 주인이 되고, 법에 따라 나라를 다스리는 것을 서로 일치시킨 것을 주요 특징으로 하는 민주정치제도를 만든 것은 근본적으로 볼 때 그야말로 당대 중국 국정하에서의 지극히 현실적인 선택인 것이다.

제2장
당대 중국의 민주주의 건설

당대 중국의 민주주의 건설

사회주의 이론과 실천의 기본 가치는 사회 구성원의 경제평등 및 경제평등의 기초 위에 정치적 민주주의를 수립하는 데 있다. 사회주의와 공산주의의 실현을 이상으로 하는 공산당원들은 민주주의를 기본적인 정치의 주제라고 생각한다. 마르크스와 엥겔스는 〈공산당 선언〉에서 "노동자 혁명의 첫 걸음은 바로 프롤레타리아 계급이 지배계급으로 올라서서 민주주의를 쟁취하는 것이다."[1]라고 밝힌 바 있다. 중국 공산당이 추구하는 기본가치 역시 사회 해방과 인민민주주의다. 중국공산당은 당을 수립한 후 대혁명과 토지혁명전쟁, 항일전쟁, 해방전쟁 등 오랜 기간의 투쟁을 두루 겪고 중화인민공화국을 수립했다. 그리고 신중국 수립 후 장기집권의 지위를 얻은 중국공산당은 사회주의적 민주정치 구현의 길을 탐색하기 시작했다.

---

1   마르크스·엥겔스, 「공산당 선언」, 『마르크스·엥겔스 선집』 제1권, 인민출판사, 1972, 272면.

1. 신중국 수립 후의 신생 민주정치

신중국 수립 후, 중국은 사회주의 법률체계를 세우고, 인민대표대회 제도를 만들었으며, 중국공산당 지도자의 다당 합작과 정치협상제도 및 민족지역자치제도 등 많은 사회주의적 민주주의의 실천형식을 수립하여 인민들이 주인이 되는 민주정치를 구현하는 형식을 처음으로 창설했다.

(1) 제1부 <헌법> 제정

1949년 9월에 열린 중국인민정치협상회의에서 〈중국인민정치협상회의 공동강령〉을 통과시켰고, 이 〈공동강령〉에서는 신중국의 국체(國體)와 정체(政體)를 명확히 규정했다. "중화인민공화국은 신민주주의, 즉 인민민주주의 국가로 노동자 계급이 이끌고 농공연맹을 기초로 하여 각 민주계급과 국내 각 민족이 단결하여 인민민주주의 독재를 한다.", "중화인민공화국의 국가 권력은 인민에게 있다. 인민이 국가 권력을 행사하는 기관은 각급 인민대표대회와 각급 인민정부이다. 각급 인민대표대회는 인민의 총선거로 이루어진다.", "국가 최고 권력기관은 전국인민대표대회로 한다. 전국인민대표대회의 폐회기간 중에는 중앙인민정부가 국가 권력을 행사하는 최고기관을 맡는다."[2] 신중국 수립 초기는 그 동안 방치되고 지체됐던 일들의 시행을 기다리는 시기여서 아직 제헌의 여건이 갖춰지지 않은 때에 이 〈공동강령〉이 당시 역사상황에서 임시헌법의 역할을 수행한 것은 우리나라 민주정치 발전사에서 중요한 역사적 의의를 갖는다.

---

2   「중국인민정치협상회의 공동강령」, 『건국 이래 중요문헌선집』 제1책, 중앙문헌출판사, 1992, 2면.

[사진 2-1] 제1기 인민정치협상회의 개최

신중국 수립 이후, 국가의 독립과 통일은 실현되었고 각 민족 인민들은 평등·우애·상호협조의 기반 위에서 단결함으로써 국가경제가 회복되고, 사회주의 건설과 개조사업이 시작되었다. 전국인민대표대회(이하 '전인대')를 열고 이제 헌법을 제정할 여건이 갖추어지자, 1952년 11월 중국공산당중앙위원회(이하 '중공중앙')는 곧바로 전국인민대표대회를 열고 헌법을 제정할 준비에 들어갔다. 그렇게 1953년 1월에 중앙인민정부위원회 제20차 회의에서 〈전국인민대표대회와 지방 각급 인민대표대회 개최에 관한 결의〉를 통과시키고, 중공중앙 주석인 마오쩌둥을 대표로 하는 헌법기초위원회를 설립하면서 전면적인 제헌 준비에 들어갔다. 그리고 1953년 2월 〈중화인민공화국 선거법〉을 공포하고, 1953년 12월에 중국 역사상 최초의 전국적인 총선거를 실시하여 3억 가까운 유권자가 선거에 참여했다. 이 선거를 통해 전국 인민들은 기층조직 대표 566.9만 명, 전국인민대회대표 1,226명을 선출했다.

헌법 기초를 위해 마오쩌둥 및 주요 지도자들은 사회주의 국가와 자본주의 국가를 포함하는 세계 각 유형의 헌법을 광범위하게 열람하고 연구했다. 마오쩌둥은 레닌이 쓴 〈노동 피착취 인민의 권리선언〉을 헌법 제1편으로 삼은 1918년 소련헌법을 참고로 하여 헌법총강 앞에 서언을 썼다. 이 헌법 '서언'은 중화인민공화국 헌법의 특징이 되었고, 현재까지 유지되어 오고 있다. 또한 마오쩌둥은 〈헌법초안초고 설명〉을 직접 수정하여 헌법 기초의 지도사상을 집중 반영했다. 그는 헌법초안이 법률상 국가의 민주화 문제를 보장하는 것에 관해 〈설명〉에서 다음과 같이 밝혔다.

"국가의 사회주의화는 근본적으로 국가의 민주화를 보장하는 동시에 국가가 한층 더 민주화되도록 요구한다. 헌법초안의 국가기구와 인민 권리에 관한 각 항의 규정은 국가의 민주화 발전을 법적으로 보장한다." 헌법초안은 전국적으로 광범위하게 의견을 모으고 토론을 거쳐 부분수정이 이루어졌다.

1954년 9월 20일, 제1기 전국인민대표대회 제1차 회의에서 〈중화인민공화국 헌법〉을 통과시키고 공포했다. 신중국의 제1부 헌법은 중국 민주주의 발전 역사상에서 획기적인 의의를 가진다. 이 헌법은 중국 인민이 백 년 동안 추진해 온 민족독립과 사회해방 투쟁역사 경험의 총결산으로 중국 인민의 의지를 구현했다. 헌법의 서언에서 "중화인민공화국은 인민민주독재를 시행하며, 이는 중국이 평화의 길을 통해 착취와 빈곤을 없애고 번영하고 행복한 사회주의 사회를 건설할 것을 보장한다."라고 밝혔다. 또한 헌법에서는 중국 민주정치의 3대 제도인 인민대표대회 제도, 공산당 지도하의 다당 협력과 정치협상제도, 민족지역자치제도를 규정하였다.

(2) 인민대표대회제도 수립

인민대표대회는 중국의 근본 정치제도이다. 1940년 마오쩌둥은 〈신민주주의론〉에서 처음으로 인민대표대회의 제도 구상을 명확히 밝힌 바 있다. "중국은 이제 전국인민대표대회, 지역 인민대표대회, 향(鄕) 인민대표대회에 이르는 체계를 취하고 각급 대표대회에서 정부를 선출한다."[3]

신중국 수립 직전인 1949년 8월 26일, 중공중앙은 인구 3만 명 이상의 도시 및 각 현(縣)에 일률적으로 각계 인민대표대회를 개최하라는 지시를 내렸다. 그리고 1949년 10월 1일 중화인민공화국 수립 후 중앙인민정부와 정무원 정무회의를 통해 잇달아 각급 인민대표대회 조직통칙을 공표하고 각계 인민대표회의의 구성, 임기, 직권 등을 규정하였다. 1951년 4월, 정무원은 〈인민민주정권 수립 업무에 관한 지시〉를 발표하고 각급 인민정부에 반드시 각급 인민대표대회 조직통칙의 규정에 따라 정해진 기일에 인민대표회의를 개최하고, 각급 인민정부의 모든 주요업무는 인민대표회의에 보고하여 대표회의에서 토론과 심사를 거치도록 하며, 모든 중대한 문제는 인민대표회의에서 토론은 거쳐 결정하도록 했다. 1950-1952년, 전국적으로 민주정권 수립이 고조되었으니 그 주요내용이 바로 각계 인민대표회의 개최였다. 그리하여 1952년 연말까지 지방의 각급 인민대표회의가 전부 열렸으니, 그중 성급 인민대표회의와 1/3 이상의 현, 2/3 이상의 시 및 대부분 향의 인민대표회의가 이미 인민대표대회의 직권을 대행했다.[4]

---

3   마오쩌둥, 「신민주주의론」, 『마오쩌둥 선집』 제2권, 인민출판사, 1991, 677면.
4   리우정, 「건국초기 민주정권 수립의 주요형식」, 『중국인대』, 2002, 제9기.

이렇게 몇 년의 과도기를 거치고 전국인민대표대회 개최 분위기가 시기적으로 무르익자 1954년 9월에 제1기 전국인민대표대회 제1차 회의를 열고, 신중국의 제1부 헌법을 통과시켰다. 이는 우리나라의 근본 정치 제도인 인민대표대회제도가 정식으로 확립되었음을 상징하는 것이었다.

인민대표대회제도는 다음과 같은 부분을 포함하고 있다.

① 인민대표대회제도의 성격: 헌법에는 "중화인민공화국의 모든 권력은 인민에게 있다. 인민이 국가권력을 행사하는 기관은 전국인민대표대회와 지방 각급 인민대표대회이다."라고 규정되어 있다. 이것이 인민대표대회제도의 근본 원칙과 핵심내용이다. 전국인민대표대회는 최고 국가권력기관이며, 국가의 입법권을 행사하는 유일한 기관이다.

② 인대대표 선거제도: 헌법에는 인민대표 선거 원칙과 방법, 조직, 과정, 각급 인민대표의 임기 등이 규정되어 있다. 선거제도의 확정은 인민이 헌법에 규정된 선거권과 피선거권을 실현하는 제도적 보장이다.

③ 인민대표대회제도 조직원칙과 운용원칙
  • 헌법에 규정된 인대와 인민의 관계: 각급 인대는 인민의 민주적인 선거로 만들어지며, 인민에 대한 책임을 지고, 인민의 감독을 받는다.
  • 인대와 국가 행정기관, 사법기관, 검찰기관의 관계: 국가 행정기관, 사법기관, 검찰기관은 전인대에서 선거를 통해 조직되며, 인대에 대한 책임을 지고 인대의 감독을 받는다.
  • 중앙국가기관과 지방국가기관의 관계: 중앙과 지방의 국가기구 직권은 구별된다.

(3) 중국 특색의 정당제도 수립

중국공산당 지도하의 다당 협력과 정치협상제도는 특색 있는 중국의 정치제도로 중화인민공화국 기본 정치제도의 하나이다. 중국공산당은 집권당이고 각 민주당파는 참정당이다. 중국 다당 협력제도의 8개 민주당파에는 중국국민당 혁명위원회, 중국 민주동맹, 중국 민주건국회, 중국 민주촉진회, 중국 농공민주당, 중국치공당, 93학사, 대만 민주자치동맹이 있다. 이런 정당들은 신민주주의 혁명 시기에 중국 공산당을 확실하게 지지했고, 중국공산당이 제기한 신정치협상회의 개최와 민주연합정부 수립 주장에 적극적으로 응했다. 또한 중국공산당의 지도하에 공동으로 신중국 수립을 위한 투쟁을 마다하지 않았다. 1949년 9월, 중국 인민정치협상회의 제1차 전체회의의 개최는 인민정협이라는 다당 협력과 정치협상의 주요기구 설립이 실현되었다는 것을 의미하며, 중국 다당 협력제도의 확립을 상징하기도 한다.

1950년 3월, 중공중앙 통일선전부 베이징에서 제1차 전국통전 업무회의를 열었고, 이 회의에서 리웨이한 부장은 〈인민민주 통일전선의 새로운 상황과 임무〉라는 제목의 보고를 통해 민주당파의 성격과 역할 및 민주당파에 대한 중국공산당의 기본방침과 정책 등을 상세히 서술했다. 또한 그는 이 보고에서 각 민주당파는 모두 계급동맹의 성격을 가지며 단일 계급의 정당이 아니라고 밝혔다. 중국공산당은 각 민주당파와의 관계에서 정치적으로나 사상적으로 〈공동강령〉을 준칙으로 삼아 단결하고, 공동으로 투쟁하는 동시에 조직에서 그들의 독립성을 반드시 존중하며, 그들과 성실하게 협상하고 건의와 설명을 하는 한편, 필요한 경우 적절한 비판을 하고 조직적으로 그들을 통제하지는 않는다는 것을 기본원칙으로 삼고 있다. 회의 기간 동안 저우언라이는 두 차례의 보고에서 우리나라의 인민민주독재는 공산당이 이끄는 인민민주 통일전선의 정권이고, 민주당파는 인민민주 통일전선에서 상당히 중요한 역할을 하고 있으며, 항일전쟁 당시 민주당파의 '단결, 항전, 진보'라는 구호에 우리는 오늘 '단결, 건설, 진보'로 응해야 한다고 밝혔다. 한편 마오쩌둥은 회의 상황을 보고받는 자리에서 이렇게 밝혔다. "무산계급은 전 인류를 해방시켜야만 비로소 마지막에 자신을 해방시킬 수 있다. 중국의 노동자 계급이 오직 자신의 해방만을 추구하여서는 안 되며 반드시 4개 계급(노동자 계급, 농민계급, 소자산 계급, 민족자산 계급: 작자 주)의 공동해방을 추구해야 한다."[5]

1954년 12월, 인민정협 제2기 전국위원회 제1차 회의가 베이징에서 열렸다. 마오쩌둥이 대회 개막식을 주재했고, 저우언라이는 〈정치보고〉에서 인민정협의 다섯 가지 임무를 다음과 같이 체계적으로 상술했다. 첫째, 국제문제를 협의한다. 둘째, 전국인민대표대회와 지방의 동급 인민대표대회의 후보자 명단 및 중국 인민정치협상회의의 각급 조직 구성원의 인선에 대해 협의한다. 셋째, 국가기관에 협조하고 사회역량을 움직여 사회생활에서의 각 계급간의 상호관계에 대한 문제를 해결한다. 아울러 인민대중과 소통하여 국가 관련기관에 대중의 생각을 반영하고 건의를 제출한다. 넷째, 정협 내부와 당파, 단체 간의 협력문제를 협의하고 처리한다. 다섯째, 자유의사에 따라 마르크스 레닌주의를 학습하고 사상 개조의 노력을 한다.[6] 이것은 중국 특색 정치협상제도의 전반적이고 권위 있는 해석이다.

---

5   〈신중국 수립과 사회주의 과도기의 통일전선(1949.10-1956.9)〉, 중공중앙 통전부 사이트
      (http://www.zytzb.org.cn/publicfiles/business/htmlfiles/tzb2010/s1489/200911/575718.html).
6   〈신중국의 수립과 사회주의 과도기의 통일전선(1949.10-1956.9)〉, 중공중앙 통전부 사이트
      (http://www.zytzb.org.cn/publicfiles/business/htmlfiles/tzb2010/s1489/200911/575718.html).

한편 마오쩌둥을 대표로 하는 제1대 중공 지도부는 다당 협력과 정
치협상제도의 중요성을 반복적으로 강조했다. 1956년 3월, 마오쩌둥은
〈10대 관계를 논함〉에서 '오랫동안 공존하고 상호 감독한다'[7]는 방침을
처음으로 발표했다. 그리고 1957년 4월, 저우언라이는 중국 저장성위원
회 확대회의에서 연설을 통해 이에 대한 해석을 했다. "'오랫동안 공존하
고 상호 감독한다'라는 말은 중국 공산당과 기타 민주당파와의 관계를 주
로 말하는 것으로 이 방침은 사실상 민주주의의 확대이다. 우리는 인구
가 6억인 나라이다. 6억의 생활을 꾸리고 사회주의를 건설하려면 상호 감
독이 없거나 민주주의의 확대가 없이는 잘해내기가 불가능하다."[8] 또한
1957년 4월, 덩샤오핑은 〈공산당은 감독을 수용해야 한다〉는 제목의
보고에서 이 방침을 더욱 확실하게 설명했다. "감독이 있는 것이 없는 것
보다 낫고, 일부 사람들이 의견을 내는 것보다 모든 사람이 의견을 내는
것이 더 낫다. 공산당이 항상 하나의 각도에서 문제를 바라보면 민주당파
는 다른 시각에서 문제를 바라보고 의견을 낼 수 있다. 이렇게 반영된 문
제가 더 많으면 문제를 더 완벽하게 해결할 수 있고, 결의를 하는 데도 도
움이 되며, 타당한 발전정책을 세울 수 있을 뿐 아니라 무슨 문제가 발생
하더라도 비교적 쉽게 바로잡을 수 있다."[9]

신중국 수립 초기에 중국공산당은 민주당파와의 관계를 매우 중시
하면서 정치협상제도의 주요 기능을 발휘하여 공산당과 민주당파 사이의
갈등을 합리적으로 잘 처리했다. 또 중화인민공화국 수립부터 1966년 전

---

7   마오쩌둥, 「10대 관계를 논함」, 『마오쩌둥 문선』 제7권, 인민출판사, 1999, 36면.
8   저우언라이, 「장기공존, 상호감독」, 『저우언라이 통일전선 문선』, 인민출판사, 1984, 350면.
9   덩샤오핑, 「공산당은 감독을 수용해야 한다」, 『덩샤오핑 문선』 제1권, 인민출판사, 1989, 272-
    273면.

까지 모두 4기의 전국정협회의와 12차 회의를 열어 각 민주당파와 인민단체, 각 민족 각계인사들을 조직하고 정치에 참여하여 정무를 논의하도록 하고, 국가의 국정방침과 대중 생활의 주요 사안에 대해 정치적 협의를 진행하는 한편, 의견을 내고 비판을 하는 데 있어 민주적인 감독의 주요 역할을 충분히 발휘했다.

매우 유감스러운 것은 1966년 전에 당내 '좌파'의 사상이 차츰 만연하기 시작했다는 것이다. 1964년 5월, 마오쩌둥은 중공중앙 업무회의 자리에서 중국에 수정주의가 나올 것인지에 대한 문제를 제기하고 중앙통전부를 공개비판하며 말했다. "통전부가 국내 자산계급과 교섭을 하지만 그 안의 혹자는 계급투쟁을 논하지 않는다.", "자산계급의 정당을 사회주의 정당으로 변화시키려 하고, 5개년 계획을 정해도 흐물흐물 힘이 빠져버리니 자산계급에 투항해야 한다." 중앙통전부 부장 리웨이한은 여러 차례 공개비판을 받고 해임되었다. 1965년 1월부터 1978년 2월까지 13년간 전국정협은 회의를 열지 않았고 침체상태에 놓였다.

(4) 민족구역자치제도 수립

민족지역자치제도는 또 다른 중국 기본 정치제도의 하나로 중앙정부의 통일된 지도 아래 각 소수민족이 모여 사는 지방에 자치기구를 설립하여 자치권을 행사하는 지역자치를 실시하는 제도이다.

각 민족의 평등을 견지하고 민족 단결을 강화하는 것은 중국 공산당의 일관된 주장으로, 신민주주의 혁명 시기에 혁명근거지에서 이미 국가정세에 알맞은 민족지역자치제도를 찾았다. 1941년 5월 산간닝변구(陝甘寧邊區, 국공내전과 항일전쟁 시기에 중국공산당이 몇 개 성에 세웠던 혁명근거지를 변구라 하고 그중 하나가 이것이다: 역주) 정부가 반포한 〈산간닝변구 강령〉을 보면 "민족

평등 원칙에 따라 멍구족·후이족과 한족은 정치·경제·문화적으로 평등한 권리를 실행하고, 멍구족과 후이족의 자치구를 설립한다."고 규정되어 있다. 1945년 10월, 중공중앙은 네이멍구 사업방침에 관한 지시에서 "네이멍구에 대한 기본방침으로 현재 민족지역자치를 실시한다."고 밝혔다. 그리고 1947년 5월 1일, 신중국 수립 전에 최초의 성급 민족자치구인 네이멍구자치구를 설립했다.

신중국 수립 전후로 중국공산당은 바로 소수민족지역의 민주정치제도 수립에 대한 연구에 착수하였다. 그리고 1949년 인민정협 준비기간에 마오쩌둥은 연방제 실시 여부를 두고 리웨이한의 의견을 구했다. 이에 리웨이한은 고심 끝에 우리나라와 소련의 상황이 서로 다르기 때문에 연방제 실시는 적당하지 않다고 여기고, 단일제 국가 구조 형식이 중국의 현실에 더 부합하고 통일된 국가에서 민족지역자치를 실시하는 것이 민족 평등원칙 실현에 더 유리하다고 생각했다. 그리하여 중공중앙은 이 의견을 받아들였다.[10] 1949년 9월, 저우언라이는 정협대표에게 〈인민정협에 관한 몇 가지 문제〉라는 글을 써서 보고하며 다음과 같이 밝혔다. "지금 제국주의자들은 우리 시짱과 타이완, 심지어 신장까지 다시 갈라놓고 싶어 한다. 이런 상황에서 우리는 각 민족이 제국주의자들의 도발에 귀 기울이지 않기를 바란다. 이를 위해 우리 나라의 명칭을 중화인민공화국이라 부르고, 연방이라 부르지 않는다…… 우리는 연방은 아니지만 민족지역자치를 주장하며 민족자치의 권력을 행사한다."[11]

---

10   중공중앙 통전부 편, 『민족문제문헌 총집』, 중공중앙당교출판사, 1991, 10면.

11   저우언라이, 「인민정협에 관한 몇 가지 문제」, 『저우언라이 통일전선문선』, 인민출판사, 1984, 140면.

1952년 8월, 중앙인민정부위원회는 제18차 회의에서 〈중화인민공화국 민족지역자치 실시요강〉을 비준했다. 요강에는 "각 민족자치기관은 모두 중앙인민정부의 통일된 지도하의 일급 지방정권이며, 상급 인민정부의 지도를 받는다. 각 민족자치구는 자치권한에 따라 본 자치구의 별도 법규를 규정해야 한다."고 되어 있다. 이 요강에는 또 자치구는 경제발전사업, 재정 방면의 권한 및 민족의 문화, 교육, 예술, 위생사업 방면의 발전을 위한 원칙을 규정해 놓았다.

1954년 헌법은 국가의 근본 법령으로서 민족지역자치의 법률적 지위를 명확히 하였다. 민족지역자치제도는 중국 정치제도를 구성하는 한 부분으로 실천과 검증을 거쳤고, 중국 국정에 부합하는 제도이다. 민족지역자치제도는 각 민족의 평등을 보장하고, 옛 중국의 각 민족 사이에 있던 마음의 벽을 허물고 상호 무시하는 상황을 철저히 개선시켰다. 민족지역자치는 소수민족 지역경제의 발전과 문화의 전승을 추진하고, 소수민족의 합법적인 권익과 이익을 충분히 보장한다. 국가 통일을 보장한다는 전제하에 민족지역자치를 시행하는 것은 각 민족 인민의 조국통일을 사랑하는 마음과 자기 민족을 아끼는 마음을 결합하는 데 도움이 되며, 국가의 통일과 번영을 유지하고 외래의 침략과 분화, 전복을 방어하는 데 도움이 된다.

신중국 수립 후 단지 2년여의 기간 동안 전국에 각급 민족자치구와 현이 모두 130개가 설립되었다. 헌법 반포 이후 1955년 10월에 신장위구르자치구가 설립되고, 1958년 10월에는 닝샤후이족자치구, 1958년 12월에는 광시쫭족자치구, 1965년 9월에는 시짱자치구가 설립되었다.

신중국 수립 후, 중국공산당의 지도하에 중국 인민들은 사회주의적 민주제도를 수립하는 데 있어서 다방면의 노력을 했다. 1954년 헌법은

[사진 2-2] 1955년 10월 1일, 신장위구르자치구 수립을
경축하며 가무를 즐기는 각 민족 인민

중국 민주제도를 위해 법적 기반을 다졌고, 차츰 인민대표대회제도, 공산
당 지도하의 다당 협력과 정치협상제도, 민족지역자치제도의 3대 제도를
수립하여 신중국 민주정치의 기본적인 제도의 틀을 만들었다.

신중국 사회주의적 민주정치제도를 수립하는 과정에서 마오쩌둥은
위대한 공헌을 했으니, 중국 사회주의적 민주제도의 수립과 신중국 제1부
헌법의 탄생 등 그가 심혈을 쏟지 않은 것이 없었다.

2. 개혁개방의 역사적 전환

많은 사람들은 중공 11기 삼중전회(중국공산당 중앙위원회 전체회의의 약칭:
역주)의 가장 큰 의미가 중국의 경제체제 개혁을 열었다는 데 있다고 생각
한다. 사실상 중국의 정치체제 개혁과 경제체제 개혁은 동시에 시작됐다
고 할 수 있다.

(1) 혼란 수습과 정상 회복, 정치체제 개혁청사진 계획

1978년, 중국 역사의 한 차례 변화인 중대 변혁이 곧 서막을 열게 될 것이다. 중국 개혁개방의 총 설계자였던 덩샤오핑은 중국의 현대화를 이루려면 경제체제 방면의 개혁만으로는 불가능하며 반드시 정치체제의 개혁을 감행해야 한다고 생각했다. 또한 중국의 정치체제 개혁은 하나의 복잡한 공정이므로 반드시 순서에 따라 점진적으로 추진해야 한다고 인식했다. 이에 덩샤오핑은 개혁하지 않으면 "우리의 현대화 사업과 사회주의 사업은 바로 망친다."고 큰소리로 부르짖었다.[12] 이와 동시에 그는 개혁은 반드시 순서에 따라 점진적으로 진행해야 한다는 것을 강조하며 "정치체제 개혁은 매우 복잡하고, 모든 대책은 수천만 명의 이익을 염두에 둬야 하므로 정치체제 개혁은 단계를 나눠야 하고, 지도자가 있어야 하며, 질서 있게 진행해야 한다."고 밝혔다.[13]

1978년 10월, 덩샤오핑은 중국공회 제9차 전국대표대회의 연설에서 다음과 같이 지적했다. "네 개 부문의 현대화 실현은 한 차례 혁명이며, 이 혁명은 현재 낙후된 생산력을 대폭 변화시켜야 하고 반드시 다방면으로 생산관계와 상부구조, 농공업 기업의 관리방식, 국가의 농공업 기업에 대한 관리방식을 변화시켜 현대화 대경제의 수요에 적응하도록 해야 한다."[14] 그리고 1978년 12월 13일 덩샤오핑은 〈사상해방, 실사구시, 일치

---

12   덩샤오핑, 「사상해방, 실사구시, 일치단결로 미래를 지향하자」, 『덩샤오핑 문선』 제2권, 인민출판사, 1994, 150면.

13   덩샤오핑, 「모든 것은 사회주의 초급단계의 현실에서 출발한다」, 『덩샤오핑 문선』 제3권, 인민출판사, 1993, 252면.

14   덩샤오핑, 「노동자 계급은 네 개 부문의 현대화 실현을 위해 많은 기여를 해야 한다」, 『덩샤오핑 문선』 제2권, 인민출판사, 1994, 135-136면.

단결로 미래를 지향하자〉는 글에서 "생산력의 신속한 발전과 서로 맞지 않는 생산관계와 상부구조를 정확하게 개혁해야 한다."고 거듭 강조했다.[15]

중공 11기 삼중전회는 개혁의 필요성에 대해 충분히 공감하고, 전체 회의 관보에서 "네 개 부문의 현대화 실현은 생산력의 대폭 향상이 요구되며, 생산력의 발전과 맞지 않는 생산관계와 상부구조의 변화, 어울리지 않는 모든 관리방식과 활동방식, 사상방식의 변화 등 반드시 다방면의 변화가 요구된다. 그렇기 때문에 광범위하고 중대한 혁명인 것이다."[16]라고 밝혔다.

[사진 2-3] 중국공산당 11기 3중전회 회의장

1980년 8월, 덩샤오핑은 중공중앙정치국 확대회의에서 〈당과 국가 지도 제도의 개혁〉이란 제목으로 연설을 했다. 이 연설에서 그는 현행 정치체제에 존재하는 여러 가지 폐단과 그 원인 및 정치체제 개혁의 필요성을 분석했다. 그는 사회주의 제도의 우수성을 충분히 발휘하려면 세 개

---

15 덩샤오핑, 「사상해방, 실사구시, 일치단결로 미래를 지향하자」, 『덩샤오핑 문선』 제2권, 인민 출판사, 1994, 141면.

16 「11기 중앙위원회 제3차 전체회의 관보」, 인민일보, 1978. 12. 24.

방면의 요구를 실현하기 위해 노력해야 한다고 지적했다. "첫째, 경제적으로 사회 생산력을 빠르게 발전시켜 인민의 물질문화생활을 차츰 개선시킨다. 둘째, 정치적으로 인민민주주의를 충분히 고양시켜 전체 인민들이 여러 효율적인 형식을 통해 국가를 관리하고, 특히 기층 지방정권과 여러 기업을 관리하는 권력을 진정으로 누리도록 보장하며, 각종 시민권리를 누릴 수 있게 혁명 법제를 완비하여 인민 내부의 갈등을 올바로 처리하는 한편, 모든 적대세력과 범죄행위를 단속하여 인민 대중의 의욕을 불러일으킴으로써 정국안정과 사회단합을 공고히 하여 활기찬 정치국면을 보장해야 한다. 셋째, 이상 양 방면의 요구를 실현하기 위해서는 네 가지 기본원칙을 견지하고, 비교적 젊고 전문지식을 갖춘 사회주의 현대화 건설 인재를 조직적이고 대규모로 양성, 발견, 발탁, 임용하여야 한다." 그리고 "중요한 것은 확실한 개혁과 함께 당과 국가의 제도를 개선하여 제도로써 당과 국가 정치생활의 민주화, 경제관리의 민주화, 모든 사회생활의 민주화를 보장하고 현대화 건설 사업의 순조로운 발전을 추진하는 것이다."라고 덧붙였다.[17]

중공 12차 대회에서 중공중앙은 정치체제 개혁에 대해 광범위하고 심도 있는 조사와 연구를 진행했다. 그리고 1986년 10월, 중공중앙은 정치체제 개혁 연구 토론 소그룹을 만들어 중국 정치체제의 연혁과 장단점, 개혁의 취지, 목적, 내용, 단계, 기본원칙 등에 대해 반복적으로 연구와 토론을 진행하여 마침내 정치체제 개혁의 총체적인 구상을 마련했다.

한편 정치체제 개혁을 연구하는 과정 중 세간에서 사회주의 제도를

---

17   덩샤오핑, 「당과 국가 지도 제도의 개혁」, 『덩샤오핑 문선』 제2권, 인민출판사, 1994, 322, 336면.

부정하고 자본주의적 민주주의를 주장하는 목소리가 나왔다. 이에 1979년 덩샤오핑은 〈네 가지 기본원칙 견지〉라는 중요한 연설을 발표하여 1966-1976년을 겨냥한 경험적 교훈을 진지하게 제기했다. 그리고 사회주의적 민주주의 건설은 사회주의 사업의 성패와 깊은 관계가 있음을 인식하게 하고, 사회주의적 민주주의는 사회주의의 본질적 요구임을 분명히 하였으며, 민주정치 구현과 사회주의 현대화 실현과의 관계를 천명했다. 또 그는 "만약 네 가지 기본원칙을 떼어놓고 추상적으로 민주주의를 입으로만 떠든다면 그것은 반드시 극단적 민주화와 무정부주의의 심각한 확산을 조장하고, 안정과 단합의 정치국면을 철저히 망가뜨리는 한편, 네 개 부문의 현대화를 완전히 실패하게 만들 것이다."라고 지적했다.[18] 그리고 "우리의 제도는 인민대표대회 제도, 공산당 지도하의 인민민주주의 제도로서 서방의 그것을 취할 수는 없다."고 말한 바 있다.[19]

덩샤오핑의 일련의 연설은 정치체제 개혁의 목적, 의의, 주요내용 및 반드시 따라야 하는 원칙을 체계적으로 논술함으로써 비교적 완벽한 정치체제 개혁의 기본사상을 형성했다. 덩샤오핑은 정치체제 개혁의 사상에 관해 가장 중요한 것을 세 가지로 요약했다. 첫째, 현대화 실현은 반드시 민주주의를 충분히 고양시켜서 대중의 의욕을 불러일으켜야 한다. 둘째, 제도적으로 당과 국가 정치생활의 민주화, 경제관리의 민주화, 모든 사회생활의 민주화를 보장한다. 셋째, 4가지 기본원칙을 확고하게 견지하고 서방의 민주주의를 따르지 않는다.

---

18   덩샤오핑, 「4가지 기본원칙 견지」, 『덩샤오핑 문선』 제2권, 인민출판사, 1994, 176면.
19   덩샤오핑, 「개혁의 발걸음은 빨라야 한다」, 『덩샤오핑 문선』 제3권, 인민출판사, 1993, 240면.

(2) 80년대의 4대 개혁

개혁개방 초기에는 구체제가 남긴 문제가 매우 두드러졌다. 우선 간부진들이 개혁개방의 새로운 정세에 적응하지 못했고, 다음으로는 이전의 행정체제가 대중의 의욕을 불러일으키기에 좋지 않았고, 다년간 누적된 대민주(大民主, 1966-1976년 당시 대중운동 방식으로 계급투쟁을 해 사회모순을 해결하려던 것: 역주)도 안정과 단합의 정치국면 형성에는 도움이 되지 않았다. 개혁을 하려면 반드시 이런 문제들을 먼저 해결해야 했다.

① 지도층 간부의 종신제 폐지

네 개 부문의 현대화를 실현하는 데는 많은 인재가 시급히 필요했다. 지도층 간부 종신제는 새로운 세대의 간부를 육성하고 임용하는 데 있어 영향을 미치는 현실적 문제가 되었다. 지도층 간부 종신제는 줄곧 국제 공산주의 운동의 골칫거리였다. 그것은 사람의 생리, 사상 발전의 법칙을 위배하고, 간부진의 정상적인 교체가 잘 이루어지지 않으며, 집권당의 사상적 의식이 시대와 더불어 발전하는 것에 불리하다. 중공 11기 삼중전회 이후 덩샤오핑을 핵심으로 하는 제2대 지도부의 적극적인 추진 아래 중국 공산당은 꽤 성공적으로 이 문제를 해결했다. 지도층 간부 종신제를 폐지하는 동시에 간부 인사제도 개혁도 빠르게 전개해 나갔다. 그 주요행동은 간부 이·퇴직제도를 시행하면서 사실상 존재하던 지도층 간부 종신제를 폐기한 것이다. 이와 동시에 간부의 '4화', 이른바 '혁명화, 연소화, 지식화, 전문화'를 널리 시행하여 개혁개방 노선을 옹호하는 젊고 혈기왕성한 젊은 간부들을 각급 지도자 위치에 기용함으로써 중공의 새로운 노선 집행을 관철시키는 데에 조직 차원의 보장이 되었다.

② 인민공사체제 폐지

1982년 1월 1일, 중공중앙은 〈전국농촌작업회의 요지〉를 보고 공동생산 도급책임제를 충분히 인정하고 억만 농민들이 바라는 중국 농촌 실태에 따른 농업 발전의 강렬한 염원을 반영한다고 회답했다. 농촌의 공동생산 도급책임제가 널리 보급되어 있는 것은 20여 년간의 인민공사 정사합일(정부와 생산기능의 통합: 역주)체제가 이미 농촌 생산력 발전의 수요에 맞지 않는다는 것을 설명해 주는 것이었다. 정사합일체제는 농업합작화 과정에서 맨 먼저 등장했으며 처음에는 자발적인 성격을 띠었으며, 기구를 간소화시킨다는 목적에서 출발하여 시행된 것이었다. 하지만 마오쩌둥을 대표로 하는 중앙 지도부가 인민공사화 운동을 시작하자 그것에 국가 멸망을 촉진하고 공산주의로의 이행이란 의미가 주어졌다. 일급 정권기구로서의 인민공사는 상급 행정 명령에 복종할 의무가 있었고, 일급 경제기구로서의 인민공사는 본 공사 범위 안의 노동력을 배치하고 동원할 수 있는 어느 정도의 권력을 가지고 있었다.

이처럼 행정 직능과 경제 기능을 다 가진 체제를 이른바 '정사합일'이라고 하는데, 그 중요한 폐단이 '정치'가 '경제'에 간섭한다는 것에 있었다.

가정공동생산 도급책임제를 시행하고, 국가가 농산물에 대한 일괄구입과 일괄판매 범위를 축소한 이후 국가는 잉여 농산물에 대한 인수를 정량을 인수하는 것으로 바꾸고, 농업노동력에 대한 무상조달도 나날이 감소시키다가 완전히 취소하기에 이르렀으니 정사합일체제의 보장기능은 다시 그 역할을 할 수 없게 되었다. 이런 상황에서 정사합일체제의 와해는 피하기 어려웠다. 1980년 4월, 쓰촨성 광한현 샹양진은 앞장서서 인민공사의 간판을 떼어내고, 향 정부와 향 농공상 본사로 나누었다. 그리고 1983년 10월 중공중앙과 국무원이 〈정사분리 시행과 향 정부 수립에 관한 통지〉를 발표하자 전국 농촌에서 향 정부가 되살아나고 향진 정권 조직이 회복되면서 정사분리가 실현되었다. 1987년 11월 제6기 전국인민대표대회 상무위원회 제23차 회의에서는 〈촌민위원회 조직법(시범실시)〉을 통과시키고, 1988년 6월 1일부터 시범실시가 시작되자 전국 농촌 기층에 촌민위원회가 널리 설립되었다. 이로부터 중국 현 이하의 농촌 기층에 새로운 형태, 즉 '향정촌치(鄕政村治)' 유형이 나타나게 되었다. 인민공사 제도의 폐지는 '정사합일'을 정경분리로 변화시킴으로써 중국 경제와 사회체제 개혁에 정치적 통로를 제공했다는 데에 그 의의가 있다.

③ 행정기능 간소화와 권한 이양(簡政放權, 행정 간소화와 권한의 하부이양: 역주)

고도로 집중된 경제체제와 행정체제는 중국에서 '1.5'시기(제1차 5개년 계획: 역주)에 소련의 경험을 답습하여 전개한 대규모 경제건설 과정 중 수립한 것이었다. 이 체제는 제한된 자원을 중점건설에 집중하는 것에 대해 비교적 짧은 기간에 수립한 독립적이고 꽤 완전한 공업체계와 국민경제 체계로 대체 불가능한 역할을 가졌으나 그 폐단 역시 매우 뚜렷했다. 그중 가장 두드러진 것은 지방과 하부 조직의 적극성과 자발성, 창의성을 불러 일으키기가 어렵고, 자원의 배분과 이익 조정에 있어 그들의 역할을 억압했다는 것이다.

개혁개방 후, 중국 경제발전과 전략 목표는 차츰 변화가 일어났다. 과거에 집중 수립된 독립적이고 완전한 공업체계와 국민경제체계는 인민의 생활수준을 향상시키고 국가의 종합실력을 키우는 것으로 방향을 틀었다. 이런 상황에서 고도로 집중된 경제체제와 행정체제는 점점 생산력 발전의 요구에 맞지 않게 됨으로써 새로운 행정기능 간소화와 권한 이양은 불가피하게 되었다. 1978년 12월 중공 11기 삼중전회 직전, 덩샤오핑은 중앙업무회의에서 경제 민주주의 고양을 강조했다. 특히 공장과 광산 기업, 생산대의 자주권을 확대하여 국가와 지방, 기업, 노동자 개인의 네 방면에서 의욕을 불러일으켜야 한다고 했다. 또한 〈당과 국가 지도제도의 개혁〉이란 연설에서 그는 우리나라 기존의 체제가 가진 가장 큰 폐단이 권력의 지나친 집중이라고 다시 한번 지적하며 행정기능 간소화와 권한 이양을 거듭 강조했다.

행정기능 간소화와 권한 이양의 의의는 계획경제 아래서 과도한 권력집중이 낳은 지방과 생산조직, 생산자의 의욕 차단을 개선했다는 데 있다. 이는 한편으론 시장을 개방하여 중국이 결국 시장경제를 선도하고, 다른 한편으론 중앙의 지방정부에 대한 제약을 풀어줌으로써 지방정부의 경제발전 추진 의욕을 불러일으켜 중국 개혁개방 및 경제발전에서의 독특하고 중요한 현상인 각급 정부 간의 경쟁을 조성했다. 즉 각 지방과 각급 정부는 그 지역 경제발전을 추진하기 위해 전력을 다해 업무에 매진하여 중국 경제발전이 시장 밖으로까지 이어지게 하는 또 하나의 중요한 원동력이 되었다는 것이다.

④ '4대 자유' 폐지, 법제회복

중공 11기 삼중전회 개최 전 중요한 준비회의인 중앙업무회의에서 덩샤오핑은 민주주의의 문제를 진지하게 얘기하며 "민주주의는 사상해방의 중요한 조건이다."라고 지적했다. 그렇다면 민주주의를 어떻게 시행할까? 그는 "인민민주주의를 보장하기 위해서는 반드시 법제를 강화해야 한다. 민주주의를 제도화, 법률화해서 이런 제도와 법률이 지도자가 바뀌어도 변하지 않도록 해야 하고, 지도자의 견해와 주의력이 달라진다고 해도 변하지 않도록 해야 한다. 현재의 문제는 법률이 불완전하고 많은 법률이 아직 제정되지 않았다는 것이다. 그래서 종종 지도자가 한 말이 곧 '법'이 되어 지도자의 말에 찬성하지 않으면 바로 '위법'이 되고, 지도자의 말이 바뀌면 '법'도 따라서 바뀐다."고 밝혔다.[20] 덩샤오핑은 법제 수립을 민주 정치 구현의 기본전제와 보장으로 삼았다. 법제의 회복과 발전이 덩샤오 핑이 새로 찾아낸 민주정치의 출발점이라고 말할 수 있을 것이다.

(3) 기층대중자치제도 수립

당대 중국의 4대 기본 정치제도 중에서 기층대중자치제도는 중국이 개혁개방을 시행한 후에 형성되고 수립된 것으로 그것은 개혁개방의 산물이라고 말할 수 있을 것이다. 기층대중자치제도는 중화인민공화국 헌법의 틀 아래서 중국공산당 및 그 기층조직의 지도하에 도농주민들이 공동으로 자신들의 일을 관리하는 제도를 가리킨다. 기층대중 자치조직은 도농주민이 민주적 선거를 통해 민주적으로 의사 결정을 하고 민주적으로 관리와 감독을 하며 직접 관련 정치권리를 행사한다. 기층대중자치제도를 시행하여 대중민주주의를 확대하는 것은 우리나라의 개혁개방 이래 민주정치가 이룬 하나의 중요한 성취이다.

도시주민 자치조직은 신중국 수립 초기에 생겼는데, 몇몇 도시는 대중이 자발적으로 방위대와 도난방지대, 주민조 등 명칭이 각각 다른 대중성 자치조직을 만들었다. 1954년 12월에 열린 제1기 전국인대상위회 제4차 회의에서는 〈도시주민위원회 조직 조례〉를 제정하여 반포함으로써 법률의 형식으로 주민위원회의 성격과 지위, 역할을 인정했다. 그리

---

20   덩샤오핑, 「사상해방, 실사구시, 일치단결로 미래를 지향하자」, 『덩샤오핑 문선』 제2권, 인민
      출판사, 1994, 146면.

하여 1956년 말까지 도시주민위원회가 전국 각 도시마다 널리 설립되었고, 개혁개방 이후에는 주민자치조직으로 회복되고 발전되었다. 그리고 1980년 1월, 전국인민대표대회 상무위원회는 새로 〈주민위원회 조직 조례〉와 〈인민중재위원회 임시통칙〉, 〈치안보위위원회 임시통칙〉을 발표했다. 1982년 헌법은 처음으로 기본법의 형식으로 주민위원회의 성격과 임무, 역할을 다음과 같이 명확히 했다. "주민 주거지역에 따라 설립된 도시와 농촌의 주민위원회 혹은 촌민위원회는 기층대중성 자치조직이다. 주민위원회와 촌민위원회의 주임과 부주임, 위원은 모두 주민이 선출한다. 주민위원회와 촌민위원회의 기층 정권과의 상호관계는 법률로 정한다. 주민위원회와 촌민위원회는 인민중재, 치안보위, 공공위생 등 위원회를 두고 본 거주지역의 공공업무와 공익사업을 하며, 주민 사이의 분쟁을 중재하고 사회치안 유지에 협조하는 한편, 인민정부에 대중의 의견을 전달하고 요구와 건의를 한다." 도시주민의 자치와 각종 민주권리를 충분히 보장하기 위해 다년간의 조사와 연구를 거쳐 〈주민위원회 조직 조례〉를 총결산하여 경험과 교훈의 기초 위에 실시하게 되었고, 1989년 12월 26일, 전국인대상위회 제11차 회의에서 〈도시주민위원회 조직 조례〉를 통과시켰다.

한편, 농촌의 주민자치조직은 공동생산 도급책임제 시행 이후 나타났다. 공동생산 도급책임제 시행 이후 정사합일이 취소되자 향급 정부가 인민공사를 대신하게 되면서 이제 새로운 농업생산조직 형식과 서로 맞는 농촌기층 관리제도를 어떻게 시행해야 하는지가 중요한 문제로 떠올랐다. 하지만 많은 지방 마을의 일급조직이 해이해지고 공공업무를 책임지려는 사람이 없어 각종 문제가 여기저기 만연했다.

일부 지역의 농민들은 자발적으로 자치조직을 설립하여 자기관리를 실현했다. 1980년 2월 5일, 광시좡족자치구 이산싼차공사(宜山三岔公社) 허자이대대(合寨大隊) 과일생산팀의 85가구 농민 대표들은 다섯 사람이 에 워싸야 할 만큼 큰 녹나무 아래서 무기명 투표로 마을 전체의 새로운 관리 조직인 촌민위원회를 탄생시켰다. 촌민위원회는 촌민자치규약을 제정하 고 마을의 공공업무를 책임졌다. 한편, 광시좡족자치구 루오청현도 농민 자기관리조직을 설립하고 '촌치안지도소조'라고 부르기도 하고 '촌관회'라 고 부르기도 하다가 1981년 봄부터 명칭을 촌민위원회로 통일하기 시작 했다. 이런 경험은 매우 빠르게 반향을 일으켜 전국의 많은 지역에서 연달 아 모방했다.

1982년 헌법은 촌민위원회의 법률적 지위를 명확히 하고 촌민위원 회의 성격과 임무, 조직원칙을 규정했다. 그리고 헌법 반포 이후 전국적으 로 촌민위원회 설립 활동이 보편적으로 전개되었다. 일반적으로 기존의 생산대대를 기반으로 촌민위원회를 설립하고 생산대를 기반으로 촌민소 조를 설립했다. 그렇게 1983년에는 향진정부 설립과 동시에 전국적으로 촌위회 조직이 설립되기 시작했다. 1987년 6기 전국인민대표대회 상무 위원회 제23차 회의에서 〈중화인민공화국 촌민위원회 조직법(시범실시)〉 를 통과시킨 후 각지에서 법에 따라 선거민주를 실시하는 데 있어 선거방 식을 비경쟁선거에서 경쟁선거로, 간접선거에서 직접선거로, 공개표결에 서 비밀투표로 전환하는 등의 적지 않은 혁신이 진행되었다.

중국은 농촌 주민이 총 인구의 80% 이상이었던 20세기의 80년대에 농촌주민자치제도를 수립하여 농민들이 자기의 권리를 충분히 행사하는 자기관리, 자기교육, 자기서비스, 자기감독을 실현하고 농촌의 경제발전 과 공익사업의 발전, 사회의 안정을 추진했다. 농촌의 안정된 발전이 이루 어져야 비로소 중국 경제사회의 발전이 안정되는 것이다. 덩샤오핑은 민주주의가 인민 대중과 기층의 적극성을 확대시켜야 한다고 여러 차례 언급한 바 있다. 또 그는 1987년 외빈을 맞는 자리에서 "의욕을 불러일으키는 것이 가장 큰 민주주의다. 각종 민주주의 형식이 어떤 방식인지 말하자면 실제상황을 봐야 한다."고 지적했다.[21] 그리고 "권력을 기층 인민에게 분산하는 것, 농촌에서는 바로 농민에게 주는 것, 이것이 바로 가장 큰 민주주의다."[22]라고 말한 바 있다.

21   덩샤오핑, 「개혁의 발걸음은 빨라야 한다」, 『덩샤오핑 문선』 제3권, 인민출판사, 1993, 242면.

22   덩샤오핑, 「모든 것은 사회주의 초급단계의 현실에서 출발한다」, 『덩샤오핑 문선』 제3권, 인민출판사, 1993, 252면.

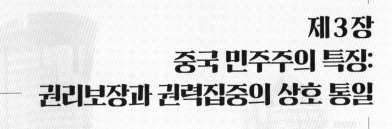

제3장
중국 민주주의 특장:
권리보장과 권력집중의 상호 통일

중국 민주주의 특징: 권리보장과 권력집중의 상호 통일

민주주의는 부단한 건설과 발전이 요구되는 하나의 사회적 발전 과정이다. 중국은 장기간의 반복된 실천 모색을 거쳐 끊임없이 중국 스스로의 경험에서 얻은 교훈과 국제 경험을 참고로 한 교훈을 총괄한 기초 위에서 당대 중국에서 어떻게 민주정치를 구현하고 발전시켜 나갈지에 대해 마침내 대답과 해결을 찾았다. 바로 중국 정치제도를 운용하면서, 또 모든 민주정치를 실천해 나가면서 인민의 권리보장과 국가권력의 집중을 통일시키고 협력해야 한다는 것이다. 인민권리보장과 국가권력 집중의 통일은 당대 중국 민주주의의 기본 특징이며, 중국이 민주주의를 실행하면서 얻은 가장 중요한 경험이기도 하다.

1. 중국 민주정치 건설의 기본법칙에 대한 발견

　　민주정치는 중국 사회 백 년간의 이상과 추구라고 할 수 있으며, 이를 위해 셀 수 없이 많은 애국지사들이 쉼 없이 노력했다. 공산당원이라면 더욱이 민주정치의 구현과 발전을 자기의 소임으로 삼고 있다. 중국 사람들이 민주정치를 모색하는 길 역시 복잡하고 먼 길이었다고 할 수 있지만 그것을 실행한 중국 공산당원들에게도 어려움의 반복이었다고 할 수 있다. 정치적 실행과 제도 수립의 각도에서 중국이 백 년간 추구해 온 민주주의의 길과 중국 공산당원들이 모색해 온 민주주의의 길을 돌이켜 보면 그 핵심 문제는 민주주의의 가치 자체에 있는 것이 아니라 그 가치를 실현할 구체적인 형식을 찾는 것에 있었다. 즉 민주주의 가치를 최대한 구현할 수 있는 인민주권의 정치 형식과 제도를 마련하고 수립하는 것이 문제의 핵심이었던 것이다. 당대 정치과학의 지적수준으로 보면 우리는 이미 민주주의가 내포하고 있는 모순인 가치와 형식 사이의 대립을 너무 잘 알고 있었다. 그리고 더 나아가 민주정치 구현의 참뜻이 최대한 민주주의 가치를 실현할 수 있는 정치 형식을 찾고, 최대한 민주주의 가치와 형식 사이의 모순을 극복하고 약화시키는 데 있다는 것도 똑똑히 알고 있었다. 민주정치 구현의 법칙은 바로 민주주의 가치와 구체적 형식을 통일시키는 데 있다는 것이다.

　　(1) 실천의 고민: '민주'냐, '집권'이냐?
　　국가정권과 사회주의제도를 수립한 집권환경에서 어떻게 민주정치를 추진할 것인지, 민주주의 실천자가 마주한 이런 문제는 아직 정권을 잡지 못한 혁명시기에 생각했던 '모든 사람이 책임을 진다'는 것처럼 간단한 것이 아니다. '모든 사람이 책임을 진다'는 정치가 직접민주주의를 의미하는 것은 아닐까? 만약 이것이 실시할 수 있는 정치체계 형식을 의미하는 게 결코 아니라면 단지 일종의 정치원칙 혹은 민주정치 원리일 뿐인 것이다. 그럼 실천 속에서 어떻게 일련의 민주정치제도 시스템을 만들고 수립할 것인지는 신중국을 창설하고 수립한 사람들 앞에 놓인 조속히 해결해야 할 중대 문제가 되었다.

마오쩌둥을 대표로 하는 중국 공산당원들은 서방에서 온 학술적 색채가 짙은 개념인 인민주권을 중국식으로 바꿔 알기 쉽게 인민이 주인이 되는 것이라고 표현했다. 신중국 수립 초기의 정치용어 중에 '해방(解放)', '번신(翻身, 압박에서 벗어나다: 역주)'이란 단어가 정치를 상징하는 어휘로 매우 빈번하게 사용되었다. 민주주의 가치목표는 민주정치에 대한 이상과 추구로 중화인민공화국의 수립에 따라 매우 빠르게 구체적 정치형식으로 전환되었고, 더 나아가 제도 마련의 문제가 되었다. 민주주의가 구체화된 후 민주주의 원칙과 민주주의를 시행하는 형식 사이의 차이와 충돌이 문제로 떠오르면서 차츰 해결이 필요한 사항으로 변하고 나아가 서로 짝을 이뤄 충돌하는 모순으로 나타났다.

1949년 10월 24일, 마오쩌둥은 담화 중에 "중국은 이미 인민에게 돌아갔다. 풀 한 포기, 나무 한 그루 모두가 인민의 것이다. 어떤 상황이든 우리가 책임져야 하며 잘 관리해야 한다."[1]고 말한 바 있다. 이때가 개국대전을 거행한 지 3주도 안 지난 시기로 마오쩌둥은 이미 집권자로서의 책임을 통감하고 있었으며, 중국의 상황은 원칙적으로는 '인민이 주인이다'라고 말하지만 사실상은 "어떤 상황이든 우리가 책임지고 잘 관리해야 한

---

1   마오쩌둥, 「쑤이위안 책임자와의 담화」, 『마오쩌둥 문선』 제6권, 인민출판사, 1999, 14면.

다."는 것이었다. 중국공산당이 집권당이 되고 난 후 '가장 빠른 시기'에 중국공산당의 지도자는 민주정치에 내재된 모순, 즉 대의제도에서 인민의 '주권'과 대리인의 '통치권'으로 표현되는 가치와 형식 사이의 모순을 느꼈다. 민주정치의 가치와 형식에 내재된 모순은 국제 공산주의 운동과 마르크스주의의 언어체계에서는 민주주의와 중앙집권화의 모순으로 표현된다. 중화인민공화국이 막 수립되었을 당시 국가 지도층은 이미 민주주의와 중앙집권화 사이의 균형문제를 깨닫고 있었다.

1956년 연초, 중국 국정에 적합한 사회주의 노선 수립을 모색한 첫 번째 글로 꼽히는 〈10가지 관계를 논하다〉에서 마오쩌둥은 "강대한 사회주의 국가 건설을 위해서는 반드시 중앙의 강력하고 통일된 지도가 있어야 하고 전국적으로 통일된 계획과 규율이 필요하므로 이런 통일을 훼손하는 것은 허용하지 않는다."고 밝혔다.[2] 이는 건국 초기에 마오쩌둥 등 지도자들이 민주주의 제도를 수립하고 민주정치를 구현하는 데 있어 더욱 '중앙집권화'로 치우쳤다는 것, 즉 중앙 및 각급 정부의 권력집중을 한층 더 강조했다는 것을 반영하고 있다.

하지만 이런 국면은 1956년 이후 빠르게 큰 변화를 맞이했으니, 마오쩌둥은 1956년을 '다사다난한 시기'라고 칭했다. 그해는 소련과 동유럽 사회주의 국가들에 연이어 심각한 사태가 일어났다. 1956년 상반기에 소련공산당 제20차 대표대회가 열렸는데 흐루시초프가 이 대회 폐회 후 비밀회의를 개최하고 전면적인 폭로와 함께 스탈린을 비판했다. 또 1956년 하반기에는 폴란드의 포즈난 사건과 헝가리 사건이 연달아 발생했다. 소련과 동유럽에서 일어난 일련의 사태들은 중국에서도 높은 경각심과 관

---

2   마오쩌둥, 「10가지 관계를 논하다」, 『마오쩌둥 저작 선독』(하권), 인민출판사, 1986, 730-731면.

심을 불러왔고 마오쩌둥은 이 사태들을 있는 사실 그대로 보지 않고 자신의 이론적 해석을 제기했다. 그는 "동유럽 일부 국가의 기본문제는 바로 계급투쟁을 못해서 많은 반혁명분자들을 제거하지 못하고, 계급투쟁 중에 무산계급에게 아군과 적군을 구별하고 시비를 가리며 유심론과 유물론을 구분하는 훈련을 시키지 못한 데 있다."고 생각했다. 또 헝가리 사태의 원인에 대해서는 "대중과 동떨어진 관료주의와 공업전략 실수로 노동자의 급여가 감소하고, 자본가들은 간단하게 무너지고 지식분자들을 개조하지 못하고 반혁명분자들을 진압하지 못했기 때문이다."라고 총괄적으로 말했다.[3] 한편, 1956년 하반기에 중국 국내에도 경제파동과 사회충돌이 발생하자 마오쩌둥은 이것이 대중과 동떨어진 간부 관료주의에서 비롯된 것이며, 대중들이 관료주의의 간부들을 제거할 이유가 있다고 여겼다.

1957년 2월, 마오쩌둥은 최고국가회의 제11차 회의에서 〈인민내부 갈등 문제의 바른 해결에 관하여〉라는 담화를 발표했다. 이 중요한 담화는 1956년 이래 국내외에 발생했던 일련의 사건들에 대한 하나의 이론적 총결산으로, 양상에 따라 갈등을 두 가지로 구분하고 인민내부 갈등의 바른 해결의 학설을 제기했다. 이때부터 마오쩌둥은 민주주의 문제에 있어서 비교적 '중앙집권화'를 강조하던 데서 '민주주의'를 강조하는 쪽으로 방향을 틀었다. 마오쩌둥의 기본 사고의 방향은 민주주의적 방법으로 인민내부의 갈등을 해결해야 한다는 것이었다. 이 시기에 그는 '소민주'와 '대민주'의 문제를 제기했다. '소민주'는 바로 기풍을 바로잡는 것으로 비판과 자아비판의 방식으로 인민내부의 갈등을 해결한다는 것이고, 이른바

---

3   「마오쩌둥 전(1949-1976)」(상), 중앙문헌출판사, 2003, 606, 607면.

'대민주'란 파업이나 수업거부, 가두시위 등의 정상적인 질서를 뛰어넘는 이익 표현 활동을 말하는 것으로 이런 '대민주'에 대해서도 마오쩌둥은 인정과 관용의 태도를 취했다. 그는 '대민주'는 인민내부의 갈등을 극복하고 사회질서를 바로잡는 일종의 보완방식이라고 말했다. 그리고 마오쩌둥은 1957년에 등장한 소위 '4대 자유'인 대명, 대방, 대변론, 대자보에 열렬히 수긍하며 이를 대중이 창조한 혁명형식이고 대중투쟁의 형식이라고 일컫고 이러한 형식이 사회주의적 민주주의를 충분히 나타낸다고 생각했다.

중공 11기 삼중전회가 열리기 전 중요한 준비회의인 중앙업무회의에서 덩샤오핑은 민주주의 문제에 대해 얘기를 시작했다. 당시 핵심 정치문제는 '사상해방'으로 개혁개방의 새로운 노선을 시행하기 위해 사상적 준비를 진행했다. 덩샤오핑은 회의에서 "민주주의는 사상해방의 중요한 조건이다"라고 지적했으니 어떻게 민주주의를 시행할 것인가? 그는 더 나아가 "인민민주주의 보장을 위해서는 반드시 법제를 강화해야 한다. 그리고 민주주의를 반드시 제도화, 법률화하고 이런 제도와 법률은 지도자가 바뀌거나 지도자의 견해와 주의력이 바뀌어도 변하지 않도록 해야 한다. 현재의 문제는 법률이 완전하지 못하고 많은 법률이 아직 제정되지 못한 것이다. 종종 지도자가 한 말이 곧 '법'이 되고, 지도자의 말에 찬성하지 않으면 바로 '위법'이 되며, 지도자의 말이 바뀌면 '법'도 따라 바뀐다."[4] 이렇게 사회주의 법제의 회복과 발전은 덩샤오핑을 대표로 하는 중국공산당 지도층의 민주정치 모색의 출발점이 되었다.

---

4 덩샤오핑, 「사상해방, 실사구시, 일치단결로 미래를 바라보자」, 『덩샤오핑 문선』 제2권, 인민출판사, 1994, 146면.

(2) 개혁 과정에서의 모색: 권력이양이냐, 권력집중이냐?

중국 개혁개방의 처음 10년은 민주정치 구현에 관한 모색이 행정기능 간소화와 권한 이양(簡政放權)에 집중되어 있었다. 즉 권력 집중도를 감소시키고 인민 대중의 정치적 지위를 향상시켜 사회가 더 크고 많은 권력을 소유하게 한 것이다. 덩샤오핑이 1980년 늦여름에 발표한 중국 정치체제 개혁과 민주정치 구현의 강령 성격을 가진 문헌인 〈당과 국가지도제도의 개혁〉중의 논술이 가장 전형적으로 개혁개방 초기의 민주주의 수립에 대한 인식 수준을 잘 반영하고 있다. 여기서 덩샤오핑은 "당과 국가의 지도제도와 간부제도 방면의 주요 폐단은 바로 관료주의 현상과 권력의 지나친 집중현상, 가부장제 현상, 간부와 지도자의 직무 종신제 현상 및 다양한 특권현상이다."라고 말했다.[5]

덩샤오핑의 이 논술은 개혁개방 초기에 정치체제 개혁의 필요성과 개혁 목표에 대한 새로운 인식을 반영했다. 그 핵심사상은 권력분산으로 하급기관에 권력을 이양하여 권력을 '인민'과 가까워지게 하는 것이다. 한동안의 모색을 거치고 중공 13차대회에서는 덩샤오핑의 7년 전 목표를 당정분리와 사회적인 협상, 대화 제도 수립이라는 구체적인 개혁 조치와 제도 마련으로 바꾸었다. 하지만 그것의 실행은 80년대 정치체제 개혁과 민주정치 구현의 전략적인 문제를 빠르게 검증해냈다.

제도를 구상하고 실시하면서 당정분리의 목적이 '당의 지도 강화'라고 재차 피력한다 해도 당 조직이 일단 행정과 사회관리, 경제건설의 실제 과정에서 벗어나면 당의 지도는 공허하고 무력하게 변하고, 더구나 오랫동안 형성된 체제 자체는 인사배치에서도 당정이 하나로 합쳐져 있는 것

---

5   덩샤오핑, 「당과 국가지도 제도의 개혁」, 『덩샤오핑 문선』 제2권, 인민출판사, 1993, 327면.

이다. 당정분리는 우선 기술면에서 활용성의 어려움을 만났다. 실천하는 과정에서는 방치하고 정치적으로는 계속 표방하는 것은 일부 사회적 오도를 초래하여 한편으로는 사회의 기대를 저버리고, 한편으로는 '자유화' 세력에게 반대의 구실을 주는 것이다.

1989년의 정치풍파는 80년대 이래 방권(放權)의 개혁노선까지 변화시켰다. 중국의 현실이나 전 소련과 동유럽 국가가 준 교훈을 통해 중국공산당의 집권자들은 정치체제의 개혁과 민주정치 구현의 핵심문제가 사실은 권력을 사회와 인민대중에게 돌려주는 데 있는 것이 아니고 그런 생각은 사실상 너무 낭만적이란 걸 알아차렸다. 현실적인 문제는 집권당이 인민을 위해 권력을 잡고, 그 권력을 잘 사용해야 하는 것이다. 문제는 권력의 분업과 사용, 제약, 관리감독에 있다. 90년대 이후 중국의 정치개혁 영역은 기존의 가장 우렁찬 구호였던 '당정분리'에서 '당정분업'으로 조용히 변화했다.

80년대의 낭만이 끝나자 문제는 다시 드러났다. 90년대 초, 민주주의 수립 전략 문제에 관한 모색이 10년 전의 출발점으로 돌아갔지만 문제는 오히려 당시보다 분명해졌다. 당과 인민의 관계, 권력과 권리의 관계, 이것이 민주정치를 구현하는 데 해결해야 할 현실적인 문제이며 미래에 마주해야 할 문제이기도 했다.

민주주의 수립 전략에 관한 모색이 이미 출발점으로 돌아간 이상 이것은 우선 개혁과 수립에서 마주한 문제를 확실히 해야 한다는 것을 의미했다. 그 당시의 공통된 인식은 권력이 지나치게 집중되어 있다는 것, 지나치게 당에 집중되어 있다는 것, 지나치게 개인에게 집중되어 있다는 것이었다. 그리하여 개혁의 목표가 권력분산, 기층과 사회로의 분권이었다. 하지만 실천이 증명하듯 상황은 전혀 그렇게 간단하지 않았고, 민주정치에 관한 상관요인, 전제적이고 제한적인 요인 또한 많아서 미래 개혁과 수립의 목표와 전략은 먼저 민주적인 정치 관련성에서 시작해야 한다.

1997년 9월에 열린 중국공산당 제15차 전국대표대회에서 장쩌민은 대회 정치보고 중에 정치체제 개혁과 민주정치 구현의 목표를 논하였다. 이는 꼬박 10년이 지난 후 중국공산당이 다시 한번 정치개혁과 민주주의 수립의 관련성 요인을 확인하고 설정된 개혁의 변수였다. 장쩌민은 이 보고에서 "정치체제의 개혁 추진은 반드시 당과 국가의 활력을 증대시키고, 사회주의 제도의 특징을 유지하고 우월성을 발휘하는 한편, 국가의 통일을 이루어 민족단결과 사회 안정을 이루고, 인민 대중의 의욕을 충분히 고취시키며 생산력 발전과 사회 진보를 촉진하는 데 도움이 돼야 한다."고 밝혔다.[6]

비록 중공 15차 대표대회에서의 표현이 그다지 명확하지는 않지만 중국 민주주의 수립의 기본적인 상관요인, 즉 두 가지 기능적인 요구와 한 가지 제한적인 조건은 거듭 확인한 자리였다고 할 수 있다. 두 가지 기능적 요구는 인민 대중의 의욕을 고취시키고 생산력 발전과 사회 진보를 촉진하는 것이다. 또 한 가지 제한적 조건이란 국가 통일을 유지하여 민족단결과 사회 안정을 이루는 것이다. 이로써 중국 민주정치 구현의 기본 틀은 설정되었고, 민주정치 구현의 노선은 80년대와 비교할 때 크게 조정되었다. 80년대의 노선은 분권과 방권에 집중되고 정치영역에 집중되었다. 그 속의 논리는 인민주권의 관념대로 일종의 직접 민주주의 경향을 띤 자치적인 민주정치체제 수립의 시도였다. 하지만 사실이 증명하듯 그런 이상

---

6   장쩌민, 「덩샤오핑 이론의 위대한 기치를 높이 들어 중국 특색 사회주의 사업을 완벽하게 21세기로 밀고 나가자」, 『장쩌민 문선』 제2권, 인민출판사, 2006, 29면.

적인 구상은 실현 불가능한 것이었다.

반복된 모색을 통해 중국인들은 마침내 민주정치의 실천형식을 인식하는 문제에 있어서 획기적인 진전을 얻었다. 즉 이론상 추상적이었던 인민주권을 권리와 권력, 방법의 3가지 요소로 풀었다. 바로 이론적으로 인민주권 원칙을 인민권리보장과 인민권력의 행사 및 인민권리·권력의 보장과 행사의 방법, 이렇게 3가지 현실문제로 나누었다.

1998년 7월, 장쩌민은 담화를 발표하고 1차로 '삼통일'사상을 제기하고, "사회주의적 민주정치 구현을 추진하는 데 있어 반드시 당의 지도와 민주주의 고취, 법에 따른 일 처리 관계를 잘 안배해야 한다. 당의 지도는 핵심이고, 민주주의 고취가 기본, 법에 따른 일 처리는 보장으로 이 세 가지는 분리할 수 없고 대립할 수도 없다. 정치체제 개혁은 반드시 당의 지도하에 단계적으로 질서 있게 진행되어야 한다. 민주주의를 고취시키고 법제를 강조하는 데에 당의 지도가 필요 없다는 것은 잘못된 것이다. 동시에 각급 당 위원회는 헌법과 법률의 범위 안에서 당의 지도력을 강화하고 개선하는 것을 배워야 한다. 각급 지도자 동지들은 과감하고 능숙하게 민주주의를 충분히 고취시키고 엄격하게 법에 따라 일 처리를 해야 한다."고 밝혔다.[7] 문헌상에 보이는 바로는 이것이 '삼통일'에 관한 비교적 이른 시기의 개괄과 설명이다.

2002년 중국공산당 제16차 전국대표대회의 정치보고에서는 '삼통일'에 관해 "사회주의적 민주정치를 발전시키는 데 가장 근본적인 것은 당의 지도를 견지하면서 인민이 주인이 되는 것과 법에 의한 국가통치를 유

---

[7] 정쩌민, 「덩샤오핑 이론 학습 업무회의에서의 연설」, 『장쩌민 중국특색 사회주의를 논한다(발췌편집)』, 중앙문헌출판사, 2002, 301면.

기적으로 통합시키는 것이다. 당의 지도는 인민이 주인이 되고 법에 따라 나라를 통치하는 것의 기본적인 보장이고 인민이 주인이 된다는 것은 사회주의적 민주정치의 본질적인 요구이며, 법에 따라 나라를 통치한다는 것은 인민을 지도하고 나라를 통치하는 기본 방침이다."[8]라고 정식으로 설명했다.

당의 지도와 인민이 주인이 되는 것, 법에 의한 국가통치를 유기적으로 통합시킨다는 것은 바로 '삼통일'이 가리키는 바이며, 당대 중국의 민주정치 구현 법칙에 대한 발견과 인식으로 중국의 공업화와 현대화 발전의 현 단계에서 민주정치 요소 간의 연관성과 민주정치 시행의 실천법칙 수립을 보여주는 것이다. 중공 16차 대표대회 이래 '삼통일'은 늘 강조되면서 중국 특색 사회주의적 민주정치 노선의 핵심내용으로 간주되고 있다.[9]

2. '권리보장'과 '권력집중'의 논리와 기능

중국 특색 사회주의적 민주정치 구현의 발전과정에서 언제나 당의 지도와 인민이 주인이 되는 것, 법에 의한 국가 통치를 유기적으로 통합하여 '삼통일'의 요구대로 민주정치를 시행하는 것은 중국 민주정치 구현이 장기적인 모색을 거쳐 찾아낸 기본적인 경험 중 하나인 동시에 가장 중요한 경험 중 하나이기도 하다. 이에 대해 정치적 언어체계와 학술적 언어체

---

8   장쩌민, 「전면적인 중류층 사회건설로 중국 특색 사회주의 사업의 신국면을 열자」, 『장쩌민 문선』 제3집, 인민출판사, 2006, 553면.

9   후진타오, 「중국공산당 창건 90주년 경축대회에서의 연설」, 중국공산당뉴스사이트(http://cpc.people.com.cn/90niam/GB/224164/15052968.html).

계의 양 방면에서 분석을 해볼 수 있다.

(1) 당과 인민의 양면일체: '삼통일(三統一)'의 정치적 의미

반복된 실천을 거치면서 중국공산당 지도층은 민주주의 실천 방면에서 다루고 해결해야 하는 실질적 문제는 당과 인민의 관계, 즉 권력과 권리의 관계임을 깨달았다. '삼통일'의 정치논리적 핵심사상은 당과 인민의 관계문제로 '삼통일'이 정치 용어로서 내포하고 있는 그 기본내용은 조건과 목적의 이중 의미에서 당과 인민의 관계를 요약한 것이다.

우선 당은 인민이 주인이 되는 것의 전제와 필요조건이다. 인민은 주권자이며 민주정치의 주체이다. 하지만 정치적 의미로나 사회주체의 의미상 인민의 출현과 존재에는 조건이 있다. 정치개념으로서의 인민은 역사 행동의 주체이고, 어떤 행동능력을 가진 주체라면 모두 반드시 자아의식과 조직형태를 지녀야 한다. 그렇지 않으면 인민은 그저 관념상의 존재일 뿐이고, 마르크스의 〈루이·보나파르트의 브뤼메리 18일〉에서 말하고 있는 것처럼 '감자' 같은 프랑스 농민 혹은 중국 근대사에서 중국인을 형용하던 표현으로 자주 사용된 '흩어진 모래알' 같은 존재일 수밖에 없다. 공산당이 인민에게 자아의식과 자각을 부여하고, 공산당이 인민을 조직화할 것이다. 한 마디로 말하면 공산당이 인민을 인민으로 만든다는 것이다. 더 나아가 공산당이 인민을 조직하고 대표하여 권력을 잡고 행사해야만 권력이 비로소 실제 효력을 가진다는 것이다.

다음으로 인민이 주인이 된다는 것이 당의 목적이다. 공산당이 권력을 잡고 행사하는 것은 인민의 권력을 대행하는 것이며, 공산당은 인민의 대표로 어떤 집단 이익도 없고 자체의 어떤 목적도 없다. 따라서 공산당이 가진 집권 행위 모두가 '인민이 주인이 되는 것을 이끌고 지지'하기 위한 것이며, 인민을 위해 봉사하는 것이다. 공산당은 인민 전체의 이익, 장기적이고 근본적인 이익을 실현하기 위한 도구이다. 다시 말하면 공산당이 인민을 대표해서 잡고 행사하는 권력은 결국 인민의 권리와 권익을 실현하는데 사용되어야 한다. 그렇지 않으면 민주주의는 소외되고 변질될 것이다.

요컨대, 정치언어 방면에서 '삼통일'을 보면 당과 인민의 관계에 관한 의미는 당대 중국 정치제도 및 중국 민주주의에 부여한 하나의 합법적이고 정당한 해석이다.

(2) 권리보장: 인민의 의욕 고취

하나의 민주정치 유형의 가치는 어떠할까? 그 기능적 표현을 봐야할 것이다. 중국 특색 사회주의적 민주정치 유형의 실천 기능은 양 방면에서 주로 표현된다. 바로 '권리를 보장'함으로써 인민의 의욕을 고취시킬 수 있고, 공업화와 현대화 과정에서 사회 내의 동력을 얻을 수 있다. 또 '권력을 집중'시킴으로써 전략적인 발전을 꾀할 수 있고, 공업화와 현대화 건설을 더 효율적으로 이룰 수 있다. 이는 개혁개방 30년 동안 중국 경제사회의 역사적이고 획기적인 발전과 중국의 굴기가 증명하는 바이다.

인민의 권리를 보장하여 중국 인민의 의욕과 자발성, 창조성을 불러일으킴으로써 중국의 공업화와 현대화 과정은 커다란 동력을 얻었다.

140여 년 전, 일본은 '메이지유신'을 시행하면서 처음으로 공업화 과정에 돌입했다. 일본 '메이지유신'의 기본강령인 '5개조의 서약문' 중에 "관리와 군사, 서민에 이르기까지 함께 그 뜻을 이루는 데 있어 지치지 않게 하라."는 말이 있다. '메이지유신'의 개혁은 '사민평등(四民平等, 사농공상의 신분을 단일신분으로 개혁: 역주)'과 '식산흥업(殖産興業, 산업발전을 꾀하다: 역주) 등의 정책을 통해 일본 사회의 전통적인 가치를 변화시키고, 세습과 신분에 따라 교육을 받고 개인적 성취를 인민의 사회 가치로 평가하던 기준을 바꿨다. 이 개혁은 일본 사회의 가치체계를 크게 바꾸어 놓고, 나아가 사회의 동력 체계도 변화시킴으로써 일본 사회, 특히 민간에서 빛을 발해 과거의 거대 동력을 뛰어넘게 하고, 일본이 20여 년의 짧은 기간 동안 초보적 단계의 근대 공업 시스템을 일으키고 동방에 우뚝 설 수 있게 했다.

중국의 개혁개방 역시 마찬가지로 민간동력을 쏟아 붓는 과정으로 그 사회적 구조가 일본 및 성공적으로 공업화를 실현한 모든 국가의 내재된 동력 구조와 매우 유사한 것이다. 다른 것이 있다면, 중국의 규모가 더 크고 정책 실시가 더 철저하며, 이데올로기와 정책의 부합 정도가 더 높다는 것이다.

개혁개방 정책을 시행하기 이전의 계획경제 시대에도 중국 경제는 크게 발전하여 30년 가까운 노력으로 초보적 단계의 국가 공업화 시스템을 세웠다. 하지만 개혁개방 전후의 중국 경제사회 발전 속도와 질적 수준은 비교가 되지 않는다. 사회 발전 동력의 각도에서 살펴보면 간단한 이유는 개혁개방 전의 계획경제시대에 중국엔 대체로 '적극성'이 있었다는 것이다. 바로 계획 당국의 적극성인데, 하급기관과 사회는 계획성의 제약 때문에 적극성이 구속을 받아 특히 기본 경제단위로서의 기업의 적극성과 창조성이 거의 정체되어 있었다. 개혁개방이 중국 사회에 가져다 준 가장 근본적인 변화는 중국 사회의 기본가치를 바꾸고, 나아가 중국 사회 발전의 동력을 변화시켰다는 것이다.

80년대 이래, 특히 90년대에 개혁개방과 사회주의 시장경제 시행의 핵심이 되는 사회적 의의는 많은 인민 대중을 정치, 경제, 사회 등 다방면에서 제한하는 속박에서 풀어 주고, 출신성분과 정치적 태도가 사회적 가치를 정하던 과거의 가치체계를 변화시킨 한편, 평등한 경쟁을 기초로 하는 교육선발제도 및 경제 진입의 기회를 균등하게 하는 제도를 수립했다는 것에 있다. 사회 가치의 변화와 경제활동 기대의 형성은 보편적인 사회동원으로 변하고 크게 내재되어 있던 생산동력으로 전환됨으로써 억만 인민대중의 아름답고 행복한 생활 추구를 목표로 인류 역사상 가장 큰 규모의 생산개발활동이 전개되었다.

개혁개방 이래 중국사회의 가장 중대한 변화 중 하나는 사회활동 증가로 중국인의 정신력이 달라졌다는 것이다. 억만 중국 인민들은 의욕적으로 스스로 중국의 공업화와 도시화, 현대화의 역사과정에 참여했다. 그리고 이 역사적 변화는 사회가치의 변화와 사회적 기대의 변화에서 비롯되었다. 신중국 수립 이전, 중국 절대다수의 사람들은 봉건토지제도와 관료자본주의제도의 속박과 압박 아래 놓여 있었다. 또 신중국 수립 이후 개혁개방 이전까지 중국의 절대다수 사람들은 정치와 법률상으로는 평등한 지위를 얻었지만 경제와 사회 신분상으로는 여전히 계획경제의 속박을 받고, 개인이 경제와 사회적 발전의 기회를 찾는 것은 한계가 있었으며, 잠재력을 발휘하는 것도 쉽지 않았다. 개혁개방의 사회적 의의는 사람들의 신분상의 제약을 풀고 경제와 사회에서의 자유 확대와 권리보장을 통하여, 특히 이전에 중국 인구의 절대다수를 차지하던 농민들을 신분의 속박에서 벗어나게 함으로써 중국 인민들에게 새로운 사회적 기대를 심어주었다는 데 있다. 즉 개인이 노력만 하면 사회적 이동과 신분변화, 부를 이룰 기회를 얻을 수 있게 되었다는 것이다. 이로써 중국 사회발전의 적극성은 수많은 인민 개인의 욕구와 충동으로 변하여 중국 사회의 발전은 점점 돌이킬 수 없는 지경에 이르고 중국 경제발전의 거센 흐름은 거침없이 나아갔다.

개혁개방 이래, 중국사회는 많은 인민 대중, 특히 많은 농촌과 농민에게 경제적 자유를 허용하고 인민의 경제적 권리와 권익을 보장함으로써 그 결과 인민의 정신력을 철저히 변화시키고, 사회의 경제상황을 바꾸어 놓았다. 1978년 이전의 중국에는 민영기업이 거의 전무하고 자영업자 수도 매우 적었으며, 경제활동도 대부분 정부의 계획 당국이 통제했다. 그런데 개혁개방 30여 년 동안 중국 인민의 기업가정신이 전례 없이 높아지면서 2012년 9월까지 중국에 등록한 민영기업 수가 천만을 돌파하여 1,059.8만 개나 되고 기업의 등록자금은 29.8조 위안에 이르면서 기업 평균 등록자금은 281.3만 위안에 달했다. 그리고 같은 기간 중국의 자영업자 총수는 4,000만 가까운 3,984.7만에 달하고 자영업자의 등록자금 총액은 1.88조 위안에 달했다. 2012년 민영경제가 GDP에서 차지하는 비중은 이미 60%를 넘어섰다.[10] 중국의 개혁개방은 인류 공업화 역사상 가장 큰 규모의 한차례 창업활동을 이루어냈고, 이 모든 것은 경제적 자유와 권리의 허용과 보장에서 비롯되었다. 그러한 30여 년간의 중국 개혁개방 역사에서 가장 구체적이고 생생한 전형적인 사례는 당연히 저장성 이우(義烏)의 발흥이라 할 수 있다.

중국은 개혁개방 30여 년 동안 획기적인 발전을 이뤄 이제 세계 제2대 경제체가 되었다. 현 단계의 중국경제는 제조업의 눈부신 성장으로 '세계의 공장'으로 불리고 있다. 그리고 미국이나 영국 등과 같은 경제강국의 서방 선진경제체가 발달된 금융업으로 세계 경제 흐름을 이끌고 세계 경제의 운영을 통제하고 있다. 한편, 뉴욕의 '다우존스의 30가지 공업주 평

---

10   〈중국에 등록된 개인기업 수가 천만을 돌파했다〉, 신화망, 2013.2.1.(http://news.xinhua net.com/fortune/2013-02/01/c_114587467.html).

균 가격 지수', '나스닥 지수', '시카고 선물지수' 등과 같은 중요한 경제지표와 금융운용 상황의 각종 '지수'들이 서방 선진경제체의 지표와 상징이 되었다. 중국경제는 지금 세계 선두로 올라서고 있으나 현재 전 세계적으로 의미를 가진 중국의 경제지수는 속칭 '이우지수'라고 불리는 중국 상무부의 '중국 일용잡화지수' 하나뿐이다. 이 경제지수는 중국 상무성에서 매일 이우의 일용잡화 시장에서 수집하여 한데 모으는 것으로 '이우지수'는 전 세계 주요시장의 일용잡화 가격수준을 일부 반영한다.

이렇게 현 단계 중국경제의 상징으로 명성이 자자한 이우는 의외로 30년 전에는 그저 저장성 중부에 위치한 빈곤하고 낙후된 곳으로 널리 알려진 외진 곳에 불과했다. 1982년만 해도 이우는 면적이 고작 2.8㎢인 작은 하나의 현성(縣城, 현 정부 소재지: 역주)이었고, 이우 주민의 일인당 경작지는 0.5묘(畝, 중국식 토지면적 단위로 1묘는 약 667㎡이다: 역주)도 되지 않았으며 그마저도 땅이 척박하여 끼니문제도 해결할 수 없었다. 그리고 그해 이우의 도시화율은 10%가 채 되지 않았다. 하지만 30년도 안된 시간 동안 이우에는 천지가 뒤집힐 만한 변화가 일어났으니, 하나의 낙후된 작은 현성에서 유엔과 세계은행, 모건스탠리 등 권위 있는 기구들로부터 '전 세계 가장 큰 일용잡화 도매시장'으로 인정받을 만큼 발전한 것이다. 이우는 현재 시장 면적이 70㎡이고, 취급하는 상품이 170만 종으로 시장 매매 총액은 놀라울 정도로 늘어나 24년간 1,100배가 증가했다. 2012년, 이우는 지역 생산총액 803억 위안, 공공재정 총수입 101.5억 위안을 달성했고, 수출입 총액은 93.5억 달러를 실현하면서 도시와 읍 주민들의 일인당 가처분소득은 44,509위안, 농촌 주민의 일인당 순수입은 19,147위안에 이르렀다. 그리고 현재 이우의 도시화율은 이미 65%를 달성했다.

이우의 믿기 힘든 기적은 실제로 일어났으며 이 모든 것이 30년 전한 번의 정책 조정에서 비롯되었다. 1982년 9월, 그곳 빈곤층의 강력한 요구 아래 이우 현 위원회와 현 정부는 자유시장 거래를 허용하기로 결정하고 훗날 광범위하게 칭송되었던 이른바 '4가지 허가'라는 유명한 결정을 내렸다. 이것은 바로 농민들이 도시로 나가 장사하는 것 허가, 농민들의 장거리 운송판매 허가, 도시와 농촌 간의 시장 개방 허가, 다방면의 경쟁 허가의 네 가지였다.[11] 지금에 와서 보면 조금 이해하기 어려운 이 결정이 세계에서 가장 큰 상업 발전의 기적을 이루어냈으니, '4가지 허가'를 중국의 '5개조 서약문'이라 할 만하다. 메이지유신 중 '5개조 서언'은 일본 대중의 정신을 일깨웠고, '4가지 허가'는 이우 인민들의 무한한 의욕과 창조성을 솟아오르게 함으로써 인간기적을 만들어냈다.

이우의 변화 및 중국 개혁개방 이래 전체 사회의 발전과정은 공업화 시대의 소박한 하나의 진리, 즉 인민에게 권리를 보장해 주면 경제발전의 끝없는 동력을 얻을 수 있다는 것을 여실히 증명하고 있다.

(3) 권력집중: 전략적인 발전 실현

개발도상국이 후발자 우위를 지녔는지 아닌지는 단순히 경제문제가 아니라 상응하는 정치적 조건을 갖췄는지가 필요하다. 정치적 조건에서 가장 중요한 것은 바로 경제발전을 해나가는 데 있어서 정부가 기획력과 조직력, 그리고 공공서비스를 제공하는 역할을 충분히 발휘하여 경제의 집약적인 발전을 추진하고 경제발전의 효율을 향상시킬 수 있는지의 여부이다. 또한 한 국가의 정부가 이러한 역할을 갖추었는지는 나아가 그 국

---

11   중국사회과학원 〈이우 발전의 문화적 근원 탐색〉 연구팀, 『이우 발전의 문화적 근원』, 사회과학문헌출판사, 2007, 5-10면 참조.

가의 정치제도에 달려 있고, 어떤 정치제도 아래 정부가 반드시 자원의 집중과 배분 능력, 즉 덩샤오핑이 말했던 "역량을 집중하여 대사를 도모"하는 능력을 지녔는지에 달려 있다.

중국의 정치제도는 정부가 자원을 집중시켜 발전을 추진하고 경제 사회 발전에 있어서 조직적이고 조정적인 역할을 할 수 있는 능력을 부여했는데, 이야말로 중국 정치제도가 경제사회 발전과 성장을 추진하는 데 있어 역할을 발휘하는 또 다른 측면이다. 인민의 권리를 보장하여 인민의 의욕을 고취시키는 동시에 인민의 지혜와 역량을 집중시켜 국가 경제의 전략적 발전에 이용하는 것이다. 이른바 전략적 발전이란 정부의 조직 계획과 추진 아래 집약적이고 고효율적인 공업화 진행과정을 갖추는 것을 말한다. 권력 집중이 정부가 모든 것을 독점한다는 의미는 아니다. 개혁개방 이전의 고도로 중앙집권화된 계획경제 체제하에서는 정부가 만능형 권력으로 경제 사회의 모든 방면을 다 커버했는데, 이렇게 고도로 집중되고 명령식인 경제 관리 유형은 바로 경제체제 개혁의 첫 대상이었다.

경제체제 개혁으로 고도로 중앙집권화된 계획경제 체제가 막을 내렸고, 정부가 경제를 관리하는 방식도 그에 따라 변화함으로써 정부가 거시경제 관리의 어떤 기능을 갖춰야 하는 것이 개혁개방 초기 중국이 반드시 마주해야 할 큰 문제였다. 1982년에 시작하여 3단계로 나누어 중국공산당은 6차에 걸쳐 정부기구의 개혁을 단행하였고, 정부가 무엇을 풀고 무엇을 규제해야 하는지를 모색하면서 점차 정부의 경제적 기능의 역사적 전환을 실현했다.

끊임없는 개혁 모색을 거치면서 정부의 경제적 기능에 대한 인식도 차츰 분명해졌다. 중국 정부의 경제적 기능은 경제에 대한 거시조정, 발전전략 계획 수립, 지역발전 협력, 인프라 건설과 공공서비스 제공 등 몇 개

[사진 3-2] 20세기 80년대 이우의 첫 일용잡화시장

[사진 3-3] 20년 후 이우의 제5세대 일용잡화시장

방면으로 주로 집중되었다.

첫째, 시장경제 운용을 조정한다.

거시조정은 정부가 경제정책, 경제법규, 경제·사회 발전 계획과 필요한 행정관리를 이용하여 시장경제에 대해 조정을 진행하는 것이다. 거시조정의 목표는 경제성장 촉진, 취업 증대, 물가 안정, 국제수지의 균형유지 등이다. 정부의 각종 경제적 기능 중 거시조정이 가장 중요하고 기본적인 기능이다.

영국 경제학자 케인스는 거시조정의 개념을 만들었고, 중국은 사회주의 시장경제를 시행하면서 거시조정에 새로운 의미를 부여했다.

중국의 거시조정 개념은 거시조절 - 거시통제 - 거시조정의 과정을 거쳐 형성됐다. 개혁개방 이래 중국의 첫 번째 대규모 거시조정 시행은 20세기 90년대에 나타났다. 1992년, 덩샤오핑의 남방순시 연설과 중국공산당 제14차 전국대표대회 정신은 각 지역과 각 부문 및 일반 간부와 대중의 의욕을 크게 북돋우며 전국적으로 유례없는 왕성한 발전 추세 양상을 나타냈고, 국민경제의 고속 성장을 강하게 추진했다. 하지만 다른 한편으로는 신구체제의 마찰, 특히 옛 통제시스템은 차츰 효력을 잃고 새로운 거시조정 시스템은 미처 완비되지 못함으로써 경제발전과 동시에 투자와 소비 양 방향의 팽창과 사회모금, 금융기구 설립 등 '과열' 현상이 나타나 35개 대도시와 중도시 주민들의 생활비가 두 자릿수로 상승하는 결과를 초래하기도 했다.

1993년 6월, 중국공산당은 거시조정의 16개조 시책을 발표했다. 거기에는 주로 적정 긴축재정 정책과 화폐정책 시행, 금융질서와 유통경로 정비, 투자규모 통제, 가격 관리감독 강화 등이 포함되었다. 그렇게 1996년 하반기까지 거시조정은 뚜렷한 성과를 거두어 금융질서가 빠르게 호전되었고 물가 상승폭도 내림세로 돌아섰으며, 통화팽창도 억제되었다. 또한 적정 긴축재정의 거시정책 환경하에서도 경제는 여전히 꽤 빠른 속도의 성장을 유지하며 경제 '연착륙'을 실현했다.

1997년 아시아 금융위기가 터진 이후 중국 정부는 어려움을 견디며 런민비를 평가절하하지 않겠다고 약속하고, 거시경제 조정정책 역시 그에 상응하는 정비를 하고 내수를 확대시키는 노력과 경제성장을 자극하는 정책을 채택하였다. 그렇게 1998년부터 일련의 조치들을 시행하기 시작했으니, 연속적으로 대규모의 국채를 발행하여 정부투자를 늘리고 인프라 건설을 확대하는 한편 사회 총수요를 진작시키며, 대학 모집인원을 늘리고 휴일경제(休日經濟, 중국정부가 내수 진작을 위해 정책적으로 공휴일을 늘리면서 등장한 신조어: 역주)를 발전시켜 소비수요를 자극하는 것 등이었다. 이러한 각종 거시조정 정책의 조화로 우리나라 경제 성장 속도는 안정적인 반등을 보이며 강세를 나타냈다.

2008년 국제 금융위기 발발 이후 전 세계의 경제성장은 뚜렷한 둔화세를 보이고 외부 수요가 현저히 감소하면서 우리나라의 전통적 경쟁우위도 점차 약화되어 중국 경제도 중대 고비에 맞닥뜨렸다. 중국 정부는 국내외 경제 상황을 분석한 기초 위에서 거시적 경제정책을 조정하여 거시적 조정의 역점을 경기의 급속 하락 방지로 돌리고 적극적인 재정정책과 적정 수준의 완화적 통화정책을 실시했다. 그리고 국내 수요, 특히 소비수요 확대와 경제안정, 금융안정, 자본시장 안정, 사회정세 안정 유지에 주력했다. 2008년 11월 초, 국무원 상무회의에서는 국제사회에서 내수 추가확대와 경제성장 촉진에 관한 10개 항의 대책을 세웠다. 국제사회에서 '중국 4조 위안 경기부양책'이라 불린 이 10개 항의 대책에는 보장성 비영리 주택건설 프로젝트 가속화, 농촌 인프라 건설 가속화, 철도와 도로·공항 등 중대 인프라 건설 가속화, 의료와 문화·교육사업 발전 가속화, 생태환경 건설 가속화, 자주혁신과 구조조정 가속화, 지진 재해지역의 재해 후 각종 재건작업 가속화, 도시와 농촌 주민소득 향상, 부가가치세의 전면적 개혁 실시와 기업의 기술혁신을 장려 및 기업의 부담을 줄이기 위한 경제발전에 대한 금융의 지원 강도 확대 등을 포함하고 있다.[12]

둘째, 경제발전의 전략적 계획을 수립한다.

중국의 가장 중요한 경제사회 발전의 전략적 계획은 중장기계획인 '5개년 계획'이다. 1953년 제1차 '5개년 계획' 수립을 시작으로 현재 12차에 걸친 '5개년 계획'이 추진되었다. 그리고 1981년에 실시된 제6차 '5개년 계획'부터는 국민경제발전 외에 사회발전의 내용이 추가됨으로써 '국민경제와 사회발전 계획'이 되었다. 사회주의 시장경제체제에서 경제사회 발전 계획은 거시조정의 중요한 수단 중 하나이다.

신중국 수립 초기부터 개혁개방 전까지 시행한 것은 고도로 집중된 계획경제체제였다. 이는 명령식 계획으로 사회생산과 자원분배, 제품소비의 전 과정을 관리하는 것이었다. 이런 체제는 전국의 인력과 물자, 재원을 효율적으로 동원하여 비교적 짧은 시간 내에 상대적으로 독립된 산업 시스템과 국민경제 시스템을 세운다는 측면에서 중요한 역할을 하기도 하지만 폐단 역시 두드러져서 계획경제하에서 기업은 사실상 행정부문에 종속되어 자주경영이 안 되고 손익에 대한 책임도 없었다. 미시적 경제활동에 대한 지나친 간섭은 생산과 수요 사이의 조화를 깨뜨리고 기업과 노동자에 대한 동기부여 장치가 부족하게 되어 효율 저하를 초래하게

---

12   〈국무원 상무회의에서 세운 내수확대와 경제성장 촉진 대책〉, 중앙정부 포털사이트(http://www.gov.cn.ldhd/2008-11/09/content_1143689.htm).

된다. 즉 현실을 벗어난 계획은 커다란 낭비를 불러올 수 있다는 것이다.

계획체제 개혁은 경제체제 개혁의 최초의 착안점이다. 1979년 12월, 덩샤오핑은 "우리는 계획경제를 위주로 하면서 시장경제도 결합시켰지만 이는 사회주의의 시장경제이다."라고 밝혔다.[13] 국무원은 국가 발전계획 위원회에 계획체제 개혁방안을 만들라고 요구하면서 '큰 영역은 효율적으로 통제를 잘하고, 작은 영역에서는 융통성을 발휘하라'는 것과 '행정기능 간소화와 권한 이양(簡政放權)'도 요구했다. 1984년 10월, 국무원은 국가 발전계획 위원회의 <계획경제체제 개선에 관한 몇몇 잠정 규정>에 회답하여 국민경제와 사회발전계획은 5개년 계획을 주요 형식으로 하면서 점차 연간계획을 간소화하고 장기계획을 수립하는 동시에 업종계획, 지역계획, 국토계획, 몇몇 특별계획의 편성을 제기했다. 1987년 중국공산당 제13차 대표대회에서는 '계획과 시장 내 통일된 체제'를 제기하며 계획과 시장의 역할 범위는 모두 전 사회를 아우르는 것으로 당연히 '국가가 시장을 조정하고 시장이 기업을 이끄는' 구조를 수립해야 한다고 밝혔다. 국가경제의 각 영역 중 지지와 규제의 중점을 명확히 하는 것은 산업구조를 조정하고 거시조정을 진행하는 중요한 근거이다. 1992년 10월 중공 제14차 대표대회에서는 "국가계획은 거시조정의 중요한 수단 중 하나이다. 계획의 개념을 새로 바꾸고 계획방법을 개선하려면 중요한 것은 국민경제와 사회발전의 전략 목표를 합리적으로 잡아 경제발전 예측과 총량 조절, 중대 구조와 생산력 배치계획을 잘 시행하고, 필요한 재원과 물자를 주요 건설에 집중시키며, 경제 조정수단을 종합적으로 운용하

---

13   덩샤오핑, 「사회주의도 시장경제를 시행할 수 있다」, 『덩샤오핑 문선』 제2권, 인민출판사, 1994, 236면.

여 더 빠르고 나은 경제 발전을 촉진해야 한다."고 밝혔다.[14]

개혁을 거치면서 중국의 국민경제와 사회발전 계획의 지위와 역할, 기능은 이미 명확해졌다. 국가계획은 정부가 거시조정을 강화하는 중요한 수단이다. 국가계획은 발전을 위한 중대 전략과 기본 임무, 산업정책을 제시하며 거시성과 전략성, 정책성, 방향성을 가진다. 계획은 국민경제 전반에 관계되는 일부 중요한 영역과 중대 경제활동에 대해 지도와 협조, 조절의 기능을 가지고, 전 사회의 경제활동에 대해 매우 중요한 정보 유도 역할과 선도 역할을 가지며, 사회 자원의 합리적 배치에 대해 선도와 촉진 역할을 한다.

셋째, 지역발전에 협력한다.

중국은 인적자원의 분포가 불균형한 국가로 '아이후이-텅충선'은 인구분포분계선일 뿐 아니라 지연지리 분계선, 기후와 자원분포의 분계선이기도 하다. 중국에서 공업화와 현대화를 실현하려면 지역과 부문별 발전에 있어 협력문제를 반드시 해결해야 한다.

1957년 마오쩌둥은 성과 시 자치구 당위원회 서기회의의 연설에서 "통주겸고(統籌兼顧, 여러 방면의 일을 통일적으로 계획하고 돌보다: 역주)와 각득기소(各得其所, 모든 것이 있어야 할 곳에 있게 됨: 역주)는 예로부터 우리의 방침이었다."고 밝혔다.[15] 같은 해 그는 〈인민 내부 갈등의 정확한 해결에 관한 문제〉에서 "우리의 방침은 통주겸고와 적절한 배치이다."라고 밝혔다.[16] 그리고

---

14   장쩌민, 「개혁개방과 현대화 건설의 발걸음을 가속화하여 중국 특색 사회주의 사업의 더 큰 승리를 쟁취하자」, 『14차 대표대회 이래 주요문헌 선편』, 인민출판사, 1996, 20면.

15   마오쩌둥, 「성자치구 당위원회 서기회의에서의 연설」, 『마오쩌둥 문집』 제7권, 인민출판사, 1999, 186면.

16   마오쩌둥, 「인민 내부 갈등의 정확한 해결에 관한 문제」, 『마오쩌둥 문집』 제7권, 인민출판사,

덩샤오핑은 "우리는 반드시 통주겸고의 원칙에 따라 각종 이익의 상호관계를 조정한다."[17] "현대화 건설의 임무는 다각적이므로 각 방면의 종합적인 균형이 필요하며 한 가지에만 몰두해선 안 된다."[18]고 일찍이 지적한 바 있다. 한편 장쩌민은 더 나아가 "개혁개방은 위대하고 복잡한 하나의 체계적 사업이므로 각 방면에서 반드시 상호 협력과 상호 조화를 이루어야 하며 두루 다 돌보지 못하고 한쪽으로만 치우치면 최후의 성공은 얻을 수 없다…… 우리는 일을 하는 데 있어 반드시 여러 방면의 일을 통일적으로 계획하고 돌봐야 한다."고 지적했다.[19]

중공 제16차 대표대회 이래 통주겸고에 대한 인식은 한층 더 심화되었다. 2003년 중공 제16차 삼중전회에서 통과된 〈중공중앙의 사회주의 시장경제체제 일부 문제에 관한 결정〉에서는 "인간중심 견지, 전면적이고 협력적이며 지속가능한 발전관 수립, 경제사회와 사람의 전면적인 발전 추진"이라는 과학적 발전관을 제기했다. 그리고 "도시와 농촌 발전 총괄, 지역 간 발전 총괄, 경제사회 발전 총괄, 인간과 자연의 조화로운 발전 총괄, 국내발전과 대외개방 총괄"(약칭 '5총괄')의 새로운 요구를 내놓았다. 이렇게 과학적 발전관은 중국공산당의 집권이념 중 하나로 확립되었다.

중공 16차 대표대회 이후 지역 협력발전 측면에서 국가는 잇달아 서부대개발 추진과 동북 옛 공업기지 진흥, 중부굴기 등 중대전략을 내놓았다.

1999, 228면.

17 덩샤오핑, 「4가지 기본원칙 견지」, 『덩샤오핑 문선』 제2권, 인민출판사, 1994, 175면.

18 덩샤오핑, 「현재의 정세와 임무」, 『덩샤오핑 문선』 제2권, 인민출판사, 1994, 250면.

19 장쩌민, 「학습의 강화와 개선을 논하다」, 『장쩌민 문선』 제2권, 인민출판사, 2006, 307면.

2002년 11월, 중공 제16차 대표대회에서는 '서부대개발의 적극적인 추진과 지역경제의 협력발전 촉진'을 확정했다. 서부대개발 전략의 포괄적 범위는 충칭, 쓰촨, 귀이쩌우, 윈난, 시짱자치구, 산시(陝西), 간쑤, 칭하이, 닝샤후이족자치구, 신장위구르자치구, 네이멍구자치구, 광시쫭족자치구 등 12개 성과 자치구, 직할시를 포함한다. 2006년 국무원은 〈서부대개발 '제11차 5개년 계획(11.5)'〉 실시를 비준했다. 서부대개발 '11.5' 계획은 이미 순조롭게 완성되어 서부 지역의 종합 경제력은 대폭 상승했다. 2000-2008년까지 서부 지역의 생산총액은 16,655억 위안에서 58,257억 위안으로 늘어나 연평균 11.7% 증가했다. 그리고 이 지역 생산총액이 전국에서 차지하는 비중은 1999년 17.5%에서 2010년 18.6%로 증가했고, 1인당 평균 생산총액은 58%에서 68%로 늘어나 전국 평균수준을 웃돌며, 주요 경제지표의 연평균 증가속도도 전국 평균수준보다 높다. 2000-2008년까지 공업증가액은 5,946억 위안에서 약 24,000억 위안까지 늘어났다. 또 전 사회 고정자산 투자는 6,111억 위안에서 35,839억 위안으로 늘어나 연평균 22.9% 증가했고, 사회 소비재 총매출액은 5,954억 위안에서 19,239억 위안으로 늘어나 연평균 14.9% 증가했다. 수출입 무역 총액은 172억 달러에서 1,068억 달러로 증가하여 연평균 25.6%의 증가율을 보였고 인민 생활수준도 현저히 향상되어 2010년 도시와 농촌 주민의 수입이 2005년보다 각각 80.0%와 85.7% 증가함으로써 도시와 농촌 상황에 역사적 변화가 일어났다. 2000-2012년까지 서부대개발에서 새로 착공한 중점 공정 187건의 총 투자규모 누계는 3.68억 위안에 달한다. 서부 지역의 인프라와 생태환경 건설은 획기적 진전을 이뤘고, 특색 있는 비교우위 산업도 왕성하게 발전했다.

20세기 90년대, 동북 옛 공업기지의 많은 국유기업들이 변화와 신구체제의 마찰, 역사적으로 남은 문제에 직면하여, 생산 전면 중단과 부분 중단에 들어가면서 적자폭과 손실액이 꾸준히 늘어 많은 직원들이 회사를 떠나 실직함으로써 동부 옛 공업기지에 어려움이 중첩되었으니 이를 두고 '동북현상'이라 부른다. 2003년 10월, 중공중앙 국무원은 〈동북지역 등 옛 공업기지 진흥전략에 관한 몇몇 의견〉을 발표하고 동북지역 등 옛 공업기지 진흥전략에 시동을 걸었다. 그리고 뒤이어 동북지역 각 성과 시의 진흥계획이 연달아 등장했다.

동북지역 등 옛 공업기지 진흥전략 실시 이후 동북지역의 발전은 중요한 단계적 성과를 이뤘다. 2010년 동북 3성은 지역 생산총액 37,090억 위안으로 동기 대비 13.6%의 증가를 보였다. 그리고 2011년에는 동북 3성의 경제총량이 4.5억 위안에 이르렀고, 2012년에는 동북 3성의 GDP 총액이 5.04조 위안으로 경제발전 속도가 전국 평균수준보다 높았다. 한편, 동북 3성의 투자환경 개선으로 외부기업의 투자유치가 늘어나면서 고정자산 투자의 증가율이 전국 증가율을 크게 웃돌았다. 2004-2008년까지 동북 3성의 전 사회 고정자산 투자가 연평균 30% 이상을 유지했고, 2011년 동북지역의 고정자산 투자는 3.27조 위안으로 증가율이 30.4%였다. 그리고 2012년 동북지역의 투자는 41,243억 위안으로 26.3%가 증가했다. 또한 동북지역의 곡물생산량은 2004년의 7,230만 톤에서 2012년에는 1억 1,800만 톤으로 증가하여 전국 곡물생산량의 '9년 연속 증가'를 실현하는 데 큰 공헌을 했다. 2003-2007년까지는 동북 3성의 재정수입은 안정적으로 증가하면서도 증가율은 국가 수준을 밑돌았지만 2008-2012년까지 동북 3성의 재정수입 증가률은 전국 평균수준을 넘어서서 몇 퍼센트 상회했다.

중부굴기전략이 포괄하는 범위는 산시(山西), 안후이, 허난, 후베이,

후난, 장시의 6개 성이다. 개혁개방 이후 동남부 연해지역의 경제는 급성장을 했지만 중부지역의 경제발전수준은 동부지역에 훨씬 못 미쳤다. 또 서부대개발 전략 실시 이후 서부지역의 경제발전은 강세를 보인 반면 중부지역은 발전속도 면에서 서부에 뒤떨어졌다. 중부는 발전수준으로 말하면 동부보다 못하고, 발전속도로 말하면 서부보다 못하여 '중부함몰' 현상이라 불린다. 이에 중부지역의 발전을 가속화하기 위해 2006년 4월, 중공중앙 국무원은 〈중부지역 굴기 추진에 관한 몇몇 의견〉을 정식 발표했다. 한편 원쟈바오가 2004년 3월에 정부 업무보고에서 처음으로 중부지역 굴기 추진을 제기한 바 있다. 그리고 2006년 3월 27일, 중공중앙 정치국은 회의를 열어 중부지역의 굴기사업 추진을 논의했다. 2009년 9월에 국무원은 〈중부지역 굴기 추진계획〉을 원칙적으로 통과시켰고, 2010년 9월 6일에 〈국무원의 중서부지역의 산업 인수와 이전에 관한 지도의견〉이 정식으로 등장했다.

중부굴기전략이 실시된 동안 중부지역의 각종 사업이 빠르게 발전했다. 2005-2010년까지 중부지역의 GDP 연평균 증가폭이 15.3%에 달하면서 전국 평균수준을 5% 초과했고, 1인당 평균 GDP 연평균 증가폭을 13.5%를 넘어서면서 동기 전국 평균수준보다 1.1% 높았다. 또 경제총량의 경우 전국에서 차지하는 비중도 2005년의 18.8%에서 2010년 19.7%로 상승했고, 곡물생산량은 7년 연속 증가하여 생산량이 전국에서 30% 이상의 비중을 안정적으로 차지하고 있다. 수출입상품 총액은 연평균 31.5% 증가하여 동기 각 성의 대외무역 연평균 성장률이 동기 모든 성의 생산총액 증가율을 훨씬 웃돌았다. 2010년 중부 고정자산투자의 증가속도는 동부와 서부보다 높았고, 사회소비재 총매출액의 증가율은 전국 1위를 차지했다. 2011년 중부의 6개 성 모두 '조 클럽(중국 대륙의 1년 GDP가 1

조 위안이나 그 이상인 도시를 가리키는 말: 역주)'에 들어갔다. 2012년 중부 6개 성의 GDP 평균 성장률은 10.9%로 전국 평균 성장률보다 3% 높았다. 그리고 중부 6개 성의 경제총량이 전국에서 차지하는 비중은 2005년의 18.8%에서 2012년 20.2%로 늘어났다.

넷째, 인프라 건설을 추진한다.

개혁개방 이전의 투자체제는 고도로 집중된 계획경제체제와 서로 상응했다. 투자 주체는 정부이고 투자정책을 결정하는 것도 정부 수중에 고도로 집중되어 있었으며, 투자 자금의 출처는 단일한 재정자금이었고, 투자관리는 직접 물자를 조달하고 무상분배하는 규정을 적용했다.

그런데 개혁개방 이후에 중국의 투자체제에 커다란 변화가 일어났다. 1993년 중공 제14차 삼중전회에서 통과된 〈사회주의 시장경제체제 건설에 관한 몇몇 문제에 관한 결정〉은 투자 항목을 공익성, 기초성, 경쟁성의 세 가지로 나누어 제시했다. 공익성 항목은 정부가 투자하여 건설하는 것이고, 기초성 항목은 정부의 투자를 위주로 하여 폭넓게 기업과 외자참여 투자를 끌어들이는 것이며, 경쟁성 항목은 기업이 투자하여 건설하는 것이다. 그리고 국가의 중대 건설사업은 통일된 계획에 따라 국가개발은행 등 정책성 은행이 재정 투융자와 금융 채권 등의 자금루트를 통해 지분 보유, 주식출자, 정책성 우대 대출 등 다양한 형식을 취하여 진행한다. 한편, 기업 법인은 계획, 자금조달, 건설에서 생산경영, 대출 원리금 상환 및 자산 보호, 증식에 이르기까지 전 과정에 대해 책임을 진다. 사회공익성 항목 건설은 사회 각계 자금을 광범위하게 끌어들여 중앙과 지방의 직권 구분에 따라 정부가 재정 총괄을 하여 안배한다.

2004년 〈국무원의 투자체제 개혁에 관한 결정〉에서는 정부의 투자는 국가 안전과 시장이 효율적으로 자원배분을 할 수 없는 경제와 사회

영역에 주로 쓰이며, 여기에는 공익성 강화와 공공 인프라 건설, 생태환경 보호와 개선, 저개발지역의 경제와 사회 발전 촉진, 과학기술 발전과 첨단 기술 산업화 추진 등이 포함된다고 규정하고 있다. 사회가 투자하여 건설 할 수 있는 항목은 되도록 사회자금을 이용하여 건설하고, 중앙정부와 지 방정부의 투자 직권을 합리적으로 구분하여 정부의 투자는 본급 정권 등 의 건설 외에 지역과 유역을 뛰어넘고 경제와 사회발전 전반에 큰 영향을 미치는 항목에 주로 안배한다는 것이다.

1954-2008년까지 농업 인프라, 곡물과 면화 상품 생산기지, 방호림 프로젝트와 건설에 투자된 누적액은 20,531억 위안으로 연평균 10.6% 가 증가했다. '제11차 5개년 계획' 기간 동안 농업의 물적 기술장비 수준 이 점진적으로 향상되면서 전국 농경지의 유효 관개면적이 9.05억 묘에 이르고, 절수 관개면적은 4.1억 묘에 달하며, 주요 농작물의 파종과 수확 의 종합적인 기계화 수준과 농업 과학기술의 발전 기여율은 평균 52%에 달한다. 그리고 5년 동안 2.1억 농촌 인구의 안전한 식수문제를 해결하였 고, 대부분 농촌 지역의 전력도 기본적으로 도농 일체화 관리와 서비스를 실현하였으며, 새로 건설되거나 재건한 농촌의 도로는 186만km가 넘고 농촌의 메탄가스 사용자는 4,000만 가구에 달함으로써 농촌 비영리성 주 택 건설 프로젝트가 순조롭게 진행되었다. 또한 5년 동안 완성된 조림 면 적은 2,527만 헥타르로 산림점유율이 20.36%이고, 새로 정비가 추가된 수토유실 면적은 23만㎢, 사막화된 면적은 1,081만 헥타르, 그리고 새로 '3화(三化)'로 정비가 추가된 초지는 8,017만 헥타르, 퇴목환초(退牧還草, 목 축지를 초원으로 전환: 역주)는 3,240만 헥타르이다.

한편 남수북조공정은 완성단계에 들어섰다. 1959년 〈창장강 유역 이용계획 요점 보고〉에서 남수북조의 총체적 구상으로 창장강 상, 중, 하류에서 각각 물을 이동시키는 방안을 제기했다. 그렇게 몇십 년 동안 각고의 노력을 거치며 철저한 계획과 설계, 논증이 전개된 기반 위에서 남수북조공정의 전체 계획이 만들어지고, 동, 중, 서의 3갈래 물 이동 노선이 확정되었다. 계획된 물 이동의 총 규모는 448㎡로 완공이 되면 창장강과 황허, 화이허, 하이허에 공동으로 '4횡3종(四橫三縱)'의 전체 구조가 구성되어 전국 수자원의 남북분배와 동서구제의 목표가 실현될 것이다. 2002년에 정식으로 착공한 남수북조공정은 그 건설계획에 따라 동선 1기 공정으로 2013년에 물꼬가 트였고, 중선 1기 공정은 2013년에 완공되어 2014년에 물이 불어난 후 물 공급을 시작했다.

철도 운행길이는 1949년의 2.18만km에서 2012년 연말 9.8만km로 늘어나면서 세계 2위를 차지했고, 고속철도의 운행길이는 9,356km에 달해 세계 1위에 올라섰다. 2013년 6월 말에 이르면 고속철도 건설 누적 길이가 약 12,060km가 될 것이다. 그리고 도로의 길이는 1949년의 8만km에서 2012년 423.75만km로 늘어났고, 그중 고속도로는 1988년의 0.01만km에서 9.62만km로 늘어났다. 이렇게 '5종7횡(五縱七橫)'의 국도 주간선의 틀이 잡히자 도로등급이 확실히 향상되고 도로 상황 또한 현저히 개선되면서 자동차 산업의 발전을 이끌었다.

또한 민간항공 건설도 장족의 발전을 이루었다. 2012년 연말 기준 우리나라 민간공항은 183개이다. 기존의 공항은 중국 내륙 77.7%의 지급 이상 도시와 76%의 소수민족자치주, 맹(盟), 지구(地區)의 수부(首府)를 커버한다. (중국의 행정구역 중 성급 아래의 2급 행정구역 단위를 지급행정구라 하며, 지구와 지급시, 자치주, 맹이 포함되고 각 행정구역의 인민정부 소재지를 수부라 한다: 역주) '제12차 5개년 계획' 기간 동안 우리나라는 새로 82개의 공항을 건설하고 26개의 공항을 이전 건설하며, 109개 공항을 확대 건설할 것이다. 그리고 36개

공항의 건설 사전 연구를 시작한다.

그리고 유선전화 사용자는 1949년의 22만 가구에서 2013년 2.74억 가구로 급증했다(2008년에 이미 3.4억 가구에 달했었다). 그리고 휴대폰이 생기고 2013년 3월까지 중국 공신부(工信部, 산업·정보화부: 역주)의 통계 데이터를 보면 중국의 이동통신 가입자는 11.46억 명으로 그중 2.7727억이 3G 사용자로 전체 사용자의 24.20%를 차지하고 8.1739억의 사용자가 이동인터넷에 접속하여 전체 사용자의 71.34%를 차지하고 있다.

다섯째, 기본적인 공공서비스를 제공한다.

중공 제16차 대표대회에서는 사회주의 시장경제의 조건하에서 정부의 기능적 위치는 "경제조정, 시장 관리감독, 사회관리, 공공서비스"라고 보고했다. 2010년 〈중공중앙의 국민경제와 사회발전 제12차 5개년 계획 결정에 관한 건의〉에서는 민생 보장과 개선에 힘쓰고, 반드시 국정에 적합하고 비교적 완벽하게 도농을 다 커버하면서 지속가능한 기본 공공서비스 체계를 점진적으로 보완해야 하며, 정부의 보장능력을 향상시키고 기본 공공서비스의 평준화를 추진해야 한다고 지적했다. 2008년 제17기 중앙위원회의 제2차 전체회의에서는 〈행정관리체계 개혁에 관한 의견〉을 나누면서 엄격한 시장 관리감독과 공정한 시장 진입 추진, 시장법 집행의 규범화, 인민의 생명과 재산의 안전에 관련된 영역의 관리감독 강화를 제기했다. 또한 사회관리를 보강하고 정부의 취업촉진과 소득분배 조정 기능을 강화하며, 사회보장체계를 개선하고 기층사회의 관리체계를 정비하여 사회안정을 유지해야 한다고 지적했다. 그리고 공공서비스를 더욱 중시하여 교육과 위생, 문화 등 사회사업의 내실 있는 발전에 힘쓰고, 건전하고 공평 공정하며 전 인민에게 혜택이 미치는 적당한 수준의 지속가능한 발전의 공공서비스 체계를 세워 기본 공공 서비스의 평준화를 추진한다고 발표했다.

신중국 수립 이래, 특히 개혁개방 이래 중국 정부가 제공한 공공서비스는 양적으로나 질적으로 모두 크게 향상되었다.

신중국이 막 수립되었을 당시 중국의 80% 이상 인구가 문맹이었고, 취학아동의 초등학교 입학률이 20%에도 못 미치고 중학교 입학률은 고작 6%에 불과했다. 그러다가 개혁개방 초기, 1978년의 초등학교 총 입학률은 94%, 중학교 총 입학률은 20%, 고등학교 총 입학률은 10%에 달했다(여기서의 총 입학률은 나이와 상관없이 입학한 학생의 수가 취학연령 인구 총수에서 차지하는 비율을 말한다: 역주). 1986년 전국인민대표대회에서 반포한 〈의무교육법〉에 따라 2000년까지 9년제 의무교육이 보급되면서 2012년에는 초등학교 학령아동의 총 입학률은 99.85%에 달했으며, 그중 남녀 아동의 총 입학률(여기서의 총 입학률은 학령기에 맞게 입학한 학생 수가 취학연령 학생 총수에서 차지하는 비율을 말한다: 역주)은 각각 99.84%와 99.86%에 달했다. 그리고 중학교를 졸업하고 상급학교로 진학한 비율은 88.4%였고, 고등학교 단계의 총 입학률(나이와 상관없는 입학률: 역주)은 85%에 달했다. 한편 2002년에는 고등교육기관 총 입학률(나이와 상관없는 입학률: 역주)이 15%였던 것이 2012년에는 30%에 달했다.

신중국 수립 초기, 중국의 위생사업은 경제적으로나 문화적으로 모두 뒤떨어진 상태였다고 말할 수 있다. 하지만 개혁개방 이후 공공의료사업이 빠르게 발전하며 2012년 인구 천 명당 개업(보조)의사는 1.94명, 정식 간호사는 1.85명, 의료위생기관의 침상 수는 4.24개였다. 그리고 전국 98.3%의 농민이 신형농촌합작의료사업에 참여하여 의료혜택을 받게 되었다. 한편, 중국의 평균수명은 76세에 달한다.

중국 경제는 후에야 발전우위에 올라서게 되었다. 국제 경제학계에서는 중국의 발전 원인 중 하나를 '후발자 우위'로 결론지었다. 하지만 세계 경제발전의 전반적인 상황으로 볼 때 진정으로 이른바 후발자 우위를 실현할 수 있는 국가는 많지 않다. 아시아에서는 한국과 싱가포르 및 우리나라의 타이완 지역 등 적은 경제체만이 전후 경제의 지속적인 급성장을 이루면서 부분적으로 후발자 우위라는 개념에 부합한다고 할 수 있다. 예를 들면 필리핀, 인도 등 더 많은 국가들은 전후 초기에 비교적 좋은 초기 조건이 있었지만 그후 여러 가지 원인으로 장기적 침체상태에 놓였다. 타고난 자연자원이 본래 좋았던 필리핀의 1960년 인당 평균소득은 아시아에서 2위를 차지했지만 일본을 따라붙은 후 줄곧 하향세를 타더니 지금은 동아시아 지역에서 멀찌감치 뒤로 떨어져 있다. 아시아, 더 나아가 세계의 대국 중에서 중국은 진정으로 후발자 우위를 실현했다고 말할 수 있는 소수의 개발도상국이다.

제4장
중국 민주주의 건설의 중점:
—— 협상민주에 대한 발전

중국 민주주의 건설의 중점: 협상민주에 대한 발전

중국공산당 제18차 전국대표대회는 당대표대회 보고형식으로 "협상민주"의 개념을 정식으로 확인했으며, 이것을 현시점의 중국특색의 사회주의 민주정치를 발전시키는 방향과 중점으로 확정했다. 민주정치를 협상민주와 선거민주라는 두 가지 형태로 구분하였는데, 이는 상당히 중국화된 민주정치 분류 방법으로, 중국특색이 있는 민주 개념을 반영한 것이다. 협상민주와 선거민주로 구분하고, 협상민주란 개념을 제기하고 협상민주를 중국 현 단계 민주정치 발전의 방향과 중점으로 확정한 것은 중국식 민주의 중요한 특색이자, 장기간 탐색으로 얻은 민주정치 건설의 중요한 경험이다.

1. 중국 협상민주의 유래와 발전

공개된 출판물에 의하면, 최초로 협상과 선거를 민주를 구분하는 기본 형식으로 삼은 것은 장쩌민이 1991년 3월에 한 논술이다. 장쩌민은 다음과 같이 지적했다. "인민이 선거와 투표를 통해 권리를 행사하고, 인민 내부의 여러 방면에서 선거와 투표 전에 충분한 협상으로 공통성을 띤 문제에 관한 일치된 의견을 최대한 얻어내는 것이 우리나라 사회주의 민주의 두 가지 형식이다. 이것은 서방의 민주와 비교 할 수도 없고, 서방이 이해할 수도 없는 것이다. 두 가지 형식이 한 가지 형식보다 좋으며, 사회주의 사회에서 인민이 나라의 주인이 되는 권리를 훨씬 더 진실하게 구현할 수 있다."[1]

당과 국가의 정식 문건에서 협상민주가 최초로 제시된 것은 2006년 《인민정협업무를 강화할 데 대한 중국공산당 중앙위원회의 의견》에서인데 이 문건은 다음과 같이 지적했다. "우리처럼 영토가 넓고 인구가 많은 사회주의 국가에서 국가경제와 인민생활에 관계되는 중대한 문제는 중국공산당의 영도 아래에서 광범위한 협상을 진행함으로써 민주와 집중의 통일을 구현했다. 인민이 선거와 투표를 통해 권리를 행사하는 것과 인민 내부의 각 방면이 중대한 정책결정전에 충분한 협상을 진행하여 공통성을 띤 문제에 관한 일치된 의견을 최대한 얻어내는 것은 우리나라 사회주의 민주가 가지는 두 가지 중요한 형식이다."[2] 이를 통해 "선거민주"와 "협

---

1   『장쩌민 중국특색 사회주의를 논함』, 중앙문헌출판사, 2002, 347면.
2   전국정협위원회판공실,중공중앙문헌연구실, 『인민정협 중요문헌 선집』(하), 중앙문헌출판사, 2009, 762면.

상민주"가 중국 특색 사회주의 민주정치의 두 가지 형식으로 처음 제기되었다.

2007년 11월 15일, 국무원 신문판공실은 《중국의 정당제도》라는 백서를 발표했으며, 처음으로 선거민주와 협상민주의 개념을 확인했다. 《중국의 정당제도》에서는 다음과 같이 지적했다. "선거민주와 협상민주가 서로 결합한 것이 중국 사회주의 민주의 커다란 특징이다. 중국에서 인민대표대회제도와 중국공산당이 영도하는 다당합작과 정치협상제도는 상호 보완하고 촉진한다."[3]

2009년 당시 중공중앙총서기를 맡았던 후진타오는 중국인민정치협상회의 성립 60주년 경축대회 연설에서 2006년《인민정협업무를 강화할 데 대한 중국공산당 중앙위원회의 의견》에 있는 두 가지 민주 형식에 관한 논단을 거듭 표명하고, 충분한 협상을 통해 공감대를 넓히고 힘을 결집시키는 것은 당의 영도 견지, 인민의 주인으로서의 권리행사, 법에 의한 국가관리를 유기적으로 통일시키는 데 있어서와 중국의 사회주의 민주정치의 발전, 그리고 중국특색의 사회주의를 견지하고 발전시키기 위해 각측의 적극성과 능동성을 충분히 동원시키는 데 있어 매우 중요한 의의가 있다고 강조했다.

전체적으로 볼 때, 중국에서 협상민주의 발전과정은 점진적 탐색을 통해 점차 총화되면서, 마지막에 이론적 개념과 제도적 규범으로 상승하는 과정을 거쳤는데, 그 기간 상당히 오랜 탐색과 발전 과정을 겪었다고 하겠다.

---

3 전국정협위원회판공실, 중공중앙문헌연구실, 『인민정협 중요문헌 선집』(하), 중앙문헌출판사, 2009, 763면.

(1) "삼삼제(三三制)"와 "구정협(舊政協)"

마오쩌둥은 1940년 신중국 창건 이전의 항일전쟁 시기 항일 민족 통일전선을 건립하고 다지기 위해 "삼삼제"의 정권 조직 원칙을 제시했다.[4] "삼삼제"를 시행한 목적은 중간 역량의 지지를 쟁취하는 것이었다. 이른바 "삼삼제"는 소시민, 중산계급, 그리고 개명신사(开明绅士) 대표자를 공산당이 영도하는 항일민주정권 안으로 흡수하는 것이다. 저우언라이(周恩来)는 이를 다음과 같이 정리한 적이 있다. "그 어떤 큰 당도 절대적 수의 우위로 다른 당을 억압해서는 안된다. 여러 방면의 인사들을 수용하고 자신의 주장으로 승리를 이룩해야 한다. 여러 방면의 인사들은 협상을 통한 합의로써 공통강령을 내와야 하며 이를 시정방침으로 삼아야 한다"[5]

항일전쟁에서 승리한 이후, 국민당과 공산당은 "쌍십협정(雙十協定)"에 서명하고, 1946년 1월에 각 방면이 참여한 정치협상회의를 소집하기로 토의 결정했다. 1949년에 개최한 중국인민정치협상회의와 구별하기 위해 역사적으로 이 회의를 "구정협회의"로 칭했다. 1946년에 개최한 정협 회의는 정부조직개편, 시정강령, 군대개편, 국민대회, 헌법 초안 등의 문제를 둘러싸고 격렬한 논쟁을 벌였는데, 결국 《군사문제에 관한 협의》등 다섯가지 결의를 형성했다. 회의에서 "국민당 정부의 조직개편에서 위원의 반은 국민당 이외의 인사로 충당한다"는 것을 의결했다.[6] 하지만 1946년 11월, 이 협정은 파기되는 순간을 맞게 되고, 짧았던 "구정협회의"는 파산을 선언했다. 그렇지만, "삼삼제"와 "구정협회의"는 모두 신민

---

4   관련 내용은 이 책 제3장 참조.
5   저우언라이, 「1년이래의 담판 및 전망」, 『저우언라이선집』(상), 인민출판사, 1987, 253면.
6   책임편집 후성, 「중국공산당의 70년」, 중공당사출판사, 1991, 238면.

주주의 시기 협상민주에 대한 중국인의 최초 탐색과 시도였다. 이런 시도는 이미 협상민주의 일정한 특징을 갖추었고, 신중국 창건 이후 정치협상회의제도를 확립하는 데 참고가 되었다.

(2) 협상민주 실천의 서막을 연 신정협

1949년에 개최된 중국인민정치협상회의는 신중국의 협상민주를 수립하는 새로운 실천을 시작하였다. 마오쩌둥주석은 이렇게 말했다. 신중국은 협상을 통해 나라를 세웠다. 1948년 4월 30일, 중국공산당은 전국 각 계층의 인민을 동원하여 신중국을 세우는 영광스러운 사명을 실현하기 위해 《"5·1"노동절 기념 구호》를 발표하여 "각 민주당파, 각 인민단체, 사회 저명인사들은 정치협상회의를 속히 열고 인민대표대회 소집과 관련한 문제를 토론하고 인민대표대회를 소집하며 민주연합정부를 수립 할 것"을 호소했다.[7] 신중국 창건 전야에, 중국공산주의자는 다시 한번 정치협상의 기치를 들었다. "5·1 구호"의 발표는 당시 중국의 각 민주당파와 광대한 무당파 민주인사들의 열렬한 호응을 얻었다. 각 민주당파의 주요 책임자와 사회 저명인사는 분분히 연명하여 중국 공산당에게 전보를 보내고, "신정치협상회의"의 개최와 각 민주당파가 참가하는 민주연합정부의 성립을 찬성한다는 내용을 전국에 알렸다.

1949년 9월21일에서 30일까지, 중국인민정치협상회의 제1차 전체회의가 열렸다. 이는 신중국의 건국 회의였다. 광범위한 협상의 기초위에서 회의에 참여한 46개 단위의 662명의 대표는 《중국인민정치협상회의 공동강령》·《중국인민정치협상회의조직법》·《중화인민공화국중앙인민

---

7   『중공중앙 문건선집』(14), 중공중앙당학교출판사, 1987, 111면.

[사진 4-1] 1948년 5월 2일《人民日报(인민일보)》에 실린 "5.1구호"

정부조직법》등 세 건의 신중국의 기초를 다지는 역사적인 문건을 통과시켰다. 《중국인민정치협상회의공동강령》은 신중국의 임시헌법이 되었고, 전체 중국 인민이 공동으로 준수하는 중국식 "대헌장"이 되었다. 《중국인민정치협상회의조직법》은 인민정협이 정치협상을 시종 자체의 임무로 삼는 것을 확정하였으며, 이를 조직적으로 또 제도적으로 확인하였는데, 이는 중국인민정치협상회의가 제도적 구상으로서 확립된 것을 의미하며, 정치협상이 이상적 이념과 제도적 구상에서 구체적인 제도와 실천을 향해 전환을 시작하였다는 것을 의미한다.

(3) 신시기 협상민주의 새로운 발전과 제도화

1957년부터 국내외 형세에 관한 판단 착오와 사상적 및 이론적 편차로 인해, 마오쩌둥을 수반으로 하는 중국공산당 지도부 인사들은 선후로 "반우파투쟁"과 "사청(四清)", 그리고 "1966-1976년" 등과 같은 일련의 잘못된 정치 운동은 국가를 올바른 궤도에서 이탈하도록 했고, 중국민주정치건설의 정상적 발전에도 심각한 혼란과 방해를 초래했다. 협상민주의 주요 담체였던 인민정협제도 역시 이 때문에 심각한 상처를 입었으며, 협상민주의 건설도 정체된 상태에 처했고, 심지어 정치협상회의도 정상적으로 열리지 못하였다.

1979년의 중국공산당 제11차 3중전회에서 개혁개방의 새로운 시기를 개창했다. 새로운 역사적 시기에 중국의 협상민주는 크나큰 발전을 이룩했으며, 광범위한 정치협상과 사회협상을 내용과 특징으로 하는 협상민주 제도를 이룩하였다.

중국공산당 제11차 삼중전회 이후 얼마 지나지 않아 덩샤오핑은 다음과 같이 지적했다. "중국공산당의 지도하에서 다당파의 합작을 시행한다. 이것은 우리나라의 구체적인 역사적 조건과 현실적 조건에 의하여 규정된 것이며 또한 우리 나라 정치제도의 특점이고 우점이기도 하다"[8] 1982년 9월, 중국공산당 제12차 전국대표대회는 "장기공존(長期共存), 호상감독(互相監督)"이라는 8자의 방침을 "장기공존, 호상감독, 간담상조(肝膽相照), 영욕여공(榮辱與共)"이라는 16자 방침으로 발전시켰다. 이는 중국공산당과 각 민주당파가 관련한 "16자" 방침의 정식 확립을 의미하고,[9] 또 신시기 중국공산당이 영도하는 다당합작의 기본방침이 되었다. 1987년 10월 중국공산당 제13차 전국대표대회는 중국공산당이 영도하는 다당합작제도와 정치협상제도를 통합시켜 "중국공산당이 영도하는 다당합작과 정치협상제도"로 했다. 1989년 연말에는 《중국공산당 영도하의 다당합작과 정치협상제도를 견지하고 보완할 데 관한 중국공산당 중앙위원회의

---

8   덩샤오핑, 「각 민주당파와 공상연합회는 사회주의를 위해 복무하는 정치역량이다」, 『덩샤오핑 문선』 제2권, 인민출판사, 1994, 205면.
9   1989년 중공중앙에서 반포한 「중국공산당이 영도하는 다당합작과 정치협상제도를 견지하고 보완하는 데에 관한 의견」을 참조.

의견》을 정식으로 출범하고, 중국공산당이 영도하는 다당합작과 정치협상제도를 기본 정치제도로 확정했다. 1993년 연초의 전국인민대표회의에서 "중국공산당이 영도하는 다당합작과 정치협상제도의 장기적 존재와 발전"이라는 내용이 헌법에 기재됨으로써, 중국공산당이 지도하는 다당합작과 정치협상제도가 국가 기본법의 근본적인 보장을 얻도록 하였다.

21세기에 접어들면서, 중국에서 산업화와 도시화가 급속하게 발전됨에 따라 새로운 사회조건, 새로운 사회갈등과 사회문제가 끊임없이 나타나게 되었다. 또, 다른 방면에서는 중국의 협상민주 발전과 전진을 끊임없이 격려하고 추진했다. 중국공산당 제16차 전국대표대회이래 협상민주는 기제화, 체제화, 규범화의 단계로 진입하였다. 협상민주는 먼저 공산당이 영도하는 다당합작과 정치협상의 정당 제도적 측면에서 표현되며, 절차화와 규범화의 궤도에 올라서게 되었고, 정치협상은 정책결정 이전과 정책결정 과정에서 진행되는 제도화 시행절차를 형성했다. 2005년에 중공 중앙은《중국공산당 영도하의 다당합작 및 정치협상 제도를 한층 더 강화할 데 관한 의견》을 발표했다. 여기에서는 더 완비된 정치협상의 내용과 형식, 그리고 절차에 대한 구체적인 규정이 이루어졌고, 중대한 문제에 대해서는 정책결정 이전과 정책결정 집행 중에 협상을 진행하고, 정치협상을 정책결정 과정에 포함시키며, 정치협상의 두 가지 기본 방식이 "중국공산당과 동격인 민주당파의 정치협상"과 "중국공산당과 인민정협에서 각 민주당파와 각계대표인사의 협상"이라는 점을 명확히 함으로써 중국공산당과 각 민주당파와 무당파 인사간의 협상 내용과 절차를 규범화하고, 정치협상을 한 단계 더 제도화했다.

2013년 11월, 중국공산당 제18차 전국대표대회의 보고에서, 협상민주에 관한 전문적이면서도 포괄적이고 구체적인 논술이 진행되었다.

즉 협상민주 제도는 광범위하고 다층적인 제도적 체계와 업무기제이며, 국가 정권 기관·정협 조직·당파단체·계층이 주요한 협상 경로이며, 경제사회 발전이라는 중대한 문제와 인민의 절실한 이익과 관련된 실질적 문제를 협상의 주요 내용으로 삼으며, 여론을 널리 받아들이고 인민의 지혜를 널리 모아서 공감대를 넓히고, 합력을 증강하는 것을 목표로 삼고, 정치협상을 정책결정 과정에 포함시켜, 시종 정책결정 전과 정책결정 과정에 협상을 진행하는 것을 기본 원칙으로 삼았다고 지적했다. 동시에 인민정협이 협상민주의 중요한 경로가 된다는 점을 충분히 활용하여 특정 주제 협상, 부문별 협상, 계층별협상, 제안처리 협상 등 다양한 협상 형식을 깊이 있게 진행할 것을 표명하였다. 이러한 중요한 논술과 배치는 사회주의 협상민주 이론과 제도의 정식 확립을 의미하며, 이로써 중국 민주제도 건설과 발전의 새로운 경지를 보여주었다.

2. 중국 협상민주의 역사적 가치와 주요 특색

중국은 나날이 우뚝 솟아오르고 있으며 세계 대국으로 성장하고 있다. 중국의 정치 발전은 중국의 굴기에서 중요한 역할을 하고 있으며, 중국의 정치 발전 또한 세계의 주목을 받고 있다. 중국의 산업화와 현대화 발전 과정에서 중국 특색의 사회주의 민주정치 건설도 함께 형성되고 발전하고 있다. 신중국 창거 이래 60여 년의 탐색과 발전, 특히 개혁개방 이래 30여 년의 탐색과 발전을 거치면서 정치협상은 이미 중국 민주정치의 중요한 형식과 주요한 특색이 되었다.

(1) 당대 중국 협상민주의 역사적 가치

협상민주가 중국에서 출현하고 발전할 수 있었던 것에는 협상민주가 처한 외부환경 및 그 조건과 밀접한 관련이 있다. 하지만 더 중요한 것은 협상민주가 각이한 역사적 시기에서 모두 자체의 기능과 역할을 충분히 발휘했다는 점이며, 이는 중국의 협상민주가 지속해서 발전할 수 있었던 중요한 원인이다. 협상민주는 중국 특색의 사회주의 민주정치의 커다란 특징이자 우위이다. 협상민주를 널리 추진하는 이유는 무엇인가? 근본적인 이유를 말하자면, 이는 협상민주가 현 단계의 중국 경제사회 발전에 가장 적합한 민주형식이기 때문이다. 경쟁적인 제도적 배치는 현재의 중국 사회에 적합하지 않다. 하지만 협상민주는 사회 모순을 해소하고 의견차이를 보류하고 공통점을 찾으며 공감대를 넓히는 데 유리하다. 협상민주의 내재적 기능과 가치지향은 효과적으로 사회적 충돌을 해소하고, 사회적 공감대의 형성을 촉진하며, 사회의 조화를 촉진할 수 있다. 협상민주를 현 단계의 중국 민주정치 실천의 주요 형식으로 선택한 원인은 그것이 중대한 역사적 및 현대적 가치를 가지고 있기 때문이다.

1) 협상민주가 사회관계를 통합하고, 사회갈등을 감소시키고, 사회적 공감대를 넓히는 데 도움이 된다.

경쟁적인 민주는 차이를 강화하고 "승자가 모든 것을 다 가지는" 효과를 강화하기 때문에, 이익 배척을 조성하기 쉽다. 하지만 협상의 본질은 이익의 교집합을 구하는 것이며, "최대 공약수"를 구하는 것이다. 즉 각 측의 이익을 돌보고, 타협을 촉진하고 공동의 이익을 형성하는 것이다. 이 또한 산업화로의 형태 전환기에서, 그리고 사회 모순이 빈번한 시기에 사회갈등을 해소하고 사회 통합을 촉진하는 데 있어 가장 유리한 경로이다.

협상민주가 형성한 사회적 공감대와 협상민주가 추진한 사회통합은 현 단계에서 주로 정당, 신흥사회 군체, 민족 등 3대 관계를 통합, 조율하는 데서 나타나고 있으며, 정 부조직, 정당조직과 민간조직이 사회 통합이 주로 의지하는 담체이다.

3대 관계의 사회적 통합에서 제1위에 놓인 것은 정당간의 관계다. 이는 인민정협과 정치협상제도에 의지하여 집권당과 민주당파, 인민단체 사이의 단결과 협력 관계를 강화한다. 중국이 확립한 중국공산당 지도하의 다당합작과 정치협상제도의 실질은 협동과 협상 관계이다. 중국공산당의 영도하에서 민주당파와 무당파 인사는 중대한 문제에 대해 협상을 진행하고, 협상 과정에서 당파 단체, 각종 민주 역량의 상호 관계를 조정하고, 각 측의 이익을 조정하고 여러 정당의 역량을 통합하는 역할을 하며, 최종적으로는 공감대의 형성을 촉진하고 사업의 발전을 촉진한다.

개혁개방이래, 중국은 경제·문화·사회건설 등 방면에서 역사적인 발전을 이룩하였으나, 이와 동시에 사회군체가 날로 분화되고, 이익이 점차 다원화되고, 사회갈등이 증가하였다. 공유제를 주체로 하고, 민영경제를 중요한 보충으로 하는 사회주의 시장경제의 기본적인 확립과 더불어 중국 사회에는 많은 신흥사회군체가 나타났는데, 주요한 군체로는 민영 기업가, 화이트칼라, 그리고 농민공 등이 있다. 이들 신흥사회군체는 대다수가 체제 밖에 존재하며, 주로 비공유제 경제 취업자, 자유 직업 선택자와 농민공으로 구성되어 있다. 이들은 중국특색 사회주의 사업의 건설자로서 국가 정권의 사회적 기초를 구성한다. 이들의 이익 요구는 당연히 국가 정권의 관심을 받고 충족되어야 한다. 협상민주는 광범위한 정치참여와 이익 조정 기제로서 각이한 사회군체가 모두 자신의 요구를 표현하고, 자신의 이익을 수호하며, 동시에 사회에 복무할 책임을 지는 기회를 얻도록 한다.

중국에는 56개의 민족이 있으며 중국은 여러 민족이 공존하는 단일제 국가다. 중국은 단일제 국가 체계속에서 민족구역자치제도를 수립했고, 그 목적은 국가 통일의 전제하에서 각 민족의 단결과 사회의 안정을 수호하기 위함이다. 민족 단결은 사회 조화와 안정에 관계되는 중요한 요소이다. 협상민주는 각 민족 간의 이해와 공존을 촉진하는 데 도움이 되며, 현 단계 중국의 중요한 정치제도인 인민정협 가운데 민족·종교계 위원은 광대한 소수민족 대중, 신교 대중과 연결되어 있어 일정한 영향력과 응집력, 그리고 호소력을 가지며, 일련의 정협 특색을 지닌 민족 업무, 종교 업무의 체계를 형성함으로써 당과 국가 민족 종교 업무기제의 중요한 구성 부분으로 되고, 당과 국가의 민족 종교 업무분야에서 독특한 역할을 하고 있다. 중국의 소수민족은 대다수가 종교 신앙이 있는데, 일부는 전체 민족이 종교의 신도이다. 그러므로 광범위한 사회 신앙 문제를 직시하고, 종교와 사회주의 사이의 합당한 관계를 잘 처리해야 한다. 협상민주의 형식으로 소수민족과 신교대중의 경제·정치·문화적 합법적 권익을 비교적 잘 수호할 수 있어 민족, 그리고 신교대중간의 조화롭게 공존하는 관계를 형성하는 데 도움이 된다.

2) 협상민주는 민주 감독을 촉진할 수 있어 민주의 질을 향상시키는 데 도움이 된다

협상민주는 선거민주, 다수가 결정하는 민주 기제와 확연히 대립하거나 모순되는 것이 아니다. 협상민주는 다양한 의견이 충분히 표현되도록 할 수 있고, 교류와 토론을 통해 각종 의견의 장단점을 취합하여 단면성을 피하고, 최대한 일치를 향해 나아가게 할 수 있다. 동시에 협상민주는 "다수에 따르고", "소수를 존중하는" 것을 통일시키는 데 도움을 줄 수 있다. 협상민주의 공개성과 평등성, 그리고 광범성 특징에 힘입어 여러 방면에서 민주 감독을 시행하여 민주의 질을 향상시키고 최대한도로 "소수인"과 "다수인"의 이익을 통합시킬 수 있다.

권력 사용의 공개화와 투명화는 민주 감독의 효과적 방법이다. 협상민주는 공개성 특징이 있으며 공공정책의 심의를 통해 정책 제정의 각종 배경 재료를 공개하고, 관련 이익 집단이 평등하게 협상하도록 함으로써 당정 체계의 정책결정 과정의 공개성과 투명성을 증강하고 인민의 참여권과 알 권리를 실현하며 밀실 조작을 방지하는 데 도움이 된다. 협상민주가 가지는 광범위한 참여성은 각종 이익 집단이 협상과 토론을 통해 개인의 이익과 집단의 이익을 보호할 수 있을 뿐만 아니라, 개인 이익 혹은 단체 이익을 초월하여, 효과적으로 사회적 공동 이익을 효과적으로 수호하도록 함으로써 정치적 감독 기능을 발휘했다. 협상민주가 구현하는 평등성·책임성·응답성의 원칙은 공공권력을 효과적으로 감독할 수 있고, 특히 정부 행정의 자유 재량권에 있어 "모든 정책협상의 참여자는 모두 문제를 확정하고, 증거를 논쟁하며, 의정을 형성하는 데서 동등한 기회를 가지며, 협상 과정은 각종 각이한 이익과 입장, 그리고 가치를 포용할 수 있으며, 협상은 토론과 정책결정 과정에서의 사회 지식 최대화를 실현할 수 있는" 효과를 가진다.[10] 협상민주가 구축한 공공협상 기제는 정부·사회·개인 등 3자의 가치 선호를 잘 조정하여 다원화된 사회 이익이 공공이익을 "최대치"로 하고, 각 측이 평등하고 자유로운 토론, 변론, 협상을 통해 이익표출, 이익조율과 이익실현을 달성하도록 하는 것이다. 현재 중국의 민주정

---

10 천자강, 「협상민주:개념, 요소 가치」, 『중국공산당 천진시당위원회당학교학보』, 2005년 3기.

치 발전의 가장 중요한 목표이자 우선적 가치이며, 협상민주의 현대적 가
치 또한 여기에 있다.

3) 협상민주는 정책결정의 과학화 수준을 향상시키고 효율을 높이 며 비용을 절감할 수 있다.

경쟁적 민주와 표결민주, 선거민주의 전제는 공개적인 경쟁과 변론
이다. 이런 민주 형식은 자체의 강점이 있지만, 약점도 분명하다. 그것은
바로 의경대립과 갈등을 공개한다는 것이다. 대립과 갈등의 공개는 구체
적 문제를 추상화하고 원칙화하여 가치 대립과 도덕적 평판을 형성하고,
그 결과 타협과 합의를 달성하는 데 필요한 거래비용을 높였다. 하지만 협
상민주는 의견상이를 보류하고 공통점을 찾으며, 일반적으로는 첨예한
갈등을 피하고, 의견상이를 공개하지 않기 때문에, 결과적으로 타협과 합
의의 달성에 도움이 되며, 타협의 거래 비용을 감소하는 데 도움이 된다.
이것은 2011년 광주 정협 업무 회의에서, 당시 성 당위원회 서기 왕양(汪
洋)이 "중국식의 협상민주는 '효율이 높고, 비용이 낮고, 효과가 좋고 중대
한 정책결정의 각 단계에서 정협의 의견을 청취함으로써 정책결정의 과
학성을 확보한다."라고 한 것과 같다.[11]

협상민주는 정책결정의 전 과정에서 주로 세가지 방면에 영향을 준
다. 하나는 경솔한 정책결정을 방지한다. 다양한 방면이 참여하는 정책결
정 체제는 정책결정과 관련된 문제가 효과적으로 드러나도록 하여, 당정
부문의 이익과 폐단에 대한 전반적인 고찰에 도움을 주어, 더 좋은 선택을

---

11 류우정쉬, 「왕양: 중국식 협상민주 "효율이 높고 비용이 낮고 효과가 좋다"」, 신쾌보신문,
    2011.8.30.

할 수 있도록 한다. 두 번째는 정책결정이 정체되는 것을 방지한다. 협상 민주는 인민의 지혜를 집중시킨 고층차의 플랫폼이다. 협상에 참여하는 각 측은 상대적으로 비교적 풍부한 전문 이론과 지식 혹은 실천 경험이 있어서, 잠복한 위험과 미래의 전경에 대해 충분히 예측할 수 있다. 세 번째는 비효율적인 정책결정을 방지한다. "협상민주는 정책결정의 집행 과정을 관통한다. 정책결정의 집행 과정에서 집행을 감독하여, 정책결정이 최종적으로 실행되는 데 있어 보호망을 제공한다."[12] 민주 정책결정 시스템의 방대한 내용은 제도 형식으로 체현되며, 또한 제도를 통해 이 시스템의 효과적 운행을 규범화하고 보장한다. 중국의 당면한 협상민주의 주요 경로는 인민정협이다. 정협이 효과적으로 역할을 발휘하도록 보장하고 민주 정책결정 요소가 되도록 하는 주요 제도에는 조사연구제도, 제안업무 제도, 그리고 사회상황과 민의 반영 제도 등이 있다.

(2) 중국 협상민주의 주요 형식

현재 중국의 협상민주 실천은 이미 사회의 여러 측면을 포괄하는 형세를 구축하고 있고, 정당·국가·사회·공민 사이의 광범위하고도 보편적인 관리 체계에서 운영되고 있다. 그 주요 형태는 다음과 같다.

첫 번째는 정치협상이다. 중국공산당이 지도하는 다당합작과 정치협상제도 아래에서, 집권당은 곧 국가의 국정 방침과 정치·경제·문화·사회생활에서의 중요한 문제, 국가의 중요한 지도자의 인선 등에 있어 각 민주 당파와 협상하고, 그들의 의견을 충분히 청취한다. 협상을 통해 형성된 의견은 집권당이 국가의 정책을 결정하고 입법하는 과정에 흡

---

12   린샹리, 『중국공산당과 인민정협』, 동방출판센터, 2011, 274면.

수되어, 정책과 법률 제정 및 중대한 결정을 내리는 기초가 된다. 집권당과 각 참여 정당의 협상 관리는 주로 협상민주회, 작은 범위의 간담회, 좌담회, 그리고 참정당 중앙이 중공 중앙에 제출하는 서면 건의 등의 방식을 취한다.

두번째는 행정협상이다. 이는 각급 인민 정부, 그리고 관련 공민 사이의 공공사무, 공공정책, 공공문제 혹은 사회갈등을 둘러싸고 진행되는 관리 협상을 말하는 것으로, 주로 현실적 공공이익과 대중과 직결된 이익 문제를 둘러싸고 전개된다. 협상의 주요 목적은 협상을 통해 실현되는 이익을 드러내고, 취합하며, 협조하는 것이며, 정부 정책결정의 과학화와 민주화를 한층 더 촉진하여 공민의 요구와 의지를 실현하는 동시에, 공공정책의 공정한 합리성과 정부 운영에서의 우수한 실효성을 강화하고 최적화하는 것이다. 이 방면에 대한 협상은 중국의 협상민주제도의 확장이자, 개혁·개방과 공공 관리가 발전한 성과이며, 또한 중국 정치 발전 과정에서 정부와 공민 관계가 최적화를 향해 나아간 것을 반영하고 있으며, 공민의 질서 있는 정치참여가 확대되고 깊어진 것을 구현하였다. 실천 과정에서 민주에 대한 진지한 담화, 협상과 소통, 공개적 질의 청취, 다방면에 걸친 대화, 정책결정에 대한 자문, 대중의 토론, 매체의 평가, 인터넷을 통한 정무 등은 모두 다원화된 형식에 속한다.

셋째, 사회협상이다. 사회협상은 공민이 촌민 자치나 거주민 자치의 범위 안에서 자주적으로 공공 문제, 공민 권익 및 사회갈등을 해결함으로써 질서 있는 발전을 실현하는 길이다. 이것은 사회 자치적 민주 관리라는 고리에 집중적으로 표현되는데, 공민이 공동체 사무를 둘러싸고, 자기 관리, 자기 교육과 자기 복무를 시행하는 것으로, 협상과 소통 및 조절을 통해 공동체 관리를 달성하는 것이다. 이 외에도 기업 및 사업단위 내부의 관련 사무와 노동관계의 조정도 종종 협상의 방식을 취한다. 따라서, 이 측면의 협상과 관리는 자치적 성격의 협상 관리에 속하고, 종종 지역과 사안 그리고 시간에 따라 다양한 협상의 방식을 취한다. 예를 들면 사안을 이야기하고 합리성을 토론하는 방식, 거주민의 논단, 공민의 평의, 지역 사회의 사업 평가와 논의, 당과 집단의 사안 논의, 인터넷을 통한 관민 대화 등, 격식에 얽매이지 않고, 광범위하고도 보편적인 일상의 구체적 업무라고 할 수 있다.[13]

중국의 협상민주 발전은 현실적 출발을 견지하며, 적극적으로 각 방면의 의견과 뜻을 충분히 발휘하고, 각 방면의 의견을 합칠 수 있는 길을 탐색하여 시종일관 최대 인민 대중의 이익을 보호하고, 민주정치의 건설을 촉진하는 것을 출발점과 입지 점으로 삼고, 중국의 역사 전통과 문화적 온축을 흡수하고 있다. 개혁개방 시대의 크나큰 배경 아래에서 협상민주는 인민이 주인이 되고, 대중의 질서 있는 정치참여를 보장하는 중요한 민주형식이 되고 있다.

(3) 중국 협상민주의 주요 특징

정치협상의 범위는 매우 광범위하고, 사회 및 정치생활에서 폭넓은 역할을 한다. 당대 중국에서 정치협상은 중국정치협상회의에만 그치지 않고, 중국의 사회, 정치 그리고 생활의 중요한 차원과 다양한 분야에서 이루어지고 있다. 중국에서 정치협상은 집권당인 중국공산당과 정치와 의정에 참여하는 여러 민주당파 및 무소속인사들이 국가의 중대 사안을 둘러싸고 이루어지는 협상과 기층 민주정치실천에서도 중요한 공공이

---

13   책임 편집 천성융·허보우강, 『협상민주의 발전』, 중국사회과학출판사, 2006, 89-90, 97-100면.

익과 업무에 대한 협의가 이루어지고 있어 점차 제도화 되고 있다. 이러한 현상은 개혁개방 이후 중국의 기층 민주정치의 실천에서 어느 정도 발전되어 적용되었다. 그런 점에서 저장(浙江)성 타이저우(台州)시와 원링(温岭)시의 기층 공공 업무를 담당하는 '민주 간담회'는 대표적인 인민 협의 제도이다. 중국 여러 지역에서 실시한 설문 조사에 따르면 이러한 관행이 점차 보편화되어 이미 중국의 기층 민주주의 실천에서 어느 정도 보편화된 새로운 제도로 자리잡은 것으로 나타났다.

둘째, 중국의 정치협상은 내용이 끊임없이 확대되고 풍부해지고 있다. 역사적으로 주로 정책차원에서 이루어졌던 정치협상은 정책과 정치동맹의 중요한 형태라는 점에서 역사적으로나 현대 서구 자본주의 민주정치 실천에서 그러했다. 하지만 중국 정치협상의 실천에서 협의는 정치지도자 선출과 임용에 폭넓게 사용되어 정치 임용과 승계를 결정하는 중요한 메커니즘이 되었다. 모든 지도 간부의 선출 및 임용에 정치협상을 적용하는 것은 현대 중국 민주정치의 중요한 실천적 탐구로 볼 수 있다. 현단계 중국의 민주정치 실천에서 선거민주에 대한 중요한 보완적 역할을 하면서, 집권당의 사회적 기반을 다지고 확대시켜 집권당의 정당성 강화에 대해 독특하면서도 중요한 역할을 담당하고 있다.

마지막으로, 중국의 정치협상은 실천을 통해 규범화와 법제화를 이룰 수 있는 제도적 형태를 지속적으로 모색하고, 그 형태를 끊임없이 개선하고 있다. 중국 정치협상 체제의 지속적인 개선을 통해 공산당이 이끄는 다당 협력에서의 협의 메커니즘이 끊임없이 완비되고, 전국정치협상회의와 각급 정치협상 업무 시스템과 메커니즘이 지속적으로 정비되고 개선되는 것으로 나타났다. 아울러 집권당의 당내 민주 의사 일정에 대한 협의 메커니즘이 마련되어 제도화되었고, 기층 민주주의를 실행하는 가운

데에서도 협의 메커니즘이 규범화되고 제도화되고 있다. 예를 들어, 기층 차원에서 시작된 저장성의 '민주 간담회' 체제는 전국인민대표대회의 공무논의제도 및 감독 제도와 결합하여 비교적 표준화된 절차와 제도를 형성했고, 현재는 시 차원의 중요한 공적 사안에 대해 기본적으로 적용되고 있다. 그중에서도 부서 예산 절차에 들어갈 경우, 당내에서 결정 중인 중요한 사안도 협의를 거치도록 하고 있다. 현재 이러한 새로운 민주적 실천 형태가 저장성 내에서 점차 확대 보급되고 있다.

제 5 장
중국 민주주의 발전전략:
인민의 권리에 대한 점진적 확대

중국 민주주의 발전전략: 인민의 권리에 대한 점진적 확대

인민의 권리를 인정하고, 보장하며 지속적으로 확대하는 것이 민주정치의 기본적인 의의다. 그러나 중국의 민주주의 개념에서 권리는 결코 절대적이고 신성하며 추상적인 것이 아니다. 중국인에게 있어 권리는 사회발전과 진보하는 역사 과정에서 끊임없이 획득되고 실현되어 구체화되는 것이다. 권리를 실현하고 발전시키는 것은 어려우면서도 오랜 시간이 걸리는 복잡한 시스템 공학이다. 중국 인민의 권리를 점진적으로 발전시키는 것은 현대 중국의 민주정치 건설의 기본 전략 중 하나이다.

1. 중국의 점진적 권리 관념

현대 중국에서 인민의 권리를 발전시키는 길은 점진적인 길이다. 중국인의 관점에서 보면, 점진적인 인민의 권리 발전은 사회적 권리의 실현과 발전 법칙에 의해 결정되는 것이지, 결코 임시방편으로 이루어지는 것은 아니다. 중국 사회에서 현재 주류를 이루고 있는 권리 관념은 사회 지도 사상인 마르크스주의 정치철학에서 비롯되었을 뿐 아니라 중국 공산주의자가 스스로의 실천을 통해 점차 느끼고 얻은 것이다.

(1) 권리는 천부적인 것이 아니라 역사적인 것이다

서구 정치 철학자들의 관점에서 보면, 권리는 증명할 필요가 없는 타고나는 것이라고 한다. 고대 그리스의 정치 철학에서 권리는 자명했다. 스콜라철학이 한창일 때, 어거스틴과 토마스 아퀴나스 같은 신학 사상가들은 신성한 권리의 본성을 통해 신권에 종속된 권리를 설명했다. '인간'의 가치에 주목한 르네상스 시대에는 권리의 인성이 퍼지게 되었다. 권리는 인간의 권리가 되었고, 사상가들에 의해 불려지게 되었다. 홉스, 로크, 루소, 칸트 등이 이를 위해 그들의 열정과 지혜를 보탰다. 그러나 계몽주의 시대 이후, 인간의 권리는 미국의 『독립선언』에 정의된 것처럼 '자연적 인권'이 되었다. 모든 사람은 평등하게 태어났으며, 조물주로부터 양도할 수 없는 권리를 부여 받았는데 그것은 바로 생명·자유·행복을 추구하는 권리이다.[1]

마르크스는 처음으로 유물사관의 관점에서 권리의 뜻을 설명하면서

---

1   『외국법제사자료선편』, 북경대학출판사, 1982, 440면.

"권리는 사회의 경제 구조와 그에 의해 지배 받는 사회적 문화 발전을 넘어서는 안된다"[2]고 지적했다. 처음으로 권리가 경제 기반에 의해 결정되며, 사회 문화적 발전 상황과 같은 요소들에 의해 제한된다고 설명했다. 즉, 권리의 형태와 실현은 사회와 경제 발전의 물질적 기초뿐 아니라 일정 수준의 문화적 소프트 환경과 권리 주체 의식이 필요하다는 것이다. 권리의 의미와 권리의 실현은 권리 현상과 상응하는 포괄적인 사회적 및 역사적 조건에 의해 결정된다. 다른 사회적 및 역사적 조건들로 인해 상이한 권리 개념이 형성된다. 권리의 성격, 주체와 범위는 다양한 역사적 조건에 따라 달라지고, 사회 발전에 따라 변화할 것이다. 마르크스주의의 유물사관은 권리에 대한 해석과 설명을 결정하는 것은 불가사의한 영적 힘에 있는 것이 아니라 사회 역사적 실천에 있다고 강조했다. 마르크스는 권리를 추상적 존재로 바꾸고, 인간의 추상적인 관념하에서 출발하여 권리의 가능성과 현실성을 논증하는 것을 반대했다. "이런 권리를 창출하는 것은 생산관계이다. 일단 생산관계가 껍데기를 탈바꿈해야 하는 시점에 이르면, 이런 권리와 이를 근거로 거래되는 모든 물질적 원천의 경제적이고 역사적인 존재의 이유와 사회생활의 생산과정에서 나오는 원천은 사라질 것이다."[3] 생산력이 최종 결정력이며, 권리 관계가 생기는 생산 관계는 일정한 생산력 발전 수준에 달려 있으며, 권리 관계의 발전은 결국 생산력의 상황에 의해 결정된다. 마르크스는 자유를 예로 들며 사물에 대한 객관적 필연성에 대한 이해의 정도 및 자유의 정도와의 정비례관계를 설명한 바 있다. 그는 "사람들이 자유를 얻으려고 한다고 해서 법이 사람들에게 자

2   마르크스, 「고타강령비판」, 『마르크스엥겔스전집』 제3권, 인민출판사, 1995, 305면.
3   마르크스, 『자본론』 제3권(발췌), 『마르크스엥겔스전집』 제2권, 인민출판사, 1995, 574면.

유를 주는 것은 절대 아니다. 반대로 인간의 이상에 대해 결정하고 허용하는 범위내에서가 아닌 기존의 생산력이 결정하고 허용하는 범위 내에서 자유를 얻는다"[4]고 말했다. 마르크스의 권리에 대한 견해는 현대의 중국 공산주의자에게 깊은 영향을 주었고, 중국 공산당주의자는 스스로의 실천을 통해서 권리를 추상화, 절대화하고 신성화해서는 안되며, 중국 인민의 자유와 민주 권리를 실현하기 위해 헌신하는 공산당원일지라고 해도 권리 실현과 발전의 객관적 법칙을 준수하고, 성급하게 서두를 수 없다는 것을 깨달았다.

(2) 권리는 개인적인 것이 아니라 사회적인 것이다

서구 정치사상가들이 주창하는 권리의 개념은 역사적으로 개인주의와 자연적으로 연관된다. 개인주의는 인간 본성의 기본적인 역할을 강조하고, 사람은 항상 자유롭고 자율적인 존재임을 강조하고 있다. 이러한 본성은 개인이 권리를 갖는 근본적인 토대가 된다. 개인주의는 권리가 인간의 자유와 자율의 본성에 대한 구체적 표현이며 개인의 이익에 대한 직접적인 현실적 반영이라고 본다. 서구의 권리 개념에서 개인주의는 권리의 정당성을 입증할 뿐만 아니라, 권리의 정당성과 합리성에 있어서 개인의 역할을 충분히 과장했다. 개인을 무한대로 과장하고, 개인의 사회적 속성을 추상화함으로써 개인을 고립된 존재 형태로 만든 다음, 개인에게 절대적 권리가 될 수 있는 선천적이고 대체할 수 없는 권리를 부여한다.

마르크스는 개인권리지상의 신비성을 부정하고, 권리는 잠시도 사회와 물질의 기초에서 벗어나서는 안된다고 명시했다. 마르크스는 인류

---

4   마르크스·엥겔스, 「도이치 이데올로기」, 『마르크스엥겔스전집』 제3권, 인민출판사 1960, 507면.

사회의 역사 영역에 유물론의 원칙을 적용하여 유물사관에서는 추상적이고 고립된 사람에 기반을 둔 권리 개념을 반대했다. 이런 권리 개념은 개인 본위주의의 권리 관념으로 권리의 주체를 추상적인 '사람', 차별이 없는 '사람', 보편적인 '사람'으로 바꾸어 놓았다. 이런 '사람'은 허황되고, 비현실적인 감성을 가진 사람으로 사람의 생생한 현실성과 이질성, 구체성을 감추고, 인간이라는 현실의 존재와 그 안에 있는 현실의 세계를 갈라놓는다. 권리의 주체인 인간이 추상화되고 단편화되며, 인간의 권리 자체도 마찬가지로 추상화되고 단순화되어 현실적인 권리의 다양성과 복잡성을 숨기게 된다. 인간의 본질은 '그의 수염이나 피 등과 같은 추상적인 육체가 아니라 그의 사회적 특성이다'.[5] '인간은 세상 밖에 사는 추상적인 존재가 아니다. 사람이 바로 사람의 세계이고, 국가이자 사회이다'.[6] 다양한 인간의 본질에 따라 권리에 대한 사람들의 요구가 다채롭고 풍부해지고, 다양한 인류 생활의 현실세계와 인간의 다양한 현실적 요구를 반영한다.

사람을 추상적으로 기호화한다면 사람의 권리도 현실적인 근거없이 추상적인 주관적 가설이 된다. 진정한 권리의 개념은 권리 주체의 현실적인 물질적 수요와 생활 조건을 토양으로 한다. 사람들의 실제 경제 생활, 정치 생활 및 사회 생활은 사람의 권리에 현실성을 부여함으로써 인간의 권리는 자신의 가치와 이익 요구를 실현하는 객관적인 필요와 긴밀하게 연결되도록 시작한다. 따라서 권리 문제에 대한 과학적인 해석은 실제 사람들과 실제 사회 여건에서 출발해야 한다. '그것의 전제는 사람이지만 허황되게 소외되고 고정불변의 상태에 있는 사람이 아니라, 현실에 있고, 경

---

5 마르크스, 「헤겔 법철학 비판」, 『마르크스엥겔스전집』 제3권, 인민출판사, 2002, 29면.

6 마르크스, 「헤겔 법철학 비판 서론」, 『마르크스엥겔스전집』 제1권, 인민출판사, 1995, 1면.

험을 통해 관찰될 수 있고, 일정 조건의 발전 과정에 있는 사람을 말한다.[7]

사회적 관계의 총체인 사람이 제시한 권리에 대한 모든 요구는 근본적으로 모두 사회성을 가진다. 권리 현상의 출현은 일정한 물질적 생활 조건과 불가분의 관계에 있다. 마르크스는 법의 관계가 국가의 형태와 같다고 강조하면서, 그것은 스스로에 의해서도 이해될 수도 없고, 소위 인간 정신의 일반적인 발전에 의해서도 이해될 수 없는 반면, 물질적인 삶의 관계에 뿌리를 두고 있음을 강조했다. 이런 물질적 삶의 관계의 총체에 대해, 헤겔은 18세기 영국인과 프랑스인의 선례에 따라 '시민사회'로 요약하면서 시민사회에 대한 해부는 정치경제학에서 찾아야 한다고 지적했다.[8] 마르크스는 법과 권력의 기초가 '물질적 삶의 관계'와 동등한 '시민사회'라고 강조하면서 실제로 권리 현상의 현실적 기반을 명확히 밝혔다. 권리의 생성은 특정한 사회 물질적 생활 조건과 분리될 수 없고, 특정한 사회 경제적 조건과 사람의 실제 생활 조건에 의해 권리의 속성과 실제 상황이 결정된다. 권리의 사회 현실적 기반에서 출발해야만 권리의 본질을 진정으로 파악하고, 진정한 권리의 내용을 확정하며 진정한 권리의 원천을 찾을 수 있다. 권리의 현실적인 사회 조건과 물질 조건을 논의하지 않고서는 권리의 참된 상태를 이해할 수 없으며, 과학적인 권리 개념을 형성할 수 없다.

권리의 사회적 본질은 사람들의 권리가 특정한 인간의 사회적 관행과 분리될 수 없다고 설명하고 있다. 실생활에서 우리는 이성적으로 권리에 대한 요구를 다루어야 하고, 법과 사회 메커니즘을 통해 점진적으로 권리를 보장하고 발전시켜야 하며, 말만하고 하지 않는 이상론만 늘어놓아

---

7   마르크스, 「헤겔 법철학 비판 서론」, 『마르크스엥겔스전집』 제1권, 인민출판사, 1995, 73면.
8   마르크스, 「헤겔 법철학 비판 서론」 참조, 『마르크스엥겔스전집』 제2권, 인민출판사, 1995, 32면.

서는 안된다. 권리보장을 실천하는 과정에서 각이한 권리에 대한 요구를 똑같이 다루어서는 안된다. 권리의 내용, 가능한 행사 방법, 적절한 실현 경로 및 어떤 권리의 현실적 가치와 그 한계를 분석함으로써 권리보장을 경제 사회 발전 과정과 동기화시키고, 권리와 정당한 이익에 대한 이성적 판단과 과학적 태도를 취해야 한다.

(3) 권리는 이상적인 것이 아니라 현실적인 것이다

현실 사회에서 권리에 대한 사람들의 요구는 종종 이상적이다. 권리의 요구와 권리의 실현은 객관적인 거리가 존재한다. 현실 삶의 기반을 벗어난 권리는 기껏해야 사람들의 아름다운 비전을 충족시킬 수 있지만, 실상은 저 너머에 있는 것이다. 이런 이상적인 권리는 그 합리성을 지니며, 실권(Actual Right)에 대한 계획과 현실적인 권리에 존재하는 부족함과 결핍에 대해 중요한 참조의 의미를 가지고, 부족한 현실의 권리 상황을 개선하는 데 도움이 되며, 현실적 권리상황의 발전과 완비를 촉진함으로써 더 높은 기준과 더 좋은 상태로 나아갈 수 있게 만들어 권리에 대한 사람들의 요구를 더 잘 충족시킬 수 있게 된다. 하지만, 이런 상태의 권리 요구는 결국은 권리에 대한 사람들의 상상이고, '청사진'이며 사회 생활에서의 사람들의 실질적인 권리에 대한 요구를 진정으로 해결할 수 없다.

권리에 대한 비전은 당연한 권리를 보여준다. 현실에서 우리는 자연권(Natural Right)과 실권의 관계를 분명하게 해야 한다. 마르크스는 일찍이 자연권과 실권 사이의 관계를 분석한 바 있다. 마르크스는 자연권은 인간의 가치이고, 실권은 국가의 실생활에서 가지는 특정한 권리의 형태라고 지적했다. 인간 가치의 측면에서 마르크스는 자연권 존재의 합리성을 충분히 인정했다. 자연권은 사회적 주체로서의 인간의 이상과 의식을 나타내고, 정의, 평등 및 자유 등과 같은 기본 가치를 보여준다. 실권은 실생활에서의 사람들의 권리의 실제 상태이며, 기존의 사회적, 물질적 생활 조건과 밀접한 관련이 있다. 마르크스는 자연권을 반대한 것이 아니라, 사회관계와 사회 생활 실천에서 벗어난 추상적인 인권과 추상적인 권리를 논하는 것을 반대했다. 또한, 자연권도 국가 사회와 서로 대립하는 권리 현상이 아닌 사회적 및 역사적 조건을 기반으로 한 인류 사회를 더 높은 수준으로 발전시킬 수 있는 권리 요구여야 한다고 지적했다. 실권을 끊임없이 실현하는 과정이 바로 자연권에 접근하는 과정이다.

현실 생활에서 자연권이 실권으로 전환되는 문제에 대해서 종종 인식의 편차가 존재한다. 법률이 정한 자연권이 현실에서 바로 실권으로 이행될 수 있음을 의미하지는 않는다. 자연권의 실권 이행은 한 번에 이루어질 수 없으며 과정과 조건을 필요로 한다. 따라서 권리를 발전시키고 보장하기 위해서는 현실에 입각하여 권리의 현실성이 이상성보다 우월하다는 점을 강조해야 한다. 우리가 실제로 가지고 있는 권리의 조작가능성이 실행 불가능한 권리보다 낫다는 점을 유의해야 한다. 이러한 권리는 사람들이 실생활에서 실제로 공유할 수 있고, 현실적인 수요에 맞으며, 권리 발전을 위한 객관적인 조건과 현실을 충족시킬 수 있는 권리이다. 실제 존재 조건을 가진 이상적인 권리만이 올바른 주체에 의해 진정으로 인정될 수 있으며, 권리 주체의 권리 요구에 진정으로 부합하고, 일련의 과정을 통해 실권으로 전환될 수 있다. 실제 조건을 갖추지 못한 일부 권리는 법으로 정한 경우에도 진정한 권리로 전환될 수 없다.

2. 점진적 권리 관념의 현실적 근원

　　중국은 후발개발도상국이다. 후발개발도상국들은 현대화의 길에서 많은 어려움에 직면하고, 불확실성도 많지만, 이들도 스스로의 장점을 가지고 있다. 먼저 발전한 국가들이 실천을 통해 얻은 경험과 교훈을 받아들여 자신의 발전 경로를 선택하고 수정함으로써 자신의 수요에 더 적합한 개발 전략을 이성적으로 선택할 수 있다. 민주정치 건설에서 인민의 권리를 발전시키는 문제에 있어서 중국은 폭넓은 역사적 및 국제적 시야를 가지고, 다른 나라들의 경험을 비교 분석함으로써 스스로의 발전 전략을 비교적 온당하게 선택하고 수정할 수 있는 후발주자로서의 장점을 가지고 있다.

　　국제 비교에서 중국은 권리의 발전은 오랫동안 단계적으로 이루어져야 한다는 것을 인식하고 있다. 이는 세계적 범위에서의 권리 발전의 실천에 대한 긍정적이고 부정적인 경험에 의해 입증된 것이다. 권리의 발전은 사람들의 머릿속에 있는 개념적인 해석이 아니라 현실적인 실천 과정이다. 권리의 실현은 오랜 시간 역사적 과정을 거쳐야 하며 폭풍우가 지나가듯 한 번에 이룰 수 있다는 생각은 비현실적인 상상이다.

(1) 권리의 비선형 발전
　　서구 민주주의 발언체계의 영향을 받아, 중국 국내에서 민주 권리의 발전을 위해 어떤 길을 걸어야 하는지에 대해 많은 이견과 논쟁이 있었다. 1980년대 이후, 권리 발전에 대한 급진적인 주장이 한때 매우 인기가 있었다. 이 견해는 권리의 실현이 중국에서 관례를 깨고, 초고속으로 한 번에 이룰 수 있다고 주장하는데 그 이유는 다음과 같다. 첫째, 중국의 정치체제 개혁과 민주주의 정치 건설은 경제 발전과 비교해볼 때 경제체제 개혁과 경제건설보다 뒤떨어져 있고, 정치체제가 경제발전을 심각하게 방해했다. 만약 민주주의 권리가 발전하거나 도약하지 않으면 중국의 경제건설은 지속될 수 없다. 둘째, 서구와 비교했을 때, 중국의 민주체제가 서구의 민주체제보다 훨씬 뒤떨어져 있으며 사회주의 민주체제의 우월성을 전혀 반영하지 못하고 있고, 현재의 과도기에서 직면한 위기와 문제를 효과적으로 해결할 수도 없다. 국내에서 권리에 대한 사람들의 요구가 모든 면에서 조속하게 실현되어야만 근본적으로 민의를 수렴하고, 사람들의 지혜를 모아 위기를 뚫고 문제를 해결할 수 있다. 셋째, 마르크스주의 고전 작가들이 논의한 높은 수준의 사회주의 민주와 비교했을 때, 현재의 민주 상황은 그들이 밝힌 청사진과는 거리가 아주 멀기 때문에 우리는 반드시 높은 출발점과 기준으로 발전을 따라잡아야 하며 그렇게 하지 못하면 사회주의국가로 불리지 못할 것이다.

'권리 속성론'자들은 선형적인 사고방식을 신봉하며, 민주가 직선방향으로 나아갈 수 있다고 믿는다. 그러나 사물의 발전은 언제나 파상적으로 전진하고, 나선식으로 발전하는 전반적인 태세를 보인다. 사물의 발전의 길은 항상 순탄하지 않고 굴곡과 우회를 수반한다. '역사는 직선을 혐오한다.' 권리의 발전은 일단 시작되면 효율적으로 작동하는 기계와 같을 수는 없다. 사실, 권리의 실현과 보장은 법령으로 구축될 수 없다. 권리의 실질적인 발전은 다분히 더딘 과정을 거친다. 퍼트넘은 "사람들은 1주일 후, 한달 후 때로는 심지어 해마다 제도의 발전을 고찰할 수 있지만, …… 제도 변화의 리듬이 느리기 때문에 새로운 제도가 문화와 행동에 어떤 뚜렷한 영향을 주는지를 분명히 볼 필요가 있으며, 이는 종종 몇 세대의 시간이 걸리기도 한다. ……새로운 시스템을 구축하고자 하는 사람들과 그

것을 평가하고자 하는 사람들은 이탈리아의 지역 실험에서 얻은 가장 중요한 교훈 중 하나인 인내심을 가질 필요가 있다."[9]고 감탄했다. 성공적인 권리 실현은 하루아침에 이루어지는 것이 아니라 세대를 거치며 분투를 해야 얻을 수 있다. 하루아침에 로마를 이루려는 생각과 방법은 오히려 급히 서두르다 일을 그르칠 수 있고, 사물의 발전 법칙을 위배하면 득보다 실이 많을 수밖에 없다.

(2) 유럽과 아메리카 국가들의 정치발전사 경험

유럽과 아메리카의 정치 발전사를 통해 우리는 오늘날 발전된 서구 민주주의국가로 불리는 나라들이 권리에 대한 핵심 가치와 제도적 모델을 얻기까지 순탄하지만은 않았고, 오늘날의 수준에 도달하기 위해 길고 힘든 길을 경험했다는 것을 알 수 있다.

권리보장의 발전사를 살펴보면, 1215년 영국의 『대헌장(Magna Carta)』이 권리보장의 역사를 연 이후 1948년 전국의 보통선거권을 실현하기까지 700여 년의 세월이 걸렸다. 영국의 권리보장과 발전 과정에서 선거권을 예로 들어 보겠다. 1429년에는 연간 40실링 이상의 소득을 가진 사람만이 선거에 참여할 자격이 있다고 규정했다. 1679년에 영국은 유권자의 재산자격을 연간 소득 200파운드로 높였고, 1688년에는 카운티 의원 유권자의 재산 자격을 연간 토지 수입 600파운드까지 높였고, 시의원들은 연간 300파운드의 부동산 소득을 가져야 한다고 규정했다. 1831년에는 성인의 4.4%만이 투표권을 가질 수 있었고, 1867년에는 영국 성인 남성

9　퍼트넘(Putnam), 왕례·라이하이룽 역, 『사회적 자본과 민주주의(Making Democracy Work)』, 강서인민출판사, 1992, 67-69면.

의 1/3, 전체 인구의 15%를 차지하는 도시의 숙련 노동자들이 선거권을 획득했다. 1884년에는 영국 성인 남성의 2/3, 전체 인구의 28.5%를 차지하는 농민 노동자들이 선거권을 가지게 됨으로써 이 시점에서 남성의 보통선거권이 완전히 실현되었다. 그러나 21세 이상의 여성들의 보통선거권은 1928년이 되어서야 이루어졌다(1918년의 법은 30세 이상의 여성에게만 투표권을 부여했다). 1948년에 이르러서야 영국은 다년간 시행되었던 대학 교사, 학생, 그리고 유산자에 대한 복수투표제를 폐지함으로써 보통 선거가 특별한 제한없이 합법적으로 인정되었다.[10]

프랑스에서는 정부가 재산과 납세액, 주거 기간을 통해 투표권을 제한했다. 남자는 1791년부터 시작해 1871년이 되어서 보통선거권을 얻었고, 여자는 1944년에 선거권을 얻었다. 1974년에 비로서 투표 연령 제한이 21세에서 18세로 낮춰졌다. 이렇게 프랑스가 보통선거권을 실현하는데는 153년이라는 시간이 걸렸다. 프랑스대혁명은 근대 민주주의의 근원으로 여진다. 1791년 프랑스 최초 헌법에서도 25세의 납세자에게만 선거권을 부여했다. 당시 프랑스 인구의 16.9%를 차지하는 440만명의 남성에게만 선거권이 주어졌다. 1795년의 '헌법 후퇴'는 선거권을 총수가 10만 명에 불과했던 소수의 부유한 부르주아와 납세자에게만 부여했다. 1848년 2월의 혁명으로 프랑스는 노동자계급의 압력으로 보통선거를 다시 실시했지만, 2년도 채 되지 않아 노동자계급과 소자산계급의 집권을 막기 위해 제헌의회에서 취소되었다. 제3공화시기 초기인 1871년이 되어서야 남성의 보통선거권이 다시 확립되었다. 프랑스 여성들은 1944년

---

10   왕샤오광(王紹光), 『민주사강』, 생활·독서·신지삼련서점, 2008, 56-58면.

2차 세계대전이 끝나고 나서야 선거권을 얻을 수 있었다.[11]

민주주의의 본보기로 알려진 미국에서도 보통선거권의 실현은 오랜 과정을 거쳤다. 백인 토지소유자들만이 투표를 했던 초기 식민시대에서 1965년 '공민권법(Civil Rights Act)'이 투표를 위한 문화 테스트 폐지에 대한 요구를 통과시킬 때까지 350년의 세월을 거쳐 아프리카계 미국인(인디언, 중국인 등 기타 소수 민족)들이 완전한 법적 투표권을 얻었다. 총적으로 일찍이 19세기 초에 유럽과 아메리카의 대부분 자본주의 국가들은 헌법체제에 평등과 자유의 원칙을 수립하고, 보통선거의 시행을 선언했다. 그러나 19세기의 대부분 시간에 유럽과 아메리카 각국에서 선거권을 가진 국민은 항상 남, 여 성인 인구의 10%를 넘지 않았고, 19세기 말까지도 20%를 넘지 않았다.[12] 이들 국가에서 국민의 권리 실현은 대부분 위에서 아래로 이루어졌으며 선거의 범위가 점차적으로 늘어나고 확장되면서 점진적으로 발전했다는 것을 알 수 있다. 이들 국가들이 이른바 민주주의 국가가 되기까지 100여 년의 시간이 걸렸다. 이렇듯 민주 권리의 실현은 하루아침에 이루어진 것이 아닌 오랜 시간 축적의 결과이다. 과정은 보지 않고 결과만 보고 적극적으로 받아들여 완전한 개인의 권리를 실현하려는 관점과 방법은 권리의 발전법칙에 위배될 뿐 아니라 역사적 사실에도 반하는 것이다.

---

11 왕샤오광(王紹光), 『민주사강』 생활·독서·신지삼련서점, 2008, 58-61면.

12 레슬리 립슨(Leslie Lipson), 류샤오 등 역, 『정치학의 중대 문제 *The Great Issues of Politics*』, 화하출판사, 2001, 108-111면.

(3) 후발개발도상국의 맹목적인 민주화 교훈

1970년대 이후, 라틴아메리카는 유럽과 아메리카 국가들의 민주주의체제 모델을 모방한 결과 '라틴아메리카 함정'에 빠졌다. 군사쿠데타와 정권교체가 빈번하게 일어나고, 사회 경제 발전이 정체되어 생존권과 발전권이 엄청난 침해를 받게 되면서 정치 권리의 유명무실한 본색을 감추기 어려웠다. 아프리카도 라틴 아메리카와 같은 곤경에 처했다. 1980년대에는 강요로 인해 서구식 민주주의를 수용하고 다당제를 시행해야 했다. 경제적 번영과 정치적인 안정 및 인민의 권리가 실현되지 못했고, 오히려 심각한 혼란에 빠져 전쟁과 경제대공황을 초래했다. 21세기에 들어서 아프가니스탄, 이라크와 같이 무력에 의해 서구 민주주의를 받아들인 국가들과 북아프리카와 서아시아 등 '아랍의 봄' 운동이 발생한 아랍국가들에서 '인권'과 '해방'이라는 이름으로 국가와 사회를 힘들고 혼란스럽게 한 것 외에는 다른 어떤 장점도 없었다. 민주 권리의 발전을 통해 국가 상황을 잘 알 수 있다. 로널드 잉글하트와 "진정한 민주는 일단 가동되면 순식간에 효율적으로 작동하는 기계와 달리 그렇게 간단하지 않다. 진정한 민주는 대중의 소질에 달려있다"[13]고 말했다. "지속가능한 민주체제를 창출하기 위해서는 국제적인 '시범 효과'가 중요한 의미를 가지지만 그 역할은 제한적이다. '민주주의가 로밍이 될 수 있는가?'와 같은 문제는 세상의 현실보다 아름다운 상상에서 비롯된 것일 수 있다. 민주주의는 반드시 시민사회를 기반으로 기층에서 발전해야 한다. 아마도 한 국가는 6개월 만에 정치적 민주를 생성할 수 있고, 6년이면 시장경제를 창조할 수 있다.

---

13   궈딩핑(郭定平) 엮음, 『문화와 민주』, 상해인민출판사, 2010, 36면.

그러나…… 진정한 시민사회를 이루는 데는 60년을 필요로 한다.[14] 민주의 길은 한걸음씩 나아가야 하고, 정치 권리의 실현과 발전은 단계적으로만 수행될 수 있다. 다른 국가의 방식을 '카피'하고, 지름길을 택해서 모든 권리에 대한 약속을 이행하는 것은 불가능하다. 마땅히 가져야 할 역사적 발전 단계를 넘어서 권리가 받아들여진 경우는 없다. 무책임하게 성공과 가시적인 이익만을 추구하는 것은 경제 및 사회 발전과 사회 안정에 백해무익하다.

　권리는 지속적으로 개선되고 발전하는 역사적 과정을 거쳐야 하고, 성장과 발전에 대한 자체 법칙을 가지고 있어 하룻밤 사이에 이루어질 수 없다는 것이 이미 역사적인 경험을 통해 거듭 증명되었다. 빠른 성공과 이익을 추구하는 방법은 결국 슬픈 결말로 이어질 것이다. 앞서가는 발전은 종종 '무모한 돌진', '돌진', '급진', '조바심' 등의 단어와 연결돼 현실 정치의 실천에서 통상적으로 질풍노도 같은 운동으로 전개되며 '통제 불능', '무질서', '붕괴'로 끝난다. 따라서 민주정치 건설의 길에서 이러한 리스크가 이점보다 훨씬 많은 도약식의 권리보장과 실현의 길을 피하고 멀리하고, 긍정적이고 안전하며 질서정연하고 조화로운 권리보장과 실현의 길을 찾고 점진적으로 권리를 발전시키고, 단계적인 발전을 적극적으로 촉진해야 한다.

---

14 미하일 시머(Mikhail Simmer), 『민주화 과정과 시장』, 이노구치 다카시·에드워드 뉴먼·존 킨, 린밍(林猛) 등 역, 『변화 중인 민주』, 길림인민출판사, 1999, 146, 141면.

3. 점진적 권리 발전의 길에 대한 견지

　　민주정치 건설과정에서 중국은 인민의 기본권 보장 실현에 중점을 두면서 사회의 여러 사업 발전과 조화를 이루면서 점진적으로 권리를 실현하는 것을 강조하고 있다. 중국의 지도자들도 이점을 언제나 강조해왔다. 장쩌민은 집단적 인권과 개인의 인권, 경제적, 사회적 및 문화적 권리는 시민과 정치적 권리와 긴밀하게 통합되고 조율되는데 이는 중국의 국정에 맞는 것이기 때문에 중국의 인권 사업이 필연적으로 가야할 길이라고 강조한 바 있다.[15] 후진타오 역시 모든 인민이 함께 노력하고 경제 및 사회 발전을 토대로 권리를 평등하게 발전시켜야 한다고 강조했다.[16] 인민의 민주 권리를 조화롭게 발전시키고 점진적으로 실현하는 것은 중국의 민주정치 건설에서의 중요한 경험이라는 것이 실천을 통해 입증되었고, 중국은 이미 자신의 실정에 맞는 민주 권리 발전의 길을 걷고 있음이 증명되었다.

　　사회 및 경제 발전에서 인민의 권리를 점차적으로 실현하고 확대하는 것은 민주정치라는 명제의 필수적인 의무이다. 이 부분에 대한 중국의 경험과 방법은 다음과 같다.

15　장쩌민, 『인민들이 법에 의하여 인권을 향수하도록 충분히 보장하자』, 『장쩌민문선』 제2권, 인민출판사, 2006, 56면.

16　후진타오, 『확고부동하게 중국 특색의 사회주의 길을 따라 전진하여 샤오캉사회를 전면적으로 실현하기 위해 분투하자—중국공산당 제18차 전국대표대회에서 한 보고』, 인민출판사, 2012, 14면.

(1) 권리 의식의 양면성에 대한 올바른 파악

권리는 인류사회의 이익 관계를 반영하는 것이다. 인류역사의 발전이 '인간의 의존관계'라는 단계를 초월하고 '물적의존성에 기초한 인간의 독립성'[17]이라는 단계에 이르러야 권리가 완전히 실현될 수 있다. 생산성의 발달과 함께 사회 이익이 분화되기 시작하고, 경제적 지위에 따라 다른 이해 집단이 형성되면서 사람들의 이익 관계에 변화가 일면서 권리에 대한 사람들의 인식이 깨어나고 발전하는 객관적인 기반이 마련되었다. 경제 발전의 변화로 인한 사람들의 이익 관계 변화는 필연적으로 권리 의식의 변화로 이어진다. 그래서 마르크스는 '사람들이 싸우는 모든 것은 그들의 이익과 관련이 있다'[18]고 지적했다.

사회주의 시장경제의 '권리 본위'는 대중의 이익 요구를 만드는 '촉매제'이다. 시장경제라는 경제형태에서 사람들은 보편적인 권리에 대한 요구를 가지게 되며, 이러한 요구가 지속적으로 발전하면서 사회생활의 다양한 분야에서 점차적으로 나타나게 되어 사회생활에서 개인의 권리는 필연적으로 확립될 수밖에 없다. 이익 요구가 끊임없이 강화되고 권리에 대한 인식도 커지기 시작한다. 이익 개념의 강화는 사람들의 열정을 자극하여 경제 발전과 사회적 진보를 촉진할 수 있다. 이것은 권리 의식의 긍정적 측면이다. 그러나 이익에 대한 요구가 이익 추구만으로 왜곡되면, 권리에 대한 요구가 권리본위주의로 바뀌어 권리 의식의 긍정적인 면이 사라지게 되고, 부정적인 성장을 보일 것이다. 이것이 바로 권리 의식의 양

17　『마르크스엥겔스전집』 제46권(상), 인민출판사, 1979, 104면.
18　마르크스, 「제6기 라인주 지방 의회 토론」, 『마르크스엥겔스전집』 제1권, 인민출판사, 1995, 187면.

면성이다.

개혁개방 이후 30여 년 동안 중국은 사회주의 시장경제체제를 구축했다. 사람들이 적극적으로 건설에 참여하면서 부를 창출했고, 생산력이 확대되면서 사람들의 물질적 생활 수준이 크게 높아졌다. 사회적 부가 급속하게 증가하면서 사회 전반에 활력이 넘치고, 사람들의 자주 의식, 경쟁 정신, 효율성 증진 의식이 강해지고, 권리 개념에 대한 각성으로 권리 의식이 크게 성장하게 되었다. 권리 의식의 성장은 사람들이 사회 생활에 참여하고 개인의 상황을 개선하는 적극성을 불러일으킴으로써 객관적으로 사회 진보와 국가의 다양한 사업의 발전을 촉진했다. 이것은 권리 의식의 긍정적 측면이다. 그러나 일단 권리 의식의 '성장'이 올바른 궤도에서 벗어나게 된다면 부작용을 일으킬 수 있다. 중국공산당 10차 6중전회의 정치 보고에서는 '시장 자체의 약점과 부정적인 측면도 정신생활에 반영될 것'[19]이라고 강조했다. 권리 의식이 과도하게 확대된다면 극단으로 갈 것이다. 개인의 권리에 대한 인식은 극단적인 개인주의로 발전할 것이고, 민족의식은 민족 분열 의식으로 진화할 것이고, 종교에 대한 의식은 극단적인 종교적 의식으로 발전할 것이다. 이것은 권리 의식 발전의 부정적인 측면이다. 중국의 개혁개방이 심화되고 이익 관계가 조정됨에 따라 권리 의식의 부정적인 측면이 강화되고 있다는 우려가 사회 각계에서 일고 있다.

극단적인 개인주의는 개인과 자기중심주의에 바탕을 두고, 개인의 욕구를 충족시키기 위해 사회와 타인의 이익을 해치는 것을 주저하지 않으며 당당하게 스스로를 방어하는 권리로 간주된다. 이렇게 권리에 대한 왜곡된 관념은 사회의 조화를 심각하게 훼손시키고, 사회 도덕과 사람과

---

19 『14차 당대회 이래의 중요 문헌선집』, 인민출판사, 1996, 541면.

[사진 5-1] 중화인민공화국 제10기 전국인민대표대회 제5차 회의에서
『중화인민공화국 물권법』통과

사람 사이의 기본적인 신뢰를 파괴한다. 극단적인 민족 의식은 국가의 통일과 사회 안정과 더욱 관련이 있다. 중화 민족은 "너 안에 내가 있고, 내 안에 너가 있지만 각자의 개성을 가진 다원적인 실체"[20]이다. 중화민족은 하나의 민족공동체로 불가분의 관계를 가지고, 여러 민족은 중화민족의 중요한 일부로써 민족의 공동 발전은 여러 민족의 근본적인 이익에 부합된다. 그러나 일부 사람들은 여러 민족의 근본적인 이익을 돌보지 않고 편협한 민족의식에 입각해 민족 분열 활동에 종사하여 피비린내 나는 사건을 일으켜 국가와 민족의 이익에 심각한 타격을 주었다.

따라서 인민 권리의 실현은 경제 발전, 사회 변혁, 법치 건설에 맞춰야 하고, 권리는 경제 및 사회의 발전수준에 맞춰야 한다. 발전수준에 맞는 인민의 권리가 필요하다. 인민의 권리 실현은 반드시 인민대중 스스로의 정치참여 의식과 수준에 맞추어야 한다. 인민의 정치참여 수준과 권리

---

20   페이샤오퉁(費孝通), 『중화민족의 다원일체 구도』, 중앙민족학원출판사, 1989, 1면.

의식이 일정한 단계에 이르지 못했을 때, 수많은 권리가 부여된다면 그 권리는 효과적으로 운용될 수 없을 뿐만 아니라 심지어는 상반되는 효과도 발생할 수 있다.

(2) 과학적인 권리 발전관에 대한 견지

권리의 발전과 보장 과정에서 중국은 늘 과학적인 권리 발전관을 고수해왔다.

첫째, 중국은 인민의 근본적인 이익의 일관성을 강조한다. 덩샤오핑은 "사회주의 체제에서 개인의 이익과 공동 이익은 결국 하나이고, 국부 이익과 전체 이익은 통일되며, 일시적인 이익과 장기적인 이익이 통일된다. 반드시 전반적인 것을 고려해 각종 이익의 상호관계를 조절해야 한다. 반대로 집단이익을 위반하면서 개인의 이익을 추구하고, 전체의 이익을 위반하면서 국부적인 이익을 추구하며, 장기적인 이익을 침해하여 일시적인 이익을 추구하는 경우, 그 결과는 양측의 손실로 고통을 겪을 수밖에 없다. 민주와 집중의 관계, 권리와 의무 간의 관계는 결국 위에서 언급한 것처럼 다양한 이익의 상호관계에 대한 정치적 및 법적인 표현이다"[21]라고 지적했다. 중국의 현단계에서 사람들의 이익은 일관되며 사람들 사이에 근본적인 이익 상충은 존재하지 않는다. 부분적으로 혹은 일시적으로 개개인에 대한 사회적 및 경제적 관계에 어떤 차이가 있을 수 있고, 사람들이 누리는 권리의 수준과 내용이 다를 수 있지만, 본질적으로 사람들이 누리는 권리는 진실성과 보편성을 가지고 있고, 개인의 권리와 공공의 권리, 사람들 사이의 권리는 일관성을 가지고 있다.

21　덩샤오핑, 「4개의 기본원칙 견지」, 『덩샤오핑문선』 제2권, 인민출판사, 1994, 175-176면.

둘째, 중국은 현실에 입각한 권리 실현의 단계성에 대해 주목한다. 권리를 실현하는 과정은 경제건설과 마찬가지로 점진적이고 단계적인 과정이 필요하다. 그러므로 실제에 입각해 성공을 위해 열심히 노력해야 하며, 성공을 위해 조급해하거나 역사발전단계를 건너뛰려고 해서는 안된다. 권리보장은 영원히 끝나지 않는 미완의 사업으로 세대를 거쳐 지켜나가야 한다. 이런 점에서 미국의 학자 그린의 견해는 매우 정확하다. "민주주의는 근본적으로 진보하고 끊임없이 진화하며 변화하기 때문에 결코 완벽하지 않고, 민주주의 실현의 목표는 신기루와 같아서 가까이 가면 더 멀어질 수 있다."[22]고 지적했다. 이는 점진적인 권리 신장을 중요시하는 중국의 견해와 일치하다.

셋째, 권리보장의 과정에서 중국은 권리보장의 궁극적 목표와 단계적 과제의 조정 및 통일을 분리하는 것에 주목한다. 권리 문제에 관해 집권당과 정부는 신중하고 실용적이며 낙관적인 태도를 유지하면서 사회발전의 단계에 따라 경제, 사회 및 문화 여건과 발전 주제에 따라 단계적인 권리 실현을 위한 과제를 정하고, 권리에 대한 요구와 권리보장이 건전하고 질서 있게 발전하도록 추진해야 한다. 속성론을 반대하고, 소련의 해체를 거울삼아 '1966-1976년'식 '대민주'의 재현을 단호하게 막아야 한다. 또한 민주 흐름의 불가역성을 견지하고, 점진적이고 단계적인 권리 발전의 방식을 유지하며 권리보장이 경제 및 사회 발전과 조화를 이루도록 해야 한다.

---

22 플레처 M 그린, 중국미국사연구회 등재, 「미국 민주의 주기」, 『노역과 자유: 미국의 패러독스-미국 역사학회 회장 연설집』, 귀주인민출판사, 1993, 21면.

(3) 인민의 권리에 대한 점진적 실현과 확대

권리 문제에 있어서는 너무 빠르거나 느리지 않게 적절하게 속도를 유지하며, 경제, 사회, 문화 발전을 따라 적시에 적절하게 실현하면서 인민의 권리를 확대하는 것이 가장 이상적인 상태이다. 개혁개방이 심화되고 중국의 경제 건설이 지속적으로 진전을 거두고, 권리보장 부분에서도 큰 진전을 보이면서 인민의 제반 권리는 개혁개방 이전보다 역사적인 향상을 이루었다.

우선, 중국 인민의 권리보장은 사법 보장에서 나타난다. 1978년 헌법은 1954년 헌법의 중요한 권리와 자유를 일부 회복하고, 권리의 실현에 대한 보장 조항을 규정함으로써 새로운 시기의 권리체계와 권리보장 메커니즘의 서막을 열었다. 1979년 전인대는 '입법을 전면적으로 서두르자'고 제안했다. 1982년 헌법은 중국 현실에 맞는 권리보장 체계를 수립하고, 기본권의 내용을 추가함으로써 헌법체계에서 국민의 기본권의 중요한 위치를 강조했다. 1998년에는 법치가 헌법에 기록되었고, 2004년에는 '인권 존중과 보장'이 헌법에 명시되었다. 2007년 권리 소유자의 재산권을 보호하기 위해 「물권법」을 제정했다. 2011년에는 헌법을 필두로 하고, 법률을 주체로 한 헌법 관련법, 민법, 상법, 행정법, 경제법, 사회법, 형법, 소송 및 비소송절차법 등으로 이루어진 중국 특색 사회주의 법률체계를 구축했다. 이와 함께 중국의 사법제도, 사법체제, 변호사 제도, 중재 제도 등도 크게 발전하고 경제발전과 사회 진보에 따라 권리 제도와 권리보호메커니즘이 지속적으로 발전되고 개선되었다.

둘째, 이익조정 메커니즘을 점진적으로 보완하였다. 이익 차이에 따른 사람과 사람 사이의 갈등과 충돌을 방지하기 위하여 권리를 조정할 수 있는 메커니즘을 구축하고, 권리에 대해 정확하고 합리적인 규정을 만들어 사람들의 권리 의식을 유도하고, 열정을 자극함으로써 부정적인 측면을 억제하였다. 현재 인민의 권리와 이익을 보호하는 메커니즘과 과학적인 이익 조정 메커니즘, 요구를 표현하는 시스템과 갈등을 조정하는 메커니즘이 이미 형성되었다. 첫째, 인민의 이익 협상 메커니즘이 개선되었다. 현 단계에서 관심사인 인민의 이익과 관련된 문제는 당과 정부 체계를 통해 기층 조직, 노동조합, 업계 협회 등의 조정 역할을 이용해 모든 이해 집단의 알 권리와 참여권을 보호하고, 이익 충돌 쌍방의 평등한 대화를 촉진하고, 법에 따라 갈등과 분쟁을 해결하도록 하고 있다. 둘째, 인민의 이익 보장 메커니즘이 수립되고 공정한 권리, 공정한 기회 및 규칙을 보장하는 제도를 개선함으로써 인민의 평등한 참여권이 효과적으로 보장되었다. 셋째, 요구를 표현할 수 있는 경로를 원활하게 하고, 인민대표대회, 정치협상회의, 인민 단체, 업계 협회 및 대중 매체들이 사회 이익을 표현하는 기능을 수행할 수 있도록 함으로써 포괄적이고 입체적인 플랫폼을 구축하여 사람들의 요구를 보다 잘 듣고 반영할 수 있도록 한다. 넷째, 갈등 조정 메커니즘을 수립하고, 국민 조정, 사법 조정, 행정 조정 및 변호사 참여를 유기적으로 결합하여 모든 수준의 조정 네트워크를 완비함으로써 조정자와 조정자원봉사자 대오건설을 강화하며 사회 갈등에 대한 원천적인 관리를 강화하고 여론을 충분히 경청하고, 받아들여 과학적이고 민주적인 의사 결정을 촉진하였다.

인민의 권리 실현은 어렵고 복잡하고, 장기적으로 점진적으로 이루어져야 하는 특징을 가지고 있다. 이렇듯 인민의 권리 실현을 위해 명확한 작업 진도와 시간표를 제시하는 것은 비현실적이라는 것을 세계와 중국의 권리 발전 경험을 통해 알 수 있다. 인민의 권리 실현은 정해진 궤도에 따라 단계적으로 이행되어야 하며, 그렇지 않고 지나치게 빨리 단일하게 권리를 부여한다면 부정적인 효과를 초래할 수 있다. 점진적인 인민의 권리 발전이 권리 발전의 기본 법칙이다.

제6장
중국 민주주의 건설방법:
문제에 의한 추진과 시범 추진

중국 민주주의 건설방법: 문제에 의한 추진과 시범 추진

　　현대 중국의 민주정치 건설은 주로 정치체제 개혁을 통해 추진되고 실행된다. 정치체제 개혁 추진을 위해 올바른 방법을 채택하는 것이 민주정치 건설을 위한 중요한 보장이 된다. 수년에 걸쳐 거듭된 탐색 끝에 중국은 문제를 통해 개혁을 추진하고, 시범을 통해 개혁을 추진하는 귀한 경험을 쌓아가며 민주정치 건설을 촉진하기 위한 기본 전략을 형성했다. 이는 중국 정치체제 개혁과 민주정치 건설의 실천에서 얻은 중요한 경험이기도 하다.

1. '돌다리도 두드려보고 건너라': 개혁 방법론

정치체제 개혁은 대규모의 사회공학으로, 어떤 방법과 사고를 통해 정치체제 개혁을 지도할 것인지는 개혁 시작부터 항상 고민하고 논의되어야 하는 문제이다. 실천 방법은 단일하지 않지만, 사람들은 개념적으로 개혁의 방법과 사고를 분리하고 있다. 그중에서 이론적 지침과 합리적인 설계에 중점을 둔 '최상위설계'에 치중한 '설계론'과 실천을 모색하는 '돌다리도 두드려보고 건너라'는 '탐색론'이라는 두 가지 전형적인 유형을 가지고, 현재와 미래의 정치체제 개혁에 관한 두 가지 주장과 사고를 반영했다.

(1) 두 가지 사고: '돌다리도 두드려보고 건너라'와 '최상위설계'

실천 과정을 봤을 때, '돌다리도 두드려보고 건너라'를 주장하는 '탐색론'은 개혁 초기에 형성된 것이고, 이론적 지침과 설계에 치중하는 '최상위설계' 사상은 21세기 이후에 제시되어 점차적으로 관심을 받았다.

공개 문헌을 통해 '돌다리도 두드려보고 건너라'를 최초로 제시하고 점진적인 모색을 개혁 전략으로 삼을 것을 강조한 사람은 중공중앙정치국 상무위원, 중공중앙부주석을 역임한 바 있는 천윈(陳云)이었다. 천윈은 1980년 12월 중앙업무회의에서 "우리는 안정적인 단계를 통한 개혁을 해야 한다. 우리의 개혁은 복잡한 문제들이 있기 때문에 너무 성급하게 요구할 수는 없다. 이론 연구와 경제 통계, 경제 예측에 의존해 개혁을 하는 것도 중요하지만, 더 중요한 것은 '돌다리도 두드려보고 건너는 것'처럼 시범적으로 착수해 경험을 수시로 정리하는 것이다. 처음에는 작은 걸음으로 단계적으로 천천히 시행해야 한다"[1]고 지적했다. 천윈의 '돌다리도 두드려보고 건너라'라는 생각은 그 당시 지도부에게 인정을 받아 실제로 개혁 실행에 구현되었다. 덩샤오핑은 1987년 제13차 중국공산당 전국대표대회 이후 개혁에 관해 "우리가 지금 하고 있는 일은 새로운 사업으로 마르크스가 언급한 적이 없었고, 다른 사회주의 국가에서도 한 적이 없었던 것이기 때문에 배울 수 있는 기존의 경험이 없다. 우리가 하면서 배우고, 실천하면서 모색할 수밖에 없다"[2]고 지적했다.

개혁개방 30년 이후까지 '돌다리도 두드려보고 건너라'와 같은 개혁 방법은 여전히 지도부에 의해 재천명되고 확인되었다. 2012년 12월31일 시진핑 신임 총서기는 제18차 중앙정치국 2차 공동 학습에서 "개혁개방은 이전에는 볼 수 없었던 새로운 사업이며 올바른 방법론을 고수하고 지속적인 실천과 탐구를 통해 실행해야 한다. 돌다리도 두드려보고 건너는 것은 중국 특색이 가득한 중국 국정에 맞는 개혁 방법이다. 돌다리도 두드려보고 건너는 것은 법칙을 짚어보고 실천을 통해 참된 지식을 얻게 되는 것이다. 돌다리도 두드려보고 건너는 것과 최상위설계 강화는 변증적으로는 같다. 국부의 단계적인 개혁개방 추진은 최상위설계 강화를 전제로 진행해야 하고 최상위설계 강화는 국부의 단계적인 개혁개방을 기반으로 계획을 모색해야 한다. 거시적 사고와 최상위설계를 강화해 개혁의 체계성과 전체성, 시너지 효과에 더 많은 관심을 기울이고, 과감한 시도를 계속 장려해 개혁개방을 지속적으로 심화시켜야 한다."고 지적했다.

소위 '돌다리도 두드려보고 건너라'는 기존 경험과 참조할 무엇이 없

---

1   천윈, 「경제 형세와 경험 교훈」, 『천윈문선』(1956-1985), 인민출판사, 1986, 251면.
2   덩샤오핑, 「제13차 당대회의 두가지 특점」, 『덩샤오핑문선』 제3권, 인민출판사, 1993, 258-259면.

는 상황에서 자신의 여건과 실천에 따라 실무적인 문제를 해결하기 위한 솔루션과 방법을 모색하고, 나아가 그 속에서 규칙적인 이해 방법을 발견하고 인식하는 것이다. '돌다리도 두드려보고 건너라'는 비유적 은유이다. 과학적 방법론에서 '돌다리도 두드려보고 건너라'는 것은 귀납적 방법에 속한다. 즉 많은 실험 과정을 통해 규칙적인 인식을 귀납하고 다듬는 것이다.

중국 개혁개방의 지속적인 발전과 심화에 따라 개혁의 방법론적 의미에서 개혁을 포괄적으로 이해하고 이론적으로 요약하고 더 나아가 전체적인 설계를 해야 한다는 목소리가 점점 부각되면서 개혁 지도자들도 이에 대해 긍정적으로 반응했다. 사람들은 이런 사고를 최상위설계라고 요약한다.

공개 문헌 가운데 '최상위설계'에 대한 권위있는 논술은 중공중앙의 '12차 5개년' 계획 제안에서 처음 등장했다. 12차 5개년 국가 경제 및 사회 발전 계획 가운데서 열한 번째 편인 『개혁을 통해 어려움을 해결하고, 사회주의 시장경제체제를 개선하자』는 문장에서 "더 큰 의지와 용기를 가지고 다양한 분야의 개혁을 종합적으로 추진하고, 최상위설계와 전반적인 계획에 대한 개혁을 더욱 중시하면서 개혁의 우선 순위와 핵심 업무를 명확하게 하고, 종합적인 부대개혁 시험을 심화시켜 모든 당사자의 적극성을 더욱 잘 동원한다. 대중의 개척 정신을 존중하고, 경제체제 개혁을 적극적으로 추진함으로써 정치체제 개혁을 적극적이고 안정적으로 촉진하고, 문화체제와 사회 체제의 개혁을 가속화하며, 중요한 분야와 부분에서 돌파구를 마련해야 한다."[3] 고 지적했다. 이후 정치체제 개혁에 대해서도 '최상위

---

3   『중화인민공화국 제12차 5개년 국민경제 및 사회발전계획 요강』(http://www.ndrc.gov.cn/fzgh/ghwb/gjjh/P020110919592208575015.pdf).

설계'가 필요하다는 목소리가 높아졌다.

최근 '최상위설계'의 개혁 방안과 사고가 나온 데는 두가지 배경이 있다.

첫째, 중국의 산업화, 도시화와 현대화 건설이 지속적으로 발전하고 심화됨에 따라 중국 경제, 정치, 사회 분야는 갈수록 복잡해지는 추세를 보이고 있으며, 이익의 다각화와 다양성이 나날이 부각되고 있다. 이에 상응하는 경제 사회 조직, 경제 사회구조와 경제 사회 관리가 따라서 복잡해지고 정교해지고 있다. 사회 법률 체계와 정치체계도 갈수록 복잡해지고 정교해지고 있다. 이런 상황에서 법률과 법률, 정책과 정책 사이의 모순과 모호성이 커지고 있다. 어떤 법이나 정책이 출범되어도 개혁개방 초기와 같이 명확하고 예측 가능한 효과를 보지 못하고 있다. 반대로 점점 더 많은 법률과 정책이 상호 저촉되고 심지어는 충돌하고 있다. 이러한 상황은 법률과 정책의 영향을 감소시킨다. 이러한 맥락에서 법률, 정책, 해당 법률 및 정책제정 부서 간의 조정이 필요하다.

둘째, 개혁개방 과정에서 정치체제 개혁과 민주정치 건설의 경험은 끊임없이 형성되고 축적되고 있다. 사람들은 좀 더 자발적으로 개혁을 모색하고, 과거의 경험을 이론으로 업그레이드하며, 이론을 바탕으로 더 많은 실천을 유도할 수 있기를 바란다. 예를 들어, 중국 특색 사회주의 민주정치 건설의 특징과 법칙과 관련하여 제16차 중국공산당 전국대표대회는 중국공산당의 영도, 인민의 주인으로서의 권리행사, 법치가 유기적으로 결합되는 '세 가지 통일'을 제시했다. '세 가지 통일'은 어느 정도 이론적 종합과 요약으로 일종의 '최상위'의 제도적 장치이다. '세 가지 통일'은 미래 중국의 정치체제 개혁과 미래 민주정치 건설에 중요한 지침이 된다.

이러한 맥락에서 '최상위설계'에 대한 요구가 점점 여론을 형성하고 있다. 소위 '최상위설계'는 엔지니어링에서 파생된 개념으로 원래 의미는 공학 설계의 각종 요소와 단계를 전반적으로 고려하는 것이다. 먼저 프로젝트의 '전체 개념'을 결정하고, 전체 개념을 바탕으로 구조를 통일하고, 기능을 조정하며 리소스를 공유하고, 구성 요소의 표준화 요구에 따라 포괄적이고 전반적인 계획을 하는 것이다. 제2차 세계대전을 전후로 이러한 공학적 개념은 서구 국가의 군사와 사회관리분야에서 광범위하게 사용되었고, 정부가 국내외 정책을 포괄적으로 계획하고 국가발전전략을 제정하는 중요한 사유 방식이 되었다.

(2) 정치 문제의 특수성

'돌다리도 두드려보고 건너라'와 '최상위설계'는 모두 실천과 인식의 방식으로 그 자체는 장단점의 구분 없이 실제 조건과 필요에 따라 사회 실천에 유연하게 적용될 수 있다. 그러나, 광범위한 정치 발전의 실천 속에서 정치발전의 길을 모색하고, 정치발전의 법칙을 인식하는 방법은 '돌다리도 두드려보고 건너라'라는 실험적이고 귀납적인 방법을 주로 사용하고, '최상위설계'와 같은 분석법과 연역법은 비교적 적게 사용된다. 정치 분야에서 실험적이고 귀납적인 방법을 많이 구사하는 것은 인간의 정치 활동 자체의 특성과 밀접한 관련이 있다.

다른 사회 분야와 비교했을 때 정치 분야는 특수성을 가지는데 다음 3가지로 나타난다.

첫째, 정치현상의 복잡성이다.

정치 문제는 매우 포괄적이고 관련성을 가진다. 레닌은 "정치는 경제의 집중적인 표현이고, 경제활동은 인간의 기본적인 사회적 실천이다."라는 말을 했다. 과거에는 경제 활동을 일종의 '물적' 관계, 즉 인간과 자연의 관계, 즉, 인간이 생산활동을 통해 자연에서 자원을 개발하고 부를 얻는다고 생각했다. 마르크스주의는 경제활동의 또 다른 특성, 즉 인간의 경제활동도 사람 사이의 사회적관계를 반영하고 있음을 심오하게 드러낸다. 사람들은 일정한 사회관계에서 존재하고 행동한다. 여기에 자원 개발, 생산, 부의 획득, 물질문명 창조와 같은 경제 활동을 포함한다. 레닌은 사회관계의 시각에서 '경제' 개념을 사용했다. 경제활동은 인류 특유의 사회적 활동이다. 특정한 사회관계에서 사람들은 그들의 생존과 발전을 유지하는 데 꼭 필요한 물질적 조건을 얻으며 즉 그들의 물질적 이익을 실현한다. 경제활동에서 물질적 이익을 실현하는 기본적인 방법은 교환을 통한 것이다. 경제관계는 일반적으로 개인을 기본 단위로 하며, 경제 이익의 실현은 일반적으로 수많은 교환 행위를 통해 하나씩 이루어진다.

경제와 비교할 때 정치활동에는 명백한 차이가 있다. 인간이 정치활동에서 참여하는 목적은 이익을 얻기 위해서이지만 정치활동을 통해 이익을 얻는 방식은 강제적이며, 사회 이익의 강제적인 분배를 위한 정치 권력의 사용의 결과이다. 경제 이익의 교환과 획득은 대체로 개인 간의 행동이지만 정치활동은 항상 집단적이다. 이익실현의 형태로서의 경제 활동은 지속적이고 전진해 나가는 식이다. 정치활동의 결과는 상대적인 안정성과 단계성을 가지고 있고, 중대한 정치 변혁과 정치적 의사 결정이 이루어지면 장기적이고 안정적으로 역할을 수행하게 되는데 이것이 사회 이익의 분배를 근본적으로 결정한다. 정치는 사회 이익의 전체적인 분배이다.

일반적인 의미에서의 이익은 구체적인 것이고 그것의 일반적인 형태는 사람이 볼 수 있고 느낄 수 있는 물질적 이익이다. 정치적 이익은 유형적인 물질적 이익이 아니다. 정치 이익은 본질적으로 사회적 분야에서의 다양한 물질적 이익에 대한 분배 방안이다. 정치 분야 그 자체는 이익을 창출하지 못하고, 정치 이익 혹은 정치활동 자체는 다른 사회적 이익과 사회적 활동이 전환되어 나오는 것이다. 다양한 사회 분야의 문제와 모순이 이 분야에서 해결되지 않을 때, 문제와 갈등이 정치분야로 집중되면 정치분야에서 최종 해결책을 모색하게 된다. 이것은 인간의 사회운동에서 규칙성을 나타내는 '정치 집중' 현상이다. 그래서 레닌은 정치가 경제의 집중적인 표현이라고 말했다. 사실 발전 중에 경제분야의 문제와 갈등만 정치분야로 모이는 경향이 있는 것은 아니다. 거의 모든 사회 분야와 많은 사회 활동들도 비슷하게 정치분야로 모이는 경향을 가지는데 이는 일반적인 사회현상이다.

정치 집중 현상의 관점에서 보면 세계에는 원래 '정치'가 없었다. 정치는 다양한 사회 문제와 모순이 집중되어 변형되어 생긴 것이다. 정치문제는 다른 문제들에 비해 관련된 부분이 광범위하고 관련 요소들이 더 많다. 정치분야는 또한 가장 복잡하고 특수한 사회분야이기 때문에 정치 프로세스에 대한 선험적이고 전체적인 설계를 시도하는 것은 특히 어렵다.

둘째, 정치적 인지의 한계이다.

사회의 일반적인 의미에서 정치 현상은 어디에나 있는 것처럼 보인다. 그러나 사실 다른 사회 현상에 비해 정치 현상은 그다지 반복적이지 않다. 이렇게 정치 현상은 낮은 반복율을 가지고 있기 때문에 유사한 정치 현상이 발생할 확률이 낮고, 정치 현상의 주기성은 불분명하고 안정적이지 않다. 예를 들어, 정치적 계승 현상은 중요한 정치 현상이자 정치학 연구의 주요 쟁점 중 하나이다. 그러나 고대사회의 세습체제에서 정치 승계는 일반적으로 황제들의 출생, 나이, 질병, 죽음에 따라 우발적으로 나타났다. 현대 정치에서 자본주의 국가나 사회주의 국가에 관계없이 일반적으로 국가 권력의 교체는 8-10년을 하나의 주기를 형성하기 때문에 정치 계승 현상을 위한 연구대상이 상대적으로 드물다. 과학연구에서는 연구 대상이 안정적이고 반복적인 특성을 가져야 하는데 이는 정치 분야에서 는 부족한 부분이다. 자연과학은 확정된 대상에 대한 실험을 반복함으로 써 연구대상을 이해할 수 있는데, 정치과학에서는 그렇게 운이 좋지 않았 다. 정치학의 연구대상이 반복되지 않거나 오랜 시간이 걸리는 경우가 많 다. 연구대상의 단일성과 일과성으로 인해 정치학 연구에서 실질적으로 연구 대상이 부족해지므로 연구의 신뢰성과 타당성이 크게 감소되고, 어 려움이 많이 증가하게 된다.

셋째, 정치 행위의 주관성이다.

주관적이거나 주관적인 능동성은 정치 프로세스에 영향을 미치는 불가피한 중요한 요소, 즉 흔히 말하는 '오이디푸스 효과'이다. '오이디푸 스 효과'란 예언이 예언 결과에 미치는 영향을 말한다. 정치 분야는 사회 적 이익의 집합으로 사회 관심과 집단 게임의 초점이 되는 곳이다. 정치적 의사결정의 대상은 추상적인 사회가 아닌 구체적인 사람들이다. 정치적 의사결정이 내려지면 사람들의 이익에 영향을 미칠 것이고 사회적 반향 을 불러일으켜 사회적 참여를 이끌어낼 수 있다. 사람들은 정치적 의사결 정에 적응하기 위해 모든 노력을 기울일 것이고, 이익을 추구하고 불이익 을 피하기 위해 모든 노력을 기울일 것이다. 정치 현상이 복잡하기 때문에 정치적 의사결정의 결과를 예상하기는 어렵지만, 모든 정치적 의사결정 에서 결정할 수 있는 유일한 결과는 필연적으로 연대적 회피 반응을 일으 킨다는 것이다. 정치적 의사결정에 따른 불가피한 회피 반응은 또 다른 연 대 비용을 발생시키거나 의사결정 효과의 약화로 이어지거나, 새로운 대 책의 시작으로 이어질 수 있다.

정치 분야에서 보편적으로 존재하는 '오이디푸스 효과'는 정치 흐름의 통제를 더 힘들게 한다. 주관적인 간섭인 '오이디푸스 효과'로 인해 정치 과정과 의사결정의 결과가 불확실하고 정치적 프로세스와 정치적 결정의 결과를 예측할 수 없기 때문에 신뢰할 수 있는 전반적인 설계와 효과적인 실행 계획을 미리 수립하는 것은 어렵다. 사전 채택된 정책은 회피적 행동으로 인해 종종 빠르게 실패해 기본 계획의 가치가 줄어든다.

(3) '최상위설계'의 전제와 조건

'최상위설계'로 개혁에 대한 지침을 제공하는 것이 이론적으로는 맞지만, 그러나 실제로는 성공한 사례가 거의 없다. '최상위설계'라는 생각 자체를 봤을 때, '정층설계'를 다음 단계를 위한 실천 지침으로 삼는 데 필요한 전제와 조건이 있는데 이를 다 갖추기 것은 매우 드물고 힘들다.

인류 역사상 중대한 정치과정에는 '최상위설계'라는 요소가 있었다. '최상위설계'가 인류 사회에서 중요한 정치과정을 여는 가장 일반적인 시나리오는 사회혁명이었다. 1776년 미국의 독립 전쟁, 1789년 프랑스 혁명, 1917년 러시아의 '10월혁명', 1949년 중국의 혁명과 같은 인류 역사상 위대한 사회 혁명에서 '최상위설계'는 혁명으로 인해 결속된 구시대와 시작된 새 시대를 여는 역사적인 과정에서 큰 역할을 했다. 이렇게 '새로운 사회', '새로운 국가'의 설립은 확실히 '최상위설계'의 혜택을 어느 정도는 받았다.

프랑스 대혁명에서 탄생한 『권리장전』은 유럽의 계몽주의에서 비롯되었다. 몽테스키외의 삼권분립 사상은 미국 정치체제에서 가장 잘 반영되었고, 『연방주의자 논집』의 헌정 문제에 대한 논의가 미국 정치체제의 진화에 깊은 영향을 주었다. 1905년 혁명 이후, 레닌이 이끄는 볼셰비키

당은 민주집중제를 형성했고, 10월혁명과 볼셰비키 집권을 거쳐 첫 사회주의 국가인 소련 정치체제의 기본원칙으로 전환되었다. '10월혁명의 포성이 마르크스-레닌주의를 중국으로 보냈고', 중국 혁명의 승리와 함께 마르크스-레닌주의는 중국의 사회주의 사업을 이끈 이론적 근거가 되었다.

이런 '정층설계'에 의해 생성된 정치제도의 역사에서 역사의 끝과 새로운 역사의 시작은 종종 역사에서 일어난 최상위제도설계라는 전제를 가진다. 혁명은 과거의 역사를 중단시키고, 새로운 역사를 연다. 구제도가 모든 가치를 잃는 순간, 역사에는 짧은 '진공' 상태가 나타날 수 있다. 역사의 일시적인 정지는 제도 설계를 위한 기회를 제공했고, 혁명은 새로운 제도를 위한 장을 마련해주었기에 '최상위설계'가 비로소 가능할 수 있다.

이런 전제 외에도 '최상위설계'는 새로운 제도와 사회 과정과 연관된 관련 요소를 가능한 많이 알고 이해해야 하는 필수조건이 필요하다. 즉, 많은 관련 지식과 상응한 물질적 준비가 필요하다. 19세기 말 일본의 메이지 유신이 성공을 거두면서 '5개조서약문'을 핵심으로 한 일본의 현대 산업화 강령이 실시됨에 따라, 기존의 막부 체계가 무너지고 기층 엘리트 단체-무사 계급의 부상과 변화가 일었고, 메이지 시대 외부세력의 간섭이 없었던 일본의 사회 변혁을 이끌었다. 같은 시기, 중국의 양무운동은 청나라 지배계급 내부의 분열과 시기, 하층계급의 항거로 인한 중앙권력 약화와 분산, 외부 열강의 끊임없는 침범으로 인해 중국의 비슷한 개혁운동은 실패로 돌아갔다. 서학동점(西學東漸), 비슷한 부국강병안들이 거의 동시에 시작되었지만 전혀 다른 결과를 보이게 되는데 역사 조건이 결정적인 요인으로 작용했기 때문이다.

요약하자면 최상위설계는 경험과 이론적 준비가 필요하다. 어느 정도 경험과 이론적 이해를 기반으로 최상위설계는 정책시스템의 내재적인 일관성을 형성하고, 정책시스템의 내재된 모순과 충돌을 줄이고 전반적인 효율을 향상시킬 수 있는 장점이 있다. 그러나 '최상위설계'는 '돌다리도 두드려보고 건너라'보다 더 높은 조건을 필요로 한다. 최상위설계는 정해진 목표와 전반적인 요구사항을 포함한다. 즉, 계층화된 설계와 전체의 각 부분이 최상위설계의 목표를 충족해야 한다. 최상위설계의 개념은 건축학에서 파생되었다. 하지만 정치 및 사회 분야의 설계는 건축설계와 근본적으로 다르다. 건축설계의 각각의 부분은 현실적으로 존재하는 것이 아니기 때문에 건축설계는 최상위설계의 목적과 요구사항에 따라 더 설계를 세분화시켜 전체의 요구사항을 충족시켜야 한다. 사회, 정치 분야에서 기존 법률, 정책 및 관련 사항이 이미 있지만, 현행 법률 정책 및 현실적 사항과 최상위설계 목표와 요구 사이에 차이가 있다. 최상위설계를 표준으로 해야하는 경우, 최상위설계의 요구사항을 충족시켜 실질적으로 운영하기 시작할 때 기존의 정책과 법률 체계를 어떻게 바꿀 것인가는 매우 어려운 문제가 된다. 모든 것이 최상위설계에 따라 수행되면 각 부분은 더 이상 자체적인 현실에 의해 개혁하고 탐구할 수 없고, 전반적인 요구사항에 따라 '차근차근' 나아가야 한다. 이렇게 되면, 최상위설계는 두가지 결과를 가질 수 있다. 첫째, 정치 개혁과 건설 비용이 상승해 아직 요건을 갖추지 못한 부분에서는 전체 속도를 따라잡아야 하는 부담이 생긴다. 둘째, 최상위설계의 목표와 전체적인 요구사항을 충족할 수 없는 부분에서 '발목을 잡아 끄는' 현상이 나타나게 되어 국부적인 부분 사이 혹은 국부적 부분과 전체 사이에서 갈등이 야기될 수 있다.

2. 문제에 의한 경로 선택

1980년대부터 시작된 개혁개방과 중국 특색 사회주의 정치 건설 과정은 현실의 어려움에서 시작하여 문제 해결의 필요성에서 비롯되었다.

(1) 현상이 본질보다 크다: 현상 치료부터 시작하다

1978년 5월 10일 중국공산당 중앙당학교의 많은 이론가들은 당시 중앙당교 교장 후야오방이 직접 인가한 문장인 「실천은 진리를 검증하는 유일한 기준이다」라는 글을 개정하는 데 참여했고, 이 글의 전문은 중앙당학교 〈이론동태〉 제60호에 실렸다. 그 후 〈광명일보〉, 〈인민일보〉, 〈해방군보〉 등 주요 신문에 전문이 실렸고, 신화사에서 전국에 통고했다.

이런 분위기 속에서 중국공산당 제11차 3중전회가 열리게 된 것이다. 11차 3중전회와 그후 열린 이론학습회에서 낡은 정치와 경제체제 등을 어떻게 개혁할지에 대해 중국공산당 내부와 중국 사회적으로 다양한 인식이 형성되었다. 그중에서도 광범위한 영향을 미친 사조는 '좌'적 노선을 타

[사진 6-1] 1978년 5월 11일. 〈광명일보〉 특별논설위원 문장.

파하고, 이론적 시비를 가려 역사의 오류를 바로잡자고 주장한 것이다.

과거를 완전히 청산해야 한다는 주장의 암묵적 논리는 사상 및 이론적 관점에서 과거의 실수를 인식하고, '좌'편향의 잘못된 노선을 수정해 모든 실수를 깨끗하게 처리해야만 올바른 미래의 발전 노선을 선택할 수 있다는 것이다. 완전한 청산을 해야 한다는 주장은 또한 미래 발전 노선을 포괄적으로 계획했다. 당의 11차 3중전회를 전후로 당내 일부 이론가들은 '새로운 민주주의의 새로운 단계'를 복원하여 자본주의 발전을 보강하자고 주장하는 이른바 '보강설'을 제시했다.

과거를 완전히 청산해 이론과 정치적인 부분에 대한 시비를 가려 미래를 재구성할 것인가? 아니면 일의 중심을 전환해 현실의 구체적인 문제를 해결하기 위해 노력할 것인가? 1979년 개혁개방 초기, 중국은 실질적으로 두가지의 개혁 사고와 선택에 직면했다. 덩샤오핑을 필두로 하는 중국공산당 지도층은 후자를 선택했다. 덩샤오핑은 '묵은 빚 청산' 혹은 '미래로 향한다'는 말로 이 두가지 사고를 귀납했다.

덩샤오핑은 1978년 12월 중국공산당 제11차 3중전회 전에 열리는 중국공산당 중앙업무회의 폐막식에서 〈사상을 해방하고, 실사구시에 입각해 일치 단결하여 전진하자〉란 유명한 담화를 발표함으로써 곧 개최될 11차 3중전회의 기조를 다졌다. 연설에서 덩샤오핑은 '큰 그림에 중점을 둘 것'과 '전진을 위해 남아있는 문제들을 해결'할 것을 제안했다.[4] 1979년 초에 있었던 이론학습회에서 개혁에 대한 논쟁이 일어났다. 3월27일 덩샤오핑은 이론학습회의 연설문을 준비하기 위해 후야오방, 후차오무(胡喬木)

---

4 덩샤오핑, 「사상을 해방하고, 실사구시에 입각해 일치 단결하여 전진하자」, 『덩샤오핑문선』 제 2권, 인민출판사, 1983, 147-148면.

등에게 사상이론계에 주도적 사상을 가져야 한다는 내용을 이야기하도록 청했다. 이론 업무의 주도 사상과 중심 과제는 사람들이 앞을 보도록 이끄는 것이다. 묵은 빚 청산에 미련을 가지는 경향이 있었다. 3중전회의 정신에 대한 홍보가 적었고, 겉모습은 그럴 듯 하나 실제는 그렇지 않은 표현들이 생겨났고, 심지어는 극단적이기까지 했다. 이런 점들은 일치단결하여 앞으로 나아가는 것에 도움이 되지 않았고, 인민의 적극성을 동원하는 데에도 도움이 되지 않았으며, 한마음 한 뜻으로 4개 현대화를 실현하는 것에도 도움이 되지 않았다. 덩샤오핑은 "이론은 정치를 위해 봉사해야 한다. 지금 이 나라에서 가장 큰 정치는 일치단결해 앞을 바라보고, 한마음 한 뜻으로 4개 현대화로 나아가는 것이다"라고 지적했다.[5]

중국공산당 11기 3중전회를 시작으로 중국의 개혁개방은 현실적인 문제를 해결하고, 사회적 관심을 경제발전과 생활개선으로 이끄는 방향을 선택했다. 이것이 중국의 개혁개방과 민주정치 건설의 정책적 원칙으로 점차 자리잡게 되었다. 중국 자체만 보면 중국이 선택한 이런 개혁 전략의 중요성을 제대로 이해하지 못할 수도 있지만, 중국보다 나중에 있었던 소련의 개혁 전략과의 비교를 통해 중국의 경험에 대한 이해를 심화시킬 수 있다.

소련의 개혁은 1980년대 중반에 시작되었다. 1986년 2-3월에 열린 소련공산당 제27차 회의는 소련의 대규모 개혁을 상징한다. 당시 고르바초프 소련공산당 총서기는 정치 보고서에서 소련 개혁에 대해 포괄적으로 논의했다. 먼저 소련 사회 발전이 선진 사회주의 국가 실현이라는 역사

---

5   중국공산당 중앙문헌연구실 편집, 『등소평 연보1975—1997(상)』, 중앙문헌출판사, 2004, 498-500면.

적인 단계의 출발점에 있다고 설명하고, 사회주의 생산 관계와 생산성 사이의 모순이라는 개혁의 이론적 근거를 제시하며 생산관계의 자동 적응 이론을 비판했다. 마지막으로 그는 소련 연방의 개혁이 근본적인 변화라고 강조하며, 광범위한 경영에서 집중적인 경영, 경제 관리 변화, 노동 생산성 향상에 이르기까지 발전을 가속화하는 전략을 내세웠다. 그는 정치 개혁이 경제 개혁과 함께 전면적으로 이루어질 것이라고 밝히고, 마지막으로 그는 사회주의 생산 실천이 개혁을 검증하는 유일한 기준이하는 개혁 검증의 표준 문제도 제기하였다.

1987년 고르바초프는 미국 출판사의 요청에 따라 소련의 역사와 개혁을 포괄적으로 다룬 『개혁과 새로운 사고』라는 책을 출판했다. 이 책은 1930년대 스탈린시대의 산업화와 농업 집단화, 제20차 소련공산당 대표회의와 흐루시초프 시대의 대내외 정책, 브레즈네프와 코시긴 시기였던 1965년에 시작한 경제개혁과 같은 일련의 주요 역사적 문제에 대해 새로운 평가를 하며, 소련 개혁의 뿌리와 본질, 조치 및 단계, 문제 및 전망을 자세히 설명했다. 또한 소련과 중국, 미국, 유럽, 아시아, 중동, 라틴 아메리카 및 기타 국가와 지역 간의 관계를 포함한 소련의 외교 정책에 대한 새로운 생각을 서술했다.

소련의 개혁 이론은 중국과 비교했을 때 역사와 현실적 문제를 종합적으로 분석하고, 개혁의 지도이념과 사상을 제시하며, 개혁에 대한 전반적인 계획을 설계한 것으로 철저하게 잘 준비되어 있었다. 덩샤오핑의 말처럼 소련의 개혁은 '묵은 빚 청산'에서 시작되었다. 제27차 소련공산당대표대회가 끝난 후 소련은 당 전체와 전국민 대토론을 실시해 소련 사회 발전이 정체된 원인을 찾아 올바른 개혁의 방향과 계획을 세웠다. 브레즈네프 시대의 느린 발전에서 흐루시초프 시대의 주관주의에 이르기까지, 다시 스탈린시대의 '반혁명분자 숙청 확대'와 '대숙청'을 거쳐 마지막으로 10월혁명에 이르기까지 소련의 토론은 계속 심화되었다. 소련의 개혁에서는 매우 특이한 사회 양상이 나타났었다. 사람들은 한편으론 다양한 역사적 문제, 이론적 문제에 대해 끊임없이 토론을 하며 이데올로기 논쟁을 통해 다양한 개혁 방안을 제안했지만, 또 다른 한편으로는 소련의 경제 및 사회 상황이 전반적으로 악화되어 주민 생활의 기본적인 소비조차도 보장할 수 없었다.

소련 개혁의 정점은 1990년에 소련이 내놓은 개혁의 '최상위설계'인 '500일 계획'이었다. 1990년 7월 28일, 당시 고르바초프 소련 대통령과 옐친 러시아 연방 대통령은 소련 대통령 위원회 멤버인 샤탈린이 이끄는 전문가팀을 설립하기로 합의하고, 러시아 연방의 500일 계획을 기반으로 전국을 시장경제로 전환하는 '500일 계획'-『시장경제로의 전환-구상과 강령』을 제정했다. 이 계획은 500일 안에 4단계로 나누어 소련의 계획경제에서 시장경제로의 개혁과 전환을 완전히 완료하도록 설계되었다. 격렬한 논쟁 끝에 1990년 10월19일 고르바초프는 소련 최고 소비에트에 『국민 경제 안정화와 시장 경제로의 전환을 위한 기본 방침』을 시장 경제로의 전환을 위한 전반적인 계획으로 삼고 실행할 것을 제안했다. 계획의 첫 번째 단계였던 1990년 당시 소련 경제는 완전히 불황에 빠졌고, 이 유명한 '500일 계획'이 끝나기도 전에 소련은 와르르 무너졌다.

중국의 개혁은 소련의 개혁과는 달리 초기부터 이론적 논쟁과 역사 문제의 청산에 빠지지 않고, 국가가 가장 먼저 해결해야 할 실질적인 문제를 해결하는 데 초점을 두어 사회의 새로운 논쟁과 혼란을 피했다. 실질적인 문제를 해결하는 과정은 사회 발전의 방향과 규율을 인식하는 과정을 심화시키는 과정으로 실제 문제 해결을 통해 발전 방향과 궁극적인 목표에 대한 조건을 마련해 주었다. 소련의 개혁은 개혁을 가로막는 사상과 이론적 장애물을 해결하고, 사전 계획을 시도하다가 오히려 사회 논쟁을 일으켜 개혁에 장애가 되었다.

'최상위설계'와 '돌다리도 두드려보고 건너라'와 같은 두 가지 개혁 사고와 전략이 있었다. 하나는 이론을 중심으로 사물의 본질에 대한 이해를 통해 문제를 근본적으로 해결하는 데 중점을 둔 것이고, 다른 하나는 실천에 중점을 두고, 현상을 통해 구체적인 문제를 해결하는 것이다. '최상위설계'는 본질을 바로 잡는 것에 중점을 두고 있는데, 여기에는 필요조건이 붙는다. 첫째는 문제의 본질을 정확하게 이해하고 파악해야 하는 것과 둘째, 본질을 바로잡기 위한 조건이 구비되어야 한다. 실천 과정에서 이러한 '최적의 방안'은 일반적인 상황에서 갖추기 어렵다. '돌다리도 두드려보고 건너라'는 현상에 따라 증상을 치료하는 것에 치중한다. 현상은 본질이 아니지만, 본질보다 크고, 현상에는 본질이 포함된다. 현상에서부터 손을 대면 결국 '본질'에 이를 수 있다. 문제에서부터 추진하는 것은 '차선책'이다.

(2) 작은 성공을 쌓아 큰 성공을 이룬다: 개혁 비용을 줄인다

일반적으로 '최상위설계'에 입각한 일련의 개혁보다 실질적인 문제를 해결하는 것이 더 나은 근본적인 이유는 정치 문제의 복잡성과 복잡성에 의해 초래되는 비용과 위험 때문이다.

인류의 정치제도 발전 역사를 보면, 정치체제와 제도의 변화는 일반적으로 중요한 사건에 대한 반응과 중대한 문제의 해결에서 비롯된다. 중국과 외국의 역사에서 충분한 실천적 기반을 갖지 못하는 개혁들은 자리를 잡지 못한다. 정치 발전의 역사는 정책과 제도의 선택과 구성이 주로 세 가지 요소에 달려 있음을 보여준다. 첫째는 어떤 사회적 문제에 대한 해결책을 제공하는 것이고, 둘째는 다양한 선택 가능한 솔루션 중에서 실시 비용이 낮은 쪽을 선호하는 것이고, 셋째는 정책이나 제도로 인한 여러 위험 중 리스크가 낮은 쪽을 선택하는 것이다. 개혁의 시작점과 경로의 선택도 객관적으로 이 세 가지 요소를 따르게 된다.

'최상위설계'의 개혁 방안은 포괄적이고 전체적인 개혁 프로세스여야 하며, 개혁의 전부 또는 중요한 부분을 다루어야 한다. 더 많은 요건을 필요로 하는 동시에 더 많은 어려움과 불확실한 요소에 직면할 수 있기 때문에 '최상위설계' 방안을 구현하는 것은 문제 중심의 접근 방식보다 더 높은 비용과 리스크를 가지게 된다.

문제 중심의 접근 방식은 관련 범위가 작고, 갖춰야 하는 조건이 적기 때문에 부딪히게 되는 어려움과 불확실한 요소들이 비교적 적다. 때문에 문제 중심의 접근 방식을 통한 개혁 추진 비용과 위험은 일반적으로 '최상위설계' 방식을 사용했을 때보다 적다. 결론적으로 문제 중심의 접근 방식을 통한 개혁과 민주정치 건설을 추진하는 가치는 개혁의 비용을 줄이고, 구체적인 문제를 해결하는 누적 효과를 통해 기대 목표를 달성하는 데 있다.

'최상위설계'와 비교했을 때, 문제 중심의 접근 방식도 약점이 있는데 바로 개혁과 건설의 각이한 분야, 실시하는 각이한 정책들이 부조화를 이루고, 심지어 모순되는 현상이 존재한다는 것이다. 이는 실천 속에서 점진적으로 조정해 조화를 이루어야 한다.

중국은 개혁개방 이후, 대부분의 경우에서 시급히 해결해야 하는 현실적인 문제가 개혁의 출발점이 되었다. 중국의 기층 대중 자치 실천에서 점점 제도화되고 있는 기층 공공사무인민의논제도-민주 간담회의 출현과 제도화는 문제 중심 전략의 가치를 잘 설명할 수 있는 전형적인 사례이다.

기층 대중 자치를 실행한 후, 전국 농촌의 기층 대중 자치 실현 과정에서 많은 새로운 문제들이 생겨났다. 주로 마을 위원회 선거에서 기층 대중의 민주 권리는 한 번만 행사되고 선거 후의 민주적 의사결정, 민주적 관리 및 민주 감독을 기본적으로 이행할 수 없어 기층 사회에 큰 문제들이 나타났다. 각급 정부의 관심에도 불구하고 효과적인 대책이 마련되지 않아 점점 심각해지는 이 문제를 해결할 수는 없었다.

1999년 6월, 저장성은 농업 및 농촌 현대화 교육을 실시했다. 타이저우 원링시당위원회는 관할구역인 쑹먼(松门)진을 시범지역으로 정했다. 조사연구과정에서 쑹먼진 당위원회와 시당위원회 실무팀은 개혁개방 이후 경제 및 사회 환경의 큰 변화로 인해 기층, 특히 농촌에서 인민대중과 당조직이 소외되고, 감정이 냉담해지고, 간부에 대한 대중의 의견이 많다는 사실을 깨달았다. 이러한 문제를 해결하기 위해 쑹먼진 당위원회 구성원은 기층과 농촌에서 나타나는 새로운 상황에 초점을 두고, 반드시 새로운 상황에서 발생하는 새로운 문제를 해결하기 위해 새로운 방법을 채택해야 한다고 생각했다. 기자회견과 같은 형식으로 대중을 소집하여 사람들이 함께 마을의 공공 업무에 대한 제안을 할 수 있도록 하자는 제안을 한 이들도 있다. 이 아이디어에서 영감을 얻은 쑹먼진 당위원회와 시당위원회 실무팀은 민주간담회의 초기 형태인 '농업 및 농촌 현대화 교육 포럼'을 설립하기로 결정했다. 6월 중순, 제1기 '농업 및 농촌 현대화 교육 포럼'이 공식적으로 쑹먼진에서 개최되었다. 이번 포럼의 현장 효과는 매우 좋았다. 당시 100여 명이 자발적으로 회의에 참가했고, 모두가 회의에서 활발하게 발언을 했으며, 크게는 마을 건설 발전 계획에서부터 작게는 이웃 간 분쟁에 이르기까지 자유롭게 말하면서 열띤 토론을 했다. 그 후로 쑹먼진은 4차례의 '농업 및 농촌 현대화 교육 포럼'을 연이어 개최했고, 총 600여 명에 달하는 인원이 참여해 110개의 문제를 제시했는데 그중 84개는 현장에서 답변과 설명이 이루어졌으며, 26개는 처리할 것을 약속했다. 2000년 8월 원링시위원회는 쑹먼에서 현지 회의를 열어 각 향진, 동사무소, 시정부 직능부서의 책임자들을 조직하여 견학하도록 하였다. 이 회의에서 이전에 이미 각지에서 진행된 '민정 이야기', '마을 민주의 날', '농민 강단', '민정 직행차'와 같은 다양한 형태의 행사를 총칭하여 '민주 간담회'라고 불렀다.

　2001년 초, 중국공산당 타이저우시 당위원회의 지원과 지도에 따라 원링시 당위원회는 민주 간담회의 형식과 내용을 표준화하고, 촌(村), 향진(乡镇), 시현(市县) 수준에서 민주 간담회의 규범을 형성했다.

[사진 6-3] 저장 타이저우 원링시 쑹먼진에서
우선적으로 기층 민주간담제도 구축

　촌급 민주 간담회는 중요한 마을 사무와 공익사업에 대한 결정을 내리는데, 간담회 참여 대상은 마을 간부, 마을 대표, 기타 마을 주민들이다. 향진(주민센터) 차원 민주 간담회는 지역 인민대표대회 대표, 관련된 각 사회 이익단체와 의사 결정 문제에 관련된 사람들이 주요 참여자들이고, 나머지 사람들도 자발적으로 참여할 수 있으며, 의사 결정의 진행 과정과 결과는 진의 인민대표대회 주석단이 감독한다. 시현 차원의 민주 간담회는 정부 기능 부서가 참가한다. 회담 내용은 주로 새로운 정책 수립이나 원안 관리제도, 관리방법 및 처리 절차를 조정하고, 새로운 서비스, 비용 청구 항목, 기타 공공 권익에 관련된 정부 업무 또는 공공 업무에 대한 조정이나 추가 등이 포함된다.

민주 간담회는 대중이 사전에 기층 공공업무에 대한 의사 결정에 참여하고, 일이 진행되는 과정에는 민주적인 감독을 수행하고, 사후에는 민주적 평가를 실시하는 비교적 완벽한 기층 대중의 자치 민주 형식을 구축했다. 민주 간담회는 기층 대중 자치 실천의 '4개의 민주'가 불균형을 이루었던 오랜 문제를 어느 정도 해결했으며, 기층 민주 의사 결정, 민주 관리, 민주 감독 및 민주 선거가 함께 구현됨으로써 기층 민주제도를 더욱 완벽하고 효율적으로 만들었다. 아울러 이러한 제도적 혁신은 전적으로 대중의 탐구에서 비롯되었고, 구체적 인 문제에 대한 대응에서 나왔다. 인민 대중들이 이론적인 지도, 경험적 지원 및 사전 계획이 없는 상황에서 두드러진 문제 해결에 초점을 두고 탐구를 시도함으로써 점진적으로 완벽한 방법을 탐구하고 총정리하고 개선하고, 효과적인 기층민주제도를 만들었다.

3. 시범에 의한 절차와 원칙

정치체제 개혁과 민주정치 건설 전략은 개혁과 건설 과정에서 시범을 거쳐 점진적으로 추진되는 절차와 원칙을 따르는 데 중점을 둔다. 정치문제는 복잡하기 때문에 모든 주장과 정책이 어느 정도는 불확실성을 가지고 있다고 판단된다. 정치 분야에는 '완벽한 전략'이 존재한 적은 없었다. 따라서 현실에서 출발해 모든 원칙을 따르면서 기존의 정책을 시험할수 있는 모든 실험적이고 시범적인 방법들을 고수해야 한다.

(1) 인식론: 주관성과 객관성의 통일 추구

사회는 자연계와는 다르다. 자연 법칙을 인식하고 파악하면, 관련 지식과 과학적 지식을 실천에 직접 응용할 수 있다. 하지만 사회 분야는 다르다. 이론적으로 옳다고 간주되는 사회 과학 지식이 실천에서 반드시 통하는 것은 아니며, 한 번 통했다고 해도 오랜 시간이 지나면 통하지 않을 수 있다. 때문에 사회적 실천, 특히 체제 개혁은 반드시 시범을 거치고, 실질적인 실천을 통해 검증되어야 하며, 시간의 시험을 거쳐야 한다.

사회 분야의 실험도 자연과학 실험과는 다르다. 자연과학 실험은 부분을 통해 전체를 추정할 수 있고, 실험실에서 실험을 할 수 있으며, 시험 대상의 상대적으로 독립적이고 정지된 상태를 인위적으로 만들고 유지할 수 있다. 사회는 끊임없이 변화하는 사물이고, 사회 속의 사람들은 주체적이고 주관적인 능동성을 가진다. 이러한 것들이 사회 활동을 더욱 복잡하게 만든다. 사회 분야의 모든 시범에는 모두 한계가 있고, 한 곳에서 한번 성공한 경험이 있다고 해도 시간과 장소가 바뀌면 안될 수 있다. 사회 분야에서의 국지적 경험은 흔히 보편적이지 않다. 많은 성공 경험들은 특별한 지역 환경으로 제한되기 때문에 크게 성공적이지만 일단 대중화되면 상황은 크게 달라질 수 있다. 따라서 정치체제 개혁에서도 시범 운영을 통해 부분적으로 성공했던 경험을 섣불리 보급할 수 없다. 점진적으로 보급하고 실천하는 가운데 더 관찰되고, 조정되고, 개선되어야 한다. 시범의 과정은 객관적인 현실을 이용하여 주관적 인식을 끊임없이 검증하는 과정이며, 주관성과 객관성의 통일을 찾는 과정이다.

(2) 시행착오론: 개혁 리스크 분산

1990년대 이후 중국의 정치체제는 많은 시범 개혁을 진행하였으며 거의 모든 시도와 조치들이 실험을 거쳤는데 이는 아주 옳은 방법이었다. 시범은 실천을 통해 정책과 이론을 검증하고 시범을 통해 사람들에게 실수를 바로 잡을 수 있는 기회를 제공할 수 있다. 정치체제 개혁에서 '일괄적' 방안은 최대 금기 사항이다. '일괄적' 방안이 실패로 돌아가면 바로 잡을 기회조차 없다는 것이 역사적으로 증명되었다. 모든 정치체제 개혁은 시범을 거치면 큰 잘못은 없을 것이고, 설령 실패하더라도 더 큰 실수를 피할 수 있다. 시범과 시험에서 실패를 하게 되면 오류에 대한 이해가 더 깊어지게 되기 때문이다. 모든 시범과 테스트는 시행착오의 방법을 통해 위험을 피할 수 있는 필요수단이다.

모든 새로운 사물의 성장과 발전이 순탄할 수 없고, 개혁에 실수가 없을 수 없다. 오류를 바로잡고 편차를 바로잡을 기회의 여지를 마련하는 것이 중요하다. 어떤 의미에서 '일괄적' 계획의 실패가 아니고 전반적인 잘못이 아닌 한, 개혁에 문제가 나타나고, 민주정치 건설에 편차가 생기는 것이 나쁜 일만은 아니다. 문제와 실수는 개혁과 건설의 법칙에 대한 인식을 깊게 하는데 도움이 되어 나쁜 일을 좋은 일로 바꿀 수 있다.

시범은 실천으로 인식을 검증하고, 인식에 깊이를 더할 수 있을 뿐 아니라 전반적이고 중대한 실수를 방지하고, 위험을 분산시켜 위기를 예방할 수 있다. 모든 중대한 결정은 시범을 거쳐 단계적으로 시행되어야 하며, 이는 중국 정치체제 개혁과 민주정치 건설에서 얻은 매우 귀중하고 중요한 경험으로 앞으로도 오랫동안 시행될 것이다.

제7장
중국 민주주의 건설전망

중국 민주주의 건설전망

　　중국은 자국의 산업화 및 현대화 발전의 요구에 맞는 정치 발전의 길을 찾아 중국 특색의 민주정치제도체계를 확립하기 시작했다. 그러나 중국은 여전히 산업화와 현대화를 진행하고 있기 때문에 사업 발전과 시대 변화에 따라 중국의 민주정치 건설은 계속 전진하고 발전하는 길을 모색할 것이다. 중국의 민주정치 발전과 정치체제 개혁은 본질적으로 현대 중국 사회의 발전과 진보의 산물이다. 정치제도는 경제와 사회구조의 변화에 끊임없이 적응해야 한다. 민주정치는 사회발전에 의해 형성되며, 사회발전을 뒷받침하고 보장하기도 한다.

　　민주 건설을 한층 더 추진하려면 올바른 전략과 전술이 필요하다. 민주 건설을 계속 추진하는 전략과 전술의 옳고 그름을 판단하는 관건은 현실에 입각한 것인지와 발전의 요구에 부응하는지를 봐야한다. 민주 건설과 정치체제 개혁 전략과 전술의 선택은 정치 발전 경로와 기존 제도에 의해 형성된 내재적 논리의 제약을 받는 한편, 새로운 문제에 직면하여 새로운 문제를 해결하면서 발전의 요구를 충족시켜야 한다.

　　그러나 모든 정치체제 혹은 정치 모델은 특정 단계의 사회 발전의 산물이다. 중국의 기존 정치체제는 역사적 합리성을 가지는 국정과 시대, 그리고 환경의 산물이다. 당대 중국의 민주주의는 중국의 산업화와 현대화 시대를 이룩한 민주주의이다. 그것의 출현과 발전, 그리고 그 자체의 특징과 특성은 모두 중국의 산업화, 현대화와 분리할 수 없고 모두 중국의 산업화와 현대화와 밀접한 관련이 있다. 이런 원리에 입각했을 때, 중국의 민주정치도 중국의 산업화와 현대화의 발전에 따라 변화할 수밖에 없다. 오늘날의 사람들은 여전히 미래의 중국 정치발전과 민주정치 모델의 진화에 대한 구체적인 결과를 예측할 수 없지만, 오늘날 사람들은 산업화와 현대화 발전 추세에 따라 중국의 정치발전과 민주 건설의 미래를 분석하고 전망할 수 있다.

1. 중국 민주주의 건설을 추진하는 제도적 공급 요인

'중국 민주의 미래는 어떠할 것인가? 중국의 정치체제 개혁은 어떻게 진행되고 어떤 방향으로 발전해나갈 것인가?'에 대해 모두 주목하고 있다. 중국 정치의 미래를 예견할 때, 주관적인 바람에서 출발할 수 없고, 특정 이론에 근거한 추론과 추측은 더 말할 것도 없이 실제에 의해야 한다. 현실을 바탕으로 중국의 정치발전 실천에서 제도 혁신과 체제개혁을 이끄는 제도의 공급 요소가 도대체 무엇인지를 철저히 분석하고 이해해야 한다. 쉽게 말하면 과연 어떤 요인이 중국의 정치체제 개혁과 민주정치 발전을 이끄는 것인지를 알아야 한다.

중국 정치 발전을 추진하는 사회적 요인은 다양하다. 개혁개방 이후, 시기에 따라 개혁을 추진하는 요인에도 일정한 변화가 있었는데 그중에 주관적인 요소도 있었다. 특히 개혁개방 초기에는 주요 지도자와 지도집단의 주관적인 생각과 정치이념이 정치체제 개혁의 초기 단계에 큰 영향을 미쳤다. 그러나 정치체제 개혁이 전개되면서 특히, 1989년 이후 정치체제 개혁의 주관적인 색채가 점차 사라지고, 객관적인 상황과 여건을 고려해야 하는 요소가 강해졌는데, 특히 고위층의 정치 의사결정에서 두드러진다. 개혁개방 이후 민주정치 건설과 정치체제 개혁을 추진한 요소들을 돌이켜볼 때 총적으로 가장 주가 되는 요소는 다음과 같은 세 가지 방면이다. 적절한 분권을 통해 권력 제약의 수요를 실현하고 과학적인 의사결정을 통해 집권 능력 향상의 수요를 실현하며 부패척결 및 청렴화 제창을 통해 집권당 건설의 수요를 강화하는 것이다.

(1) 권력 제약의 필요

1980년 8월, 덩샤오핑이 중국공산당 중앙정치국 확대회의에서 발표한 덩샤오핑의 연설은 후에 『당과 국가 지도 제도의 개혁』으로 불리며 공식적으로 중국의 정치체제 개혁을 열었다. 이 연설에서 덩샤오핑은 "당과 국가의 지도 제도, 간부제도에서 주요한 폐해는 관료주의 현상, 권력의 과잉 집중 현상, 가부장적 현상, 간부 지도자의 직무 종신제 현상 및 다양한 특권 현상이다."[1]라고 지적했다. 덩샤오핑이 열거한 4가지 중요한 '현상'에서 '권력의 과잉 집중'이 핵심이며, 지나친 권력 집중은 어느 정도 다른 현상들을 초래하는 근원으로 가장 주된 폐해이자 문제이기도 하다. 때문에 '권력의 과잉 집중' 문제의 해결은 개혁개방 이후 늘 정치체제 개혁의 핵심 문제였다. 권력의 과잉 집중 문제를 해결하기 위한 전략은 적당한 분권과 권력 제약으로 이는 정치체제 개혁의 기본적인 맥락이 되었다.

개혁 초기 권력의 과잉 집중 현상 해결을 위한 기본적인 생각은 당정 분리였다. 『당과 국가 지도 제도의 개혁』 연설에서 덩샤오핑은 정치체제 개혁을 위한 4가지 임무를 포치했는데, '권력이 과도하게 집중되어서는 안되고, 당과 정치가 분리되지 않고, 당이 정치를 대신하는 문제를 해결'해야 한다는 것을 주요 내용으로 하고 있다. 중국공산당 제13차 전국대표대회 준비 당시, 경제체제 개혁에 맞는 정치체제 개혁에 박차를 가해야 한다는 여론이 형성된 가운데 덩샤오핑은 정치체제 개혁에 대해 4차례나 언급했고, 이때부터 제3차 전국대표대회를 전후로 중국 정치체제 개혁은 또다시 절정기에 들어섰다. 1986년에 덩샤오핑은 중국 정치체제 개혁 내용에 대해 "우선 당정분리와 당의 리더십 발휘 문제가 관건이기 때문에 최우

---

1   덩샤오핑, 「당과 국가 지도 제도의 개혁」, 『덩샤오핑문선』 제2권, 인민출판사, 1983, 327면.

선 순위에 두어야 한다. 다음으로 권력을 하급기관에 분산시켜 중앙과 지방의 관계를 풀어나가야 한다. 이와 동시에 지방 각급에도 권력을 분산시켜야 하는 문제를 안고 있다. 마지막으로 권력의 하급기관으로의 분산과 연관이 있는 기구 간소화를 실현해야 한다."[2]고 명확하게 밝힌 바 있다. 당정분리에 대한 개혁 사상은 1989년 이후 조정되었다. 정치체제 개혁의 주요 내용 중 하나가 당정분리에서 적절한 분권과 권력 간 제약으로 바뀌었다.

존 로크에서 권력제약 학설을 제기하고 논술한 몽테스키외에 이르기까지 권력으로 권력을 제약하는 이론은 줄곧 '서구 이론'즉, 부르주아 정치 학설의 범주에 속해왔다. 아울러 권력 분리와 균형 및 제약에 대한 제도적 설계와 배치 역시 자본주의 민주주의의 제도적 특징으로 여겨지고 있다. 프랑스대혁명의 『인권 선언』은 "권리가 보장되지 않고 분권이 확립되지 않은 사회에는 헌법이 없다"고 한 것이 바로 단적인 증거이다.

마르크스주의 담론체계에서 권력의 견제와 균형의 개념은 초기 고전 작가들, 즉 마르크스와 엥겔스의 이론적 관점에서는 제외된다. 마르크스와 엥겔스와 같은 초기 고전 작가들의 관점에서 볼 때, 사회주의 조건에서 모든 권력은 인민으로부터 나오고 인민에게 속한다. 그러므로 권력에 대한 통제의 해결, 즉 '소외'[3]를 해소하는 것이 인민의 권력에 대한 소유

---

2   덩샤오핑, 「정치체제 개혁 문제에 관하여」, 『덩샤오핑문선』제3권, 인민출판사, 1993, 177면.
3   마르크스의 관점에서 자본주의는 사람에 대한 소외이고, 정치 권력은 인권에 대한 소외이다. 『프랑스 국내전쟁』에서 마르크스는 "표면적으로 사회 위에 군림하는 국가 정권은 실제로 이 사회에서 가장 추악한 것이며, 사회의 모든 부패한 것들의 온상이다."라고 썼다. 마르크스주의의 기본 원리에 따르면, 자본주의 생산과 생활 양식에서 인간의 자연적 본성이 사라지고, 모든 사람들에게 부과되는 '상품물신주의' 가치로 대체된다. 자본주의제도를 없애야만 인간은 '일반적 등가물'의 일반화에서 벗어나 자유와 포괄적인 발전을 얻을 수 있다.

와 통제를 보장하는 것이다. 마르크스 시대의 유일하고 짧았던 프롤레타리아 혁명 실천-파리코뮌의 경험을 종합하고 이론적으로 추상화하면서 마르크스는 지도자와 피지도자 사이의 차이를 최대한 없애 '소외'를 제거하기 위해 태어난 사회주의가 또 다른 '소외'를 생성하지 않도록 보장하는 '파리코뮌의 원칙'를 제시했다. 통치자와 피통치자 간의 차이가 사라지면 파리코뮌의 위대함은 마르크스가 말한 것처럼 '인민에게 속해 있고, 인민이 통치하는 정부로 향하는 추세를 보여주는 것'에 있다.[4] 사회주의 국가들은 인민에 속하고, 인민들이 권력을 가지고 있기 때문에 '권력을 제한하는 권력'에 대해 언급할 수 없고, 권력에 대한 제약 자체는 권력 소외의 범주에 속한다.

그러나 실제로는 모든 현실 정치 체제에서 권력 제약의 필요성이 객관적으로 존재하고, 권력 제약의 실천도 객관적이며 다만 방법과 정도상의 차이가 있을 뿐이라는 것이 실천에 의해 증명되었다. 최초의 사회주의 국가인 소비에트 러시아를 세운 레닌은 소비에트 러시아가 창건된 지 얼마 되지 않았을 때 사회주의 조건에서 프롤레타리아 내부의 차이 문제를 발견했다. 레닌은 사회주의 조건에서도 프롤레타리아 내의 지도자와 피지도자 사이에는 차이가 존재하고 객관적인 모순이 있음을 깨달았다. 우수한 분자로 구성되어 주요 책임을 맡고 전문기술을 필요로 하는 지도 계층은 대중과 달리 안정적인 사회계층이 되었다. 혁명 이후의 현실은 혁명 전 레닌이 『국가와 혁명』에서 구상했던 것과는 완전히 달랐다.[5] 현실을 직

---

4   마르크스, 「프랑스 국내전쟁」, 『마르크스엥겔스전집』 제3권, 인민출판사, 1995, 64면.
5   『국가와 혁명』에서 레닌은 사회주의의 사회적 관리를 지극히 복잡한 전체가 극히 간단한 부분으로 분해되어 일반 노동자가 분담할 수 있는 '우편 모델'로 설정했다. 이에 따라 분업과 교육과 전문 기능에 따른 사회적 차별 및 관리자와 피관리자 간의 분리, 대립이 해소된다.

시한 레닌은 10월혁명 이후 한때 시행됐던 '파리코뮌 원칙'을 폐지하고 간부와 기술자, 관리자들에게 노동자보다 높은 특별대우를 했다. 아울러 레닌은 '관료주의' 문제를 제기하며 사실상 계급을 초월한 선봉대에 대한 민주적 감시와 제약을 요구했다. 레닌이 그 해에 설립한 '노동자 농민 검찰원'이 바로 이런 역사에서의 '프롤레타리아'와 '선봉대' 사이의 대립과 통일(Unity of opposites)을 객관적으로 반영하고, 레닌의 현실주의적인 감독 사상과 제도적 배치를 구체화했다.

소련과 소련 모델의 영향을 받는 사회주의 정치체제, 중국과 중국공산당의 정치체제와 담화 시스템에서 사실상의 권력 제약 관계는 민주집중제의 제도적 배치와 이론적 담론에서 항상 존재해왔다. 권력 제약에 대한 제도적 배치와 이론적 표현이 공개적으로 인식되고 한층 더 시스템화되고 제도화된 것은 1989년 이후의 정치 실천과 정치체제 개혁 과정에서 이루어졌다.

1989년의 정치 동요와 잇달아 발생한 '소련과 동유럽의 급변'으로 인해 80년대 이후 중국 정치체제 개혁과 민주정치 건설의 생각과 방향이 바뀌었다. 당정분리, 사회적 대화에 대한 생각이 당의 지도를 더욱 중시하는 것으로 전환되었다. 즉, 중국공산당의 지도를 핵심으로 하는 정치체제를 개혁하고 보완하는 것이 90년대 이후의 기본적인 생각과 방향이 되었다. 당의 지도력 강화와 개선을 지향하는 개혁 실천의 방법을 모색하는 가운데서 당의 지도와 집권 지위가 동요되지 않도록 보장하는 것이 기본적인 요구이다. 이를 목표로 권력체제 내부의 제약이 점차 개혁의 객관적인 요구사항과 경향이 되었다. 권력체제 내부의 제약은 당정분리와 사회적 대화로 생기는 '외부적' 문제를 예방하고 대체하는 동시에 내부적으로 감시와 단속을 가능하게 한다.

2000년 말, 당시 중공중앙 총서기였던 장쩌민은 제15차 중앙규율검사위원회 5차 전원회의 연설에서 "개혁과 체제 혁신을 심화함으로써 합리적인 구조와 과학적인 배치를 가지고, 엄격한 절차와 상호 구속력을 갖춘 권력 운영 메커니즘을 확립할 것"[6]이라고 처음으로 명시했다. 이는 체제 혁신에 따른 권력 제약 메커니즘 구축 문제에 관해 중국공산당 주요 지도자가 중요 담화에서 처음으로 명확하게 언급한 것이다. 2002년 중국공산당 제16차 전국대표대회 보고에서 권력 제약 문제에 대해 공식적으로 논술했다. 보고에서는 '합리적인 구조와 과학적인 배치를 가지고, 엄격한 절차 및 상호 구속력을 갖춘 권력 운영 메커니즘을 구축해 의사 결정과 실행 부분에서 권력 감독을 강화해 인민이 부여한 권력이 진정으로 인민의 이익을 위해 행사될 수 있도록 보장'하는 내용의 권력 제약 체제 및 메커니즘 구축 문제를 재천명했을 뿐 아니라, 당과 정부의 주요 책임자에 대한 인사권 및 재무관리사용권에 대한 제약, 당과 정부 지도 기관과 당의 규율검사기관, 사법기관 및 행정 감찰, 심사부문 사이의 권력 제약, 당과 정부 지도 기관의 정무 공개, 당정 지도 간부의 직무이행과 청렴실천보고제도, 중대사안 보고제도를 통해 기관 내부 상하급간의 제약과 감독 등[7]을 포함한 권력에 대한 제약과 감독제도 배치에 대해 다시 한번 언급했다. 이는 당 대표대회에서 처음으로 '권력 운행에 대한 제약과 감독 강화'에 대해 확인하고 설명한 것이다. 2004년 9월 중국공산당 제16기 중앙위원회 4차 전원회의에서 통과된 『당의 집권 능력 건설 강화에 관한 중국공산당 중앙

6   장쩌민, 「당풍렴정건설과 부패척결투쟁을 깊이 있게 전개하자」, 『장쩌민문선』 제3권, 인민출판사, 2006, 190면.
7   장쩌민, 「샤오캉사회를 전면적으로 건설하여 중국 특색이 있는 사회주의 사업의 새로운 국면을 열어나가자」, 『제16차 당대회 이후의 중요한 문헌선집』(상), 중앙문헌출판사, 2005, 28면.

위원회의 결정』에서는 권력 제약에 대해 다시 한번 강조했다. 『결정』에서는 "권력 운영의 제약과 감독을 강화하여 인민이 부여한 권력을 인민을 위해 이익을 도모하는 데 사용할 것을 보장한다. 각급 당 조직과 간부들은 자발적으로 당원과 인민 대중의 감독을 받아야 한다. 감독 채널을 확대하고 건전하게 운영함으로써 권력 운영에 대한 효과적인 제약과 감독을 해야 한다."[8]고 지적했다. 2012년 중국공산당 제18차 전국대표대회에서 중국공산당은 권력 제약개념을 공식적으로 확인하였으며 이는 중국공산당이 민주 이론에서 이룬 하나의 돌파이다. 제18차 전국대표대회 보고서는 "의사 결정권, 집행권과 감독권이 상호 제약하고 협조하며, 국가 기관이 법적 권한과 절차에 따라 권한을 행사할 수 있도록 보장해야 한다"[9]고 지적했다.

전체적으로 중국이 개혁개방 이후 주로 90년대 이후 정치체제 개혁을 통해 실현된 권력의 제약은 주로 권력 체계 중 네 가지 측면에서 나타나고 있다.

첫째, 권력의 핵심에 대한 내부 제약이다. 중국 정치체제에서 정치 권력 구조의 핵심은 중국공산당의 각급 지도 기관이다. 당대의 중국 권력 제약은 우선 중국공산당의 각급 지도 기관의 주요 책임자와 지도집단 사이의 권력 제약으로 나타난다. 즉, 개혁개방 이후 집단 지도체제와 개인분담책임 체계가 점차 형성되고 개선되고 있는데 '당위원회 의사 규칙'이 바

---

8   「당의 집권 능력 건설 강화에 관한 중국공산당 중앙위원회의 결정」, 『16차 당대회 이래의 중
     요한 문헌선집』(중), 중앙문헌출판사, 2006, 282면.
9   후진타오, 「확고부동하게 중국 특색의 사회주의 길을 따라 전진하여 샤오캉사회를 전면적으
     로 실현하기 위해 분투하자」, 『중국공산당 제18차 전국대표대회 문건집』, 인민출판사, 2012,
     26면.

로 그 상징이다. 집단 지도체제와 개인분담책임 제도가 오랫동안 규정되고 제창되었지만, 1990년대 이후에서야 점차적으로 이행되었다.

둘째, 권력 부처 사이의 제약이다. 이는 '당의 지도'를 강조하는 중국 정치체제에서 민감한 부분이지만, 개혁개방 이후 특히 최근 20년간 중국의 주요 권력 부처 사이의 권한에 대한 구분 문제가 가시화되면서 당 중앙의 통일된 지도를 전제로 권력 부처 사이의 역할분담과 제약이 어느정도 이루어지고 있으며 다음 두 부분에서 가장 두드러지게 나타난다. 하나는 인민대표대회의 실제 역할 향상과 법제화 수준의 개선은 인민대표대회의 '일부양원(인민정부.양원-인민법원, 인민검찰원)'에 대한 감독과 제약으로 나타났고, 또 다른 하나는 기율 검사 및 감사 부처의 상대적인 독립과 권한의 확대로 나타났다.

셋째, 중앙과 지방 사이의 제약이다. 정부의 행정기능 간소화와 권한이양은 정치체제 개혁의 시작 중 하나이다. 중국의 광대한 영토와 고르지 못한 개발로 인해 정부의 행정기능 간소화와 권한이양은 주로 중앙 정부의 권력을 지방으로 분산함으로써 지방의 열정을 일으킨 것이 중국의 성공적인 발전의 핵심 포인트 중 하나이다. 오랜 장기적인 정부의 행정기능 간소화와 권한이양의 제도적 변천의 결과 지방과 중앙의 권한이 구분되고, 제도화를 이루고 메커니즘을 가지게 되었다. 이로써 중앙과 지방 사이의 권력 제약이 어느정도 형성되었다.

넷째, 당파 간의 제약이다. 중국공산당이 이끄는 다당 협력과 정치 협상은 중국의 정당제도로써 개혁개방 이후 중국공산당 이외의 민주당파의 실질적인 정치 역할이 높아지고, 정치협상이 날로 제도화되면서 실질적인 역할을 발휘했다. 당파 간 정치협상 과정도 사실상 어느정도 권력 제약의 실천 과정이다.

(2) 집권 능력 향상의 필요

개혁개방 이후, 중국은 공업화와 현대화 건설이 발전을 이룩했고, 경제 사회구조 역시 그에 따른 폭넓고 심오한 변화를 겪으면서 사회 이익이 점점 다원화되고 다양해졌으며, 국제적 환경과 상황 역시 역사적인 변화를 겪고 있다. 중국의 현대화 사업을 이끄는 핵심역량인 중국공산당은 실천적으로나 이론적으로 복잡한 상황과 중대한 도전에 직면해 있다. 21세기 초, 장쩌민은 마르크스주의를 대하는 올바른 태도, 혁명당에서 지배당으로의 전환, 당의 '두 개의 선봉대', 당의 계급 기반 강화, 당의 대중 기반 확대 등과 같은 문제들을 명확하게 언급한 바 있다.[10] 이러한 모든 발전과 변화로 인해 중국공산당과 중국 정부 및 각급 당과 정부 간부들에게 새로운 요구가 제시되었다. 현대화 사업을 이끌고 세계 최대 인구 규모의 국가를 관리하는 정권 및 각급 관원들이 반드시 보다 완비된 집권 능력을 갖춰야 한다는 새로운 요구를 제시했다. 정권과 관원의 집권 능력을 개선하고 향상시키는 이면에는 정치제도와 정치체제의 개혁이 있고, 집권 능력 향상의 기반은 새로운 사회환경에 대한 정치제도와 체제의 적응성과 수준이다.

개혁개방 이후, 집권 능력을 향상시켜야 하는 필요를 충족시키기 위해 정치체제 개혁과 민주정치제도 건설을 추진하는 과정은 주로 세 가지 측면에서 나타났다.

첫째, 행정체제 개혁을 추진하여 효율을 높이고 비용을 줄였다.

개혁 전의 정치체제와 행정체제는 계획경제의 필요에 부응하기 위

---

10 장쩌민, 「제16차 당대회 보고서 초안 작성에 대한 회시」, 『장쩌민문선』 제3권, 인민출판사, 2006, 439면.

해 형성된 것이다. 시장 경제 상황에서 정치체제와 행정체제는 개혁과 변화를 요구한다. 개혁개방 이후 4차례의 행정체제 개혁이 이루어졌으며, 행정체제 개혁 초기에는 주로 정부의 행정기능 간소화와 권한이양에 주력하고 후기에는 행정비용을 줄이는 것에 주력했다. 중국의 국정과 기본 정치제도는 국가가 경제 사회 발전에서 대체할 수 없는 중요한 역할을 해야한다고 결정했다. 중국의 시장경제체제 구축은 상당부분 정부의 추진으로 이룬 산물이다. 사회주의 시장경제체제를 구축하고 형성한 이후에도 정부는 여전히 거시 경제에 대한 통제와 공공 서비스의 중요한 기능을 맡고 있다. 시장 메커니즘과 정부 역할의 유기적인 결합으로 중국의 경제 발전은 지속적이고 안정적이며 빠른 성장을 이룰 수 있었다.

그러나 시간이 흐르면서 정부의 역할과 거시 통제 체제 메커니즘에서 많은 새로운 상황과 문제 그리고 새로운 갈등이 생겨났다. 그중 천정부지로 솟구치는 행정 비용은 각 부분의 문제와 모순을 반영하는 상징적이고 외적으로 드러난 표현이다. 중국 각급 정부는 많은 경제사회 발전과 사회질서 유지, 공공안전을 보장하는 공공 관리와 서비스 기능을 맡아 효율적으로 관리하고 있으나 행정 비용은 꾸준히 상승하고 있다. 특히 점점 부각되고 있는 '안정 유지' 업무에서는 심지어 '돈으로 안정을 사는' 현상도 나타났다. 오랫동안 지방의 공공 지출은 지방 정부의 예산 외 소득에 크게 의존해 왔으며, 일부 지방은 정부 지출의 절반이 자체 '소득 창출'에 의존하기 때문에 '토지재정'과 같은 일련의 잠재된 리스크가 존재하는 심각한 문제를 부채질했다. 행정 비용은 지방 정부의 과도한 재정적 부담 및 정부 기능과 관련이 있기 때문에 정부 부담을 줄이고 행정 비용을 줄이려면 무엇보다도 개혁에 의존해야 한다. 관리 효율 향상과 행정 비용 절감이라는 이중적인 동기로 인해 중앙에서부터 지방까지 많은 개혁 시도가 이루어졌고, 새로운 체제 메커니즘이 점진적으로 전환되었다. 중앙 차원에서는 개혁을 통해 정부와 시장의 관계를 바로잡고, 자원배분에서 시장의 역할을 끊임없이 확대되는 방향으로 표현되었다. 지방 차원에서는 사회 건설과 기층 사회 관리에서 기층 대중의 자율성과 사회 자치 단체의 책임과 역할을 확장하는 것으로 나타난다.

둘째, 기층 관리, 사회 관리 체제를 개혁함으로써 인민의 권리 요구에 호응했다.

민주주의 개념의 기초는 권리 인식의 성장이다. 개혁개방 이후 중국인들의 권리에 대한 인식이 보편적으로 성장했다. 계획경제에서 시장경제에 이르기까지 경제와 사회구조는 중대한 변화를 겪었으며 사람들 사이의 다양한 계급, 계층, 집단의 이익 관계에 변화가 생겼다. 권리 의식의 성장과 이익 관계의 변화는 주관적이고 객관적인 측면에서 현대 중국 사회에서 새로운 이해 충돌과 갈등의 출현을 촉진했다. 빈부 갈등, 노사 갈등, 도시와 농촌의 갈등, 그리고 지역 격차로 인한 갈등은 현재 중국 사회의 중요한 사회적 갈등으로 자리잡았다. 아울러 중국 정치체제에서 다양한 사회적 모순이 정치 권력에 집중되는 현상이 나타나고 있다. 이는 중국 정치의 특징이다. 중국의 사회제도의 가장 큰 장점은 '힘을 모아 큰일을 해낼 수 있다'는 것인데, 이 같은 장점의 다른 측면은 각종 사회 갈등에 따른 요구가 집권당과 정부에 집중하기 쉬워 소위 '정부와 국민 사이의 갈등'을 형성한다는 것이다.

권리 의식의 성장, 사회적 모순 증가, 그리고 정치 권력의 집중화 경향은 새로운 시대에 정치참여의 원동력이 되어 중국의 정치체제가 대응하고, 제도적 공급에 대한 수요를 형성하도록 요구하는 데 정치체제 개혁과 민주정치, 특히 기층 민주의 발전이라는 현실적인 필요를 낳았다. 21

세기에 들어선 후, 10여 년은 중국의 대응적 체제 개혁의 급속한 성장기로 사회 갈등이 사회 기층 차원에서 직접 발생하는 것으로 나타났다. 많은 기층 사회 관리와 기층 대중의 자치, 기층 민주 관리 그리고 심지어 기층 당의 업무에서도 대중의 이익 요구에 반응하고, 기층 대중의 권리를 확대하고, 기층 사회의 안정을 수호하며, 기층 사회 관리의 수준 향상을 유도하는 체제 및 메커니즘 개혁과 제도 혁신이 일어났다.

셋째, 의사결정 체제를 개혁하고, 민주적 의사결정으로 과학적 의사결정을 촉진하며, 사회적 요구를 수용하는 체제 메커니즘을 수립한다.

광범위하고 심오한 경제 및 사회구조의 변화, 날로 복잡해지는 사회관계, 끊임없이 증가하는 사회 갈등은 사회 관리와 관리능력 및 수준에 대해 점점 더 높은 기준과 요구를 제시했다. 이런 상황에서 사회적 요구를 수용하고 폭넓은 사회적 합의로 사회관리에서의 이익 균형과 정책의 포용성을 높이는 것이 의사결정체제 개혁의 주요 원동력이 된다. 그리고 이 분야의 실천은 정치협상, 사회적 공공 실무 협상 분야의 체제 메커니즘 개혁에 집중되어 있다.

1992년 중국공산당 제14차 전국대표대회에서 장쩌민은 처음으로 정책 결정의 과학화와 민주화를 사회주의 민주정치 건설의 주요 임무로 정했다. 중국공산당 제14차 전국대표대회 보고서는 "지도 기관과 간부들은 대중의 의견을 주의 깊게 듣고, 다양한 전문가들과 연구 및 자문 기관이 충분한 역할을 발휘할 수 있도록 함으로써 민주적이고 과학적인 의사결정 제도의 구축을 가속화해야 한다"[11]고 밝혔다. 중국공산당 14차 전국

---

11 장쩌민, 「개혁개방과 현대화 건설에 박차를 가하여, 중국 특색 사회주의 사업의 더 큰 승리를 쟁취하자」, 『장쩌민 문선』 제1권, 인민출판사, 2006, 236면.

대표대회 이후, 다양한 차원에서 다양한 형태로 정치협상과 정책 협상의 개혁과 탐구과정에서 중국 당과 정부의 의사 결정 제도에 중대한 변화가 일게 되면서 정치 체제의 개혁과 변화를 이끌었다. 1990년대 이후 의사 결정 민주화에서 시작된 체제 개혁은 주로 공개 입법 즉, 입법 상담, 정치 협상 제도의 발전과 개선, 중대한 의사 결정을 위한 사회 의견 수렴, 공공 업무 청문제도, 법률 및 정책 전문가 및 연구 기관 자문 제도의 형식으로 나타났다.

(3) 부패척결 및 청렴화 제창의 필요

경제기반이 상부구조를 결정한다. 개혁개방 이후 중국사회의 경제 기반은 계획경제에서 사회주의 시장경제로 전환되는 중대한 변화를 겪었다. 중요한 경제기반의 변화는 정치체제와 행정관리시스템에 큰 영향을 미쳤다. 시장경제 요소가 중국 정치체제와 민주정치 건설에 미친 영향은 양면성을 가진다. 한편으로 시장경제는 권리 의식의 성장과 다양한 이익 구도 촉진으로 나타나, 정치체제 개혁과 민주정치 건설을 위한 제도적 수요를 만들어 민주정치 발전에 대한 추진 역할을 한다. 다른 한편으로 시장경제 요소는 사회주의 민주정치에 부정적인 작용을 할 수 있다. 부정적인 작용은 주로 다음 두가지로 나타난다. 첫째, 시장경제 요소는 사회 분열을 초래하고, 사회주의 민주정치의 물질적 기초인 경제적 평등을 사라지게 한다. 이 문제는 중국 사회 생활에서 점차 드러나고 있으며 부유층과 일반 대중의 이익 요구, 정치참여 의도 및 능력과 같은 여러 면에서 확연하게 나타나고 있다. 둘째, 시장경제라는 요소가 권력에 대한 부식 작용을 일으킨다. 시장경제는 통화경제이다. 인류사회 발전의 역사적 경험으로 볼 때, 상품 경제는 권력의 부패에 대해 직접적인 동기를 제공한다. 화폐 교환은 부패의 가장 중요하고 직접적이며 구체적인 조건이다. 중국의 역사를 보면, 은을 화폐로 사용했던 명나라와 청나라에서는 화폐가 당시 관료들의 부패와 탐욕을 부추긴 직접적인 이유가 되면서 부패발전사에서 한 차례의 질적 전환을 일으켰다.

개혁개방 이후 부패가 확산되면서 부패척결 및 청렴화를 위한 싸움도 계속 발전해 왔고, 부패척결 및 청렴화 체제 개혁과 제도 건설을 더욱 촉진시켰다. 개혁개방 이후 부패척결 및 청렴화의 필요에 의해 추진된 체제 개혁과 제도 건설은 주로 다음 3가지 분야에서 나타났다.

첫째, 당정 간부 인사 제도 개혁을 추진했다.

당정 간부 인사 제도 개혁은 중국 정치체제 개혁의 핵심내용이다. 다년간의 부패척결 및 청렴화를 내부 동력으로 당정 간부 제도 개혁을 추진했다. 그 내용은 다음과 같다. 공무원제도 수립, 당정 간부 선발 임용 및 관리 감독 제도, 당정 간부들의 탈피, 교류 및 임기 제도는 당정 간부의 민주 공천, 민주적 평가, 여론조사, 실사 예고, 임용 전 공시, 임기 종결 감사 등 간부 관리에 대한 프로세스와 절차를 전면적으로 추진한다. 개혁개방 이후, 당정 간부 인사 제도의 법률 규정과 같은 제도와 규범들이 점점 체계를 형성했고, 《공무원법》, 《중국공산당 당원 및 지도 간부의 청렴한 정치 실현에 관한 약간의 준칙》, 《간부 인사제도 개혁 심화 개요》, 《당정 간부 선출 및 임용 업무 조례》, 《당정 지도간부 선출 및 임용 업무 조사 및 감독 방법(시행)》, 《당정 간부 선출 및 임용 업무 책임 추궁 방법(시행)》 등을 제정하고 발표해 시행함으로써 간부 인사제도 개혁에 대해 전면적으로 계획하고, 간부 선출 및 임용의 기본 원칙과 표준, 절차, 방법 등을 엄밀하게 규정하여 간부의 정무 수행 행위를 합리적으로 규범화하고 전반적인 감독을 실시한다.

둘째, 정부관리체제 개혁을 심화시키고, 행정 심사 및 승인 제도의 개혁을 중점적으로 추진한다.

부패척결 및 청렴화 제창의 핵심은 정부와 각급 간부들이 경제 및 사회 관리에서 직면할 수 있는 이익 충돌을 예방하고 줄이는 것이다. 이익 충돌을 예방하고 줄이는 것의 핵심은 정부의 감독관리와 시장경제와의 관계를 잘 처리하고, 정부의 관리 행위를 종합적이고 체계적으로 규범하는 것이다. 핵심 포인트는 행정 심사 및 승인 제도 개혁을 구현하고 정부의 공공관리기능과 기업의 기능의 분리, 정부의 공공관리기능과 국유자산관리부문의 기능의 분리, 정부의 공공관리기능과 사업단위의 기능의 분리, 정부와 시장중개기구의 분리를 가속화하여 정부의 기능 전환을 촉진하는 것이다. 2001년부터 중국이 행정 심사 및 승인 제도 개혁을 추진한 이후 국무원의 여러 부서는 2,000건 이상의 행정 심사 및 승인 항목을 취소하고 조정했으며, 지방 각급 정부는 기존 항목의 총수의 절반 이상을 차지하는 77,000개 이상을 취소하고 조정했다. 보류한 행정 심사 및 승인 항목에 대해서는 공개 심사 및 승인을 위한 행정서비스센터를 광범위하게 설립하고, 행정 심사 및 승인 전자 감찰 시스템을 구축해 적시에 모니터링을 실시하고, 행정 심의 책임추궁제도와 정보 피드백 메커니즘을 개선함으로써 업무 효율을 높였고, 권력을 통해 특혜를 얻으려는 지대추구(rent-seeking)의 기회를 줄었다.

셋째, 사법 체제 개혁을 단행한다.

정치체제의 중요한 구성 부분인 사법 체제의 개혁은 정치체제 개혁의 주요 내용이다. 엄격하고 완벽한 사법 체제의 구축은 부패척결 및 청렴화 제창을 위한 현실적인 필요성일 뿐만 아니라 민주정치 발전의 중요한 지표이기도하다. 개혁개방 이후 중국은 중국 특색 사회주의 사법제도를 고수하고 보완하고, 재판기관과 검찰기관이 법에 따라 독립적으로 재판권과 검찰권을 공정하게 행사할 수 있도록 확실히 보장하는 사법 체제 개혁의 목표를 세웠다.[12] 이를 위해 수년에 걸쳐 수사권, 검찰권, 재판권과 집행권의 과학적인 배치를 둘러싸고 많은 법과 규정을 제정함으로써 사법 활동에 대한 감독을 강화하고, 사법인원의 자유 재량권 행사를 규범화하고, 법 집행 과실, 법률과 규율 위반에 대한 책임 추궁 제도를 구축했다. 공개재판제도, 인민배심원제도, 인민감독원제도, 변호사 제도, 법률지원제도, 인민중재제도 등 사법 민주를 확대하고 사법의 공개화를 추진하는 많은 구체적인 제도를 수립하고 시행한 것도 포함된다.

　　개혁개방 이후 30여 년간 중국의 정치체제 개혁과 민주주의 정치 건설을 촉진하는 근본적인 이유는 절대 사람들의 이념에 있지 않았다. 물론 이데올로기가 정치 발전에 어느 정도 영향을 미친다는 것은 부인할 수 없는 일이지만, 실제로 정치체제에 영향을 미치고 정치 발전을 추진하는 것은 현실적인 요소이며 정치체제가 자체의 존재와 발전을 수호하는 현실적 수요에서 비롯된다. 구체적으로 말하자면 중국 정치체제 개혁과 민주 정치 발전을 추진하는 가장 중요한 객관적인 요소는 사회주의 시장경제체제 실행과 인민의 권리 의식이 보편적으로 성장한 상황에서 정치권력 자체의 구속력과 견제 및 균형, 집권 능력 향상 및 청렴한 정권 유지라는 현실적인 요구가 필요하다. 이 세 가지 요구는 현대 중국의 정치체제 개혁과 민주주의 정치 발전을 위한 실질적인 원동력이며, 중국의 정치체제 개

12　후진타오, 「확고부동하게 중국 특색의 사회주의 길을 따라 전진하여 샤오캉사회를 전면적으로 실현하기 위해 분투하자」, 『중국공산당 제18차 전국대표대회 문건집』, 인민출판사, 2012, 2면.

혁과 민주정치 건설의 향후 추세를 이해하고 예측하기 위한 기초이다.

2. 중국 민주주의 건설을 추진하는 3대 전략

지속적인 민주 발전은 중국의 공업화와 현대화 실현을 위해 내재적으로 필요한 요소이기 때문에 중국은 앞으로도 자신만의 특색을 지닌 민주정치제도를 지속적으로 모색하고 발전시킬 것이다. 국제적 경험상 산업화, 근대화 및 사회구조 전환이 이루어지는 역사적 시기에 경쟁적 선거를 기반으로 한 정당 정치와 의회 정치는 적절하고 효율적인 정치제도나 체계가 아니다. 중국의 역사와 국정, 사회 발전 단계 및 당면한 현실적인 과제를 감안할 때, 중국의 민주정치 발전이 선택할 방향과 길은 경쟁 선거의 실시와 여러 해 동안 시행된 기층 선거 확대와 추진과 같은 경쟁적 정치제도를 발전시키고 확대하는 것은 아니라는 것을 가늠할 수 있다. 현 단계에서 중국은 경쟁 민주 형태 발전을 위한 사회적 여건이 마련되지 않았다. 국가와 사회가 당면한 주요 임무는 여전히 경제 발전이고, 경제 발전에 걸맞는 정치 건설의 임무와 기능은 사회적 공감대를 모으고 생산과 건설에 대한 인민의 적극성을 동원하는 것이다.

현 단계에서 중국의 정치체제 개혁과 민주정치 건설을 추진하려면 질서 잇는 정치참여를 단계별로 확대하고 협상 민주주의의 범위를 확대하고 협상 민주주의의 질적 향상을 통해 권력 견제와 균형 체계를 수립하고, 민주적 감독을 발전시키는 등 세 가지 기본 전략을 실시해야 한다.

(1) 질서 있고 단계적인 정치참여 확대

정치참여는 민주정치의 중요한 부분이다. 중국의 민주정치 실천에서 정치참여는 중요한 역할을 하며 공산당의 지도 속에서 인민대중이 국가의 주인이 되는 민주적 권리를 실현할 수 있는 중요한 길이다. 중국의 정치참여는 여러가지 방법이 있는데 민주 선거가 그중 하나의 형태이다. 더 많은 정책적 참여 즉, 의견 반영과 의견 조사를 통해 인민대중의 염원을 청구하고 반영하는 기총에서 법률과 정책을 형성해야 한다. 인민대중의 의사 수렴을 통해 당의 집권 계획과 각급 정권의 법률과 법규 및 정책이 각 민족의 근본적인 이익을 정확하게 대표하고 반영할 수 있어야 한다. 개혁개방 이후, 중국은 비교적 완전한 여론 반영 및 조사 시스템을 구축하였으며 주로 정무 공개, 민주적 의사결정 및 정책평가와 같은 기본적인 단계뿐 아니라 입법과 중요한 정책의 결정과정에서 공시, 청문회, 전문가의 논증, 기술 자문과 공개 의견 수렴과 같이 다양하면서도 구체적인 제도를 구축했다. 중국의 인민 의견 수렴 제도는 점차 규범화되고 법제화되고 있다. 예를 들어, 국무원이 제정한 《법에 의한 정무수행을 전면적으로 추진할 데 대한 실시요강》에서는 중국 정부의 '대중의 참여, 전문가 논증과 정부 결정이 서로 결합'된 행정적 의사 결정을 위한 법적 메커니즘을 명확히 했다.

중국의 현실적인 사회 여건에서 정치참여 시행을 위한 중요한 보장 조건은 정치참여의 질서를 유지하는 것이다.

중국의 기존 조건에서 단계별 정치참여의 이행은 정치참여의 질서를 보장하는 열쇠이다. 현대 민주주의의 형태, 즉 간접민주정치에서 다루어야 할 기본 관계는 '엘리트'와 '대중'의 관계이다. 민주는 인민대중의 정치참여가 있어야 한다. 특히 가장 광범위하고 일반적인 대중은 참여할 권리가 있지만, 문제는 그러한 참여에 대한 방법이다. 정보와 경험의 비대칭과 이익의 한계로 인해 인민대중이 정치참여를 할 수 있는 범위와 능력이 객관적으로 제한되며, 이는 민주 문제와 정치참여 문제에 대해 논의할 때 반드시 고려해야 한다.

단계별 정치참여는 기층 대중, 일반 대중들의 질서 정연한 정치참여의 실현을 해결할 수 있는 올바른 방법이다. 단계별 정치참여는 이익의 연관성, 충분한 정보와 책임 연대에 따라 정치참여가 이루어져야 하는 것이 원칙이다. 사회생활에서의 정보와 경험의 비대칭과 이익의 한계가 객관적으로 존재하기 때문에 정치참여는 반드시 단계별로 구분되어야 한다. 다시 말해, 서로 다른 정치 사안을 구별하고, 이익 관계의 직접적인 상관관계 정도, 정보 숙달 정도와 책임의 정도를 척도로 삼아 연관성이 높은 집단과 대표들이 단계에 따른 정치참여를 수행하도록 이끌어야 한다. 그러나 이익 관계가 간접적이고 상황을 잘 이해하지 못해 그 결과의 영향이 명확하지 않은 집단은 원칙적으로 참여해서는 안된다. 이익 관련성, 충분한 정보와 연대 책임 원칙을 파악하는 것은 인민 대중이 국가 정치 생활에 참여할 권리를 전반적으로 보장하면서도 효과가 없는 참여와 혼란을 방지할 수 있다.

질서 있는 정치참여 확대는 현재와 미래 중국 민주정치 건설과 정치체제 개혁의 중점일 뿐 아니라 많은 연구가 필요한 분야이다. 정치참여의 확대는 많은 인민대중의 적극성을 동원하고, 여론을 반영해 민주적인 의사 결정을 하는 데 도움이 된다. 그러나 사회갈등이 많은 시기에는 정치참여가 사회갈등을 유발할 수 있는 잠재적 위험을 가지고 있으며, 정치참여는 정치시스템을 뒷받침하면서도 불안정한 요인을 증가시킬 수도 있기 때문에 지속적인 실천적 탐구를 통해 해결해야 한다. 현재와 미래에는 중국 국정에 맞는 정치참여 방법을 수립해 완비하고, 계층적인 정치참여 경험을 축적하는 부분에서 발전의 여지가 여전히 많다.

(2) 협상민주의 범위 확대와 협상민주의 질적수준 향상

중국공산당 제18차 집권당 전국대표대회의에서 협상 민주주의의 개념을 제시하고, 협상 민주주의 제도와 업무 메커니즘을 완비해 협상 민주주의의 광범위하고 다층적이며 제도화된 발전을 위한 개혁 목표를 추진함으로써 협상 민주주의를 현재와 미래 한시기 동안의 중국 특색 사회주의 민주정치 발전의 중점으로 삼을 것을 밝혔다. 협상 민주주의는 현대 중국 정치의 전통이자 장점이다. 정치협상은 경쟁선거보다 다른 이익집단의 이익을 조율하고 통합하는 데 도움이 되고, 이익집단 간의 이견과 대립을 해소하고, 사회의 전반적인 이익을 형성하고 실현하는 데 도움이 된다. 특히 산업화와 현대화 과정에서 정치협상은 사회의 이익 관계가 빠르게 변하고 경제 사회구조가 끊임없이 변화하는 전환기에 있는 국가에 더 적합하고 유리한 민주주의 형태이다.

중국공산당이 이끄는 다당 협력과 정치협상제도는 중국의 정당제도이다. 중국공산당이 이끄는 다당 협력과 정치협상제도, 특히 전국인민정치협상회의는 중국 신민주주의 혁명의 산물이자 중국의 전통 정치 문명의 유익한 성분을 흡수하고 계승한 중국 특색 사회주의 민주정치제도의 창조물이다. 중국공산당의 다당 협력과 정치협상제도는 성공적인 제도로써 반드시 계속 고수하고 발양시켜 나가야 하는 것임이 실천을 통해 입증되었다. 하지만, 중국 민주정치에서의 정치협상 메커니즘은 중국공산당이 이끄는 다당 협력과 정치협상의 범위를 훨씬 뛰어넘는다. 정치협상은 중국 민주정치 실천에서 폭넓게 응용되는 기본적인 형태로 국가 차

원뿐만 아니라 기층 민주자치에도 존재한다. 예를 들어, 저장성 원링시의 '민주 간담회'가 바로 기층 민주 실천에서 대중에 의해 만들어진 좋은 민주 협상의 한 형태이다.

협상 민주주의를 미래 중국 민주정치 발전을 위한 기본 전략과 중점 방향으로 삼기 위해서는 협상 민주주의의 범위를 더욱 확대할 필요가 있으며 민주 협상 메커니즘을 시스템화하고 제도화해야 한다. 서구 민주정치체제에서 분권과 견제 및 균형 메커니즘은 민주정치 원칙으로써 서구 정치체제의 여러 부분에 녹아있다. 예를 들어, 권력기관 간의 분권과 견제 및 균형은 국가적 차원에서 정부기구의 입법권, 행정권, 사법권의 '삼권분립'의 견제 및 균형, 권력자 사이의 민선 책임 정치인과 직업 관리자들 간의 소위 '정치인'과 '관료'의 분업과 제약으로 나타나고, 연방제 국가와 지방 사이의 권력과 책임 구분, 사회관리에서 소위 '국가'와 '사회'는 본질적으로 정부와 자치단체 사이의 권력과 책임 구분으로 나타난다. 중국의 협상 민주주의 역시 사회와 정치 생활의 모든 영역으로 넓게 확대되어야 한다. 정치협상을 법률 및 정책의 형성과 실시를 위한 보편적이고 제도화된 형성 메커니즘과 조정 메커니즘으로 삼아 중국 민주정치의 핵심 원칙이 되도록 만들어야 한다.

협상 민주주의의 질적 향상은 중국 협상 민주주의 미래 발전에 중요한 문제이다. 현재 중국의 협상 민주주의 이행을 위한 관련 지원 제도와 조치는 여전히 지속적으로 구축되고, 업그레이드 및 개선될 필요가 있다. 미래의 중국식 협상 민주주의 발전에서 사회 실태와 민의를 객관적이고 정확하게 포괄적으로 발견하고 대응하는 메커니즘이 협상 민주주의 발전을 위한 중요한 관련 제도로써 중국의 민주정치 건설의 의사 일정에 포함되어야 한다. 협상 민주주의는 선거 민주주의에 비해 표현 메커니즘이 상

대적으로 약하기 때문에 협상 민주주의를 발전시키는 차원에서 중국의
사회실태와 민의조사시스템의 구축을 가속화할 필요가 있다. 현재 중국
의 사회 상황 여론조사 업무에는 부족한 부분이 있다. 체계적이고 전문성
을 갖춘 완벽한 시스템을 아직 구축하지 못해 협상 민주주의의 기반이 튼
실하지 못하다. 이와 관련하여 중국은 외국의 관련 경험을 폭넓게 배우고,
자국의 국정과 현실적 필요를 결합해 전문화된 사회 실태 민의조사 기관
및 체계, 특히 상대적으로 독립된 전문화된 여론조사 기관을 설립하고 완
비하는 데 박차를 가해야 한다.

(3) 권력 견제 및 균형 체계 구축과 민주 감독의 발전

현단계에서 민주정치의 발전이 경쟁 선거 확대를 기본 전략으로 삼
지 않는다는 조건에서 권력 제약과 민주적 감독은 필연적으로 더 중요한
위상과 역할을 가질 것이다.

권력에 대한 견제와 균형은 서구정치이론과 정치제도의 핵심내용
중 하나이다. 오랜 실천을 통해 권력에 대한 견제와 균형이 권력의 타락을
막고, 권력의 본질을 보장하기 위한 기본 수단으로서 효과적이고 신뢰할
수 있음을 보여준다. 권력에 대한 견제와 균형은 인류 정치 문명의 뛰어난
업적으로 민주정치체제하에서 보편적으로 적용 가능한 원칙이다. 권력에
대한 견제와 균형의 기본 원칙은 동일하거나 유사한 권력 대상 사이에서
상호 감독하고 제약하는 것이다. 민주 감독의 기본 원리는 수권자 혹은 대
표되는 주체가 위탁자 혹은 대리인에 대해 감독하거나 제약하는 것이다.
권력에 대한 견제와 균형 및 민주적 감독은 성격은 다르나 기능이 비슷한
정치 권력을 제약하고 감독하는 관리 메커니즘이다. 그러나 사회주의 정
치 실천과 민주정치 건설이 오랫동안 모호한 상태에서 권력 견제 및 균형

과 민주적 감독의 관계 문제는 이론적으로 명확하게 인식되지 않았고, 더욱이 실제로도 의식적으로 추진되거나 실시되지 않고 있다.

　소련의 사회주의의 초기 정치 실천에서 레닌은 사회주의 국가의 정치 체제의 '입법과 행정의 결합'을 주장했다. 레닌이 10월혁명을 앞두고 쓴 중요한 이론 저서인 『국가와 혁명』에서 마르크스가 1871년 파리 코뮌의 경험을 총결산하면서 의회를 취소하고 입법과 행정의 결합을 이행하자는 주장에 대해 극찬했다. 그는 특별히 '코뮌은 의회가 아니라 행정과 입법을 함께 관리하는 업무기관이어야 한다'고 말한 마르크스의 말을 인용했다.[13] 의회 취소 및 입법과 행정의 결합은 자본주의 민주정치 실천에서 입법권과 행정권 사이의 권력 분리와 제약 및 균형에 변화가 생겼다는 것을 의미하며, 이는 사회주의 정치제도에 관한 마르크스주의 고전 작가들의 중요한 구상이라고 말할 수 있다.

　소련과 중국과 같은 사회주의 국가들의 설립 초기에는 확실히 마르크스의 구상에 따라 입법과 행정이 통일된 정치체제를 구축하고 시행하려고 시도했다. 그러나 실천을 통해 입법과 행정 통일이 어렵다는 것이 다음과 같이 증명되었다. 첫째, 권력과 기능의 차이로 한 기관이 입법권과 행정권을 함께 수행하기는 어렵다. 둘째, 입법권과 행정권의 결합은 자연스럽게 두 권력 사이의 견제와 균형이 상쇄되어 지나치게 방대한 권력기관을 감독하는 것 또한 매우 어려운 것이다. 10월혁명이 끝나고 얼마 지나지 않아 레닌은 초기의 집권을 통해 입법과 행정의 결합을 실질적으로 이행하기 힘들고, 법률과 방침, 정책을 결정하는 최고 권력 기구와 실시를 책임지는 집행기관은 자연적으로 분리되는 경향이 있음을 깨달았다. 레

13　레닌, 「국가와 혁명」, 『레닌선집』 제3권, 인민출판사, 1995, 149면.

닌은 『우리는 노동자농민검사원을 어떻게 개편할 것인가』라는 글에서 당 중앙전체회의가 이미 당 최고대표회의로 발전하는 추세이고, 일상 업무는 정치국과 서기처에서 처리한다고 밝혔다. 당과 국가기관을 제약하고 감독하는 방법에 대해 10월혁명 이후 러시아 공산당과 레닌이 채택한 주요 조치는 기층의 우수한 노동자와 농민으로 구성된 노동자농민검사원을 대표로 하는 감찰기구를 만들어 당과 정부를 감독하는 것이었다. 그러나 이런 직접적인 감독의 효과는 레닌이 큰 어려움 이라고 할 정도로 좋지 않았다.[14] 사실 노동자농민검사원 제도는 결국 취소될 수 밖에 없었다.

실천을 통해 권력의 견제 및 균형과 민주적 감독은 서로 다른 두 개의 범주에 속하며, 그 주체, 대상, 그리고 방식 등이 여러 가지 면에서 차이가 있음이 밝혀졌다. 권력 균형과 견제는 권력체제 내부의 제약과 감독에 있으며, 권력의 합리적인 분해를 통해 상호 제약을 형성하고 상호 감시하는 역할과 효과를 가진다. 이러한 제약과 감독은 권력체계 내부에 고착되어 권력의 소외와 남용을 방지하는 법률 및 정책을 형성하는 데 더 효과적으로 이용될 수 있다. 권력체계 내부의 제약과 감독이기 때문에 더욱 전문성 있는 제약과 감독이 될 수 있다. 민주적 감독은 권력체계 외부에서 오는 제약과 감독이다. 예를 들어 중국에는 일반적으로 '사회적 감독', '대중의 감독' 또는 '여론 감독'과 같이 다양한 정도와 방식으로 수권 주체에 따른 제약과 감독이 있다. 당시 소련은 노동자농민검사원을 대표로하는 직접적 감독을 실시했다. 민주적 감독은 권력체계 외부에서 나오는 것으로 권력체계 내부 감독과는 다른 유형을 보인다. 민주적 감독은 주체와 지위,

---

14   레닌, 「우리는 노동자농민검사원을 어떻게 개편할 것인가」, 『레닌선집』 제4권, 인민출판사, 1995, 779-783면.

정보 대칭성 문제와 이익 요구의 지향하는 바가 다른 문제들로 인해 권력 실시 과정에 대해 제약하고 감독하기보다는 권력 실시의 결과와 권력기관 혹은 권력자의 행위와 윤리에 대해 제약과 감독하는 것이 더 적합하다는 것이 실천에 의해 증명되었다.

권력을 제도의 틀에 '묶어 두는 것'은 권력 견제와 균형에 대한 통속적인 표현이다. 중국의 오랜 정치발전과 민주정치 건설의 실천으로 우리는 권력 견제 및 균형과 민주적 감독의 중요한 차이점, 특히 권력 견제 및 균형의 가치를 인정하는 것이 중요한 발전적 의의가 있음을 마침내 깨달았다. 권력 견제 및 균형과 민주적 감독은 향후 중국 민주정치 건설과 정치체제 개혁을 위한 중요한 전제조건이자 기초이다. 권력 견제 및 균형과 민주적 감독을 구분하면 권력을 더 과학적이고 효과적으로 제약하고 감독할 수 있다.

권력 견제 및 균형과 민주적 감독을 포함한 정치제도의 선택과 구축은 경제 및 사회 발전의 단계별 특징과 발전 수요에 따라 자국 국정에 맞게 실제적인 관점에서 이루어져야 한다. 중국은 현재는 물론 앞으로도 장기간 사회주의 초급단계에 처해 있게 될 것이다. 이것이 중국의 기본 국정에서의 기본적인 요소이다. 사회주의 초급단계에서 국가와 사회의 주요 임무는 생산력을 발전시키는 것이고, 중국은 대국으로써 세계 선진 발전 수준을 넘어 세계 민족의 숲에서 자립할 수 있는 지위와 능력을 갖추어야 한다. 따라서 국가발전의 주요 과제와 핵심 이익을 보장하기 위해, 중국의 정치 권력 체제는 머지 않아 고도로 집중된 정치체제를 이루고, 중국은 앞으로도 경쟁 선거를 주요 형식으로 하는 민주발전전략을 채택하지 않을 것이다. 또한, 권력 균형과 견제에 대한 중국의 체제는 현재는 물론 앞으로도 서구식의 소위 '삼권분립'식의 분권제약체제를 이루지는 않을 것이며, 중국공산당의 지도 지위가 중국 최고 의사결정권의 집중적 통일을 결정할 것이다. 하지만, 중국공산당의 지도 지위 보장을 전제로 중국 정치권력체계 내부에서 여전히 권력 제약을 위한 메커니즘을 발전시킬 수 있다. 사실 현재 중국의 권력체계 내부에는 이미 권력 견제 및 균형을 위한 메커니즘이 존재한다.

저장성 원저우 러칭(乐清)시가 2007년부터 시행한 인민공청회제도가 바로 중국에서 대표적인 지방과 기층에서 비롯된 권력 제약 및 정치감독 제도이다. 2007년 4월 러칭시 인민대표대회 상무위원회는 상무위원회 회의 기간 동안 특별주제 회의 형식을 처음으로 시행하였으며 시인민대표대회 대표, 방청 시민, 향진 인민대표대회 주석단 구성원과 기관 공무원이 각 부시장으로부터 연초·연중·연말에 교육·환경보호·도시건설·교통·사회치안 등과 관련된 '일부양원'에 관한 특별 업무 분담상황에 관한 보고를 청취하였다. 인대대표와 방청 시민들이 보고에 대한 의견을 발표했고, 공청회 발언자의 내용에 대해 인민대표대회 측에서 요약, 정리한 후 서면으로 의견을 적고, 주임회의에서 토론을 거친 후 시정부에 송부했다. 인터넷과 TV로 청문회의 모든 과정을 생중계하였다. 2008년 8월 러칭시 인민대표대회에서 인민 청문 의사 방식에 관한 잠정 규정을 만들어 '인민 청문회' 제도는 러칭시 인민대표대회 상무위원회의 통상적인 제도가 되었다. 인민 청문회와 인민대표대회의 업무 감독을 유기적으로 결합해 행정권력에 대한 제약을 더욱 강화했고, 인민대표대회라는 권력기관의 당정기관 및 공무원에 대한 감독을 한층 더 개선하게 되면서 법치 정부 건설을 촉진했고, 공민의 질서있는 정치참여를 확대했다. 현재 중국의 여러 곳에서 다양한 민주적 감독 조치를 적극적으로 추진하고 있으며, 이는 미래 중국의 정치 발전의 한 측면으로 중국의 미래 정치체제에서 권력 제약과 정치 감독을 추진하고 있으며 중국 민주정치의 중요한 돌파구이다.

　　중국은 권력 견제 및 균형 메커니즘을 키우는 정치체제 개혁에서 분류, 계층, 등급에 따른 권력 제약 메커니즘 구축 방식으로 권력 제약 체계 건설을 추진할 것이다. 소위 '분류'란 당위원회, 정부, 인민대표대회, 사법 등 주요 권력기관에 각각 완벽한 내부 권력 제약 메커니즘을 먼저 구축하는 것이다. 소위 '계층'에 따르는 것은 중앙과 지방, 부처를 구분하여 조건과 필요에 따라 각각 특색을 가지는 권력 견제 및 균형 메커니즘을 구축하는 것이다. 소위 '등급'에 따르는 것은 중국이 현재 처한 발전 단계와 현단계에서의 정치제도 역사의 제한적인 이유 때문에, 중국의 정치권력은 오랫동안 상대적으로 집중된 상태로 유지될 것이다. 그래서 중국 정치체계에서의 권력 견제 및 균형 메커니즘은 불균형하고 비균질적으로 권력 등급에 따른 견제와 균형에 다소 차이가 있을 수 있다. 최고권력 및 권력 핵심 지위는 다른 차원에서 권력 제약 메커니즘과 범위와는 다소 차이가 있을 것이다.

[사진 7-1] 저장성 원저우 러칭시 인민대표대회
상무위원회가 인민 청문회를 열고 있다

경쟁 선거가 결여된 민주 형태에서는 인민대중의 민주권리 행사의 중요한 표현인 민주적 감독의 지위와 역할이 더욱 두드러진다. 특히 중국이 사회주의 시장경제를 시행하는 조건하에서 민주적 감독은 민주정치의 중요한 형태로써 더욱 필수불가결한 것이다. 민주적 감독은 국민이 집권당, 국가 권력기관 및 정부 기관에 부여한 여러 가지 권력이 변질되지 않도록 보장하고, 권리가 국민을 위해 사용되고, 국민에게 혜택을 주는 것을 보장하는 근본적인 방법이다. 어떤 의미에서 민주적 감독은 현 단계 중국의 민주정치 발전의 올바른 방향을 보장하는 핵심요소 중 하나이다. 효과적인 민주적 감독을 실행해야만 다른 형태의 민주가 진정으로 효과를 발휘할 수 있고, 더 나아가 효과적인 민주적 감독을 시행하고 강화해야만 중국 사회주의 민주정치의 본질이 진정으로 실현될 수 있다. 따라서 민주적 감독은 현단계에서 중국 특색의 사회주의 민주정치 건설이 크게 강화되어야 하는 중요한 영역이다.

지은이 팡닝(房寧)

중국사회과학원 정치학연구소 소장, 연구원으로 다년간 민주정치 이론 및 실천 연구에 종사하고 있다.

최근 주요 저서로는『민주정치 열가지를 논함-중국특색 사회주의 민주리론과 실천의 몇몇 중대한 문제』,『자유·권위·다원-동아시아 정치발전연구보고』,『민주의 중국경험』등이 있다.

옮긴이 김선녀(金善女)

중국민족어문번역국 부교수. 북경대학교 한국어(조선어)과에서 석사과정을 마쳤고, 한국에서 어학을 연구한 바 있다. 매년 중국 정부 인민대표대회와 정치협상회의 및 중국공산당 전국대표대회 번역 및 동시통역을 담당하고 있다. 주요 저역서로는『습근평-국정운영을 론함』,『중화인민공화국 법률집』,『열일곱살의 털(중국어판)』,『초등학생 학습혁명(중국어판)』,『한국문화산업과 한류』,『중국의 환경관리와 생태건설』등이 있다.

중국 민주주의 노선
(原題：中国的民主道路)

초판1쇄 인쇄 2019년 12월 10일
초판1쇄 발행 2019년 12월 20일

지은이   팡닝(房寧)
옮긴이   김선녀(金善女)
펴낸이   이대현
책임편집   백초혜
편집   이태곤 권분옥 문선희
디자인   안혜진 최선주 김주화
마케팅   박태훈 안현진

펴낸곳   도서출판 역락
출판등록   1999년 4월 19일 제303-2002-000014호
주소   서울시 서초구 동광로 46길 6-6 문창빌딩 2층 (우06589)
전화   02-3409-2060
팩스   02-3409-2059
홈페이지   www.youkrackbooks.com
이메일   youkrack@hanmail.net

ISBN 979-11-6244-436-8 93300

「이 도서의 국립중앙도서관 출판예정도서목록(CIP)은 서지정보유통지원시스템 홈페이지(http://seoji.nl.go.kr)와 국가자료공동
목록시스템(http://www.nl.go.kr/kolisnet)에서 이용하실 수 있습니다. (CIP제어번호: CIP2019043908)」